纪念《国家科学技术奖励条例》实施十五周年
暨国家科学技术奖励工作办公室成立三十周年

信念　创新　奉献

——国家最高科学技术奖获奖者风采

国家科学技术奖励工作办公室　编著

科学技术文献出版社
SCIENTIFIC AND TECHNICAL DOCUMENTATION PRESS
·北京·

图书在版编目（CIP）数据

信念　创新　奉献：国家最高科学技术奖获奖者风采 / 国家科学技术奖励工作办公室编著. —北京：科学技术文献出版社，2015. 11（2023.1重印）
ISBN 978-7-5189-0778-6

Ⅰ. ①信…　Ⅱ. ①国…　Ⅲ. ①科学家—列传—中国—现代　Ⅳ. ① K826.1

中国版本图书馆 CIP 数据核字（2015）第 248394 号

信念　创新　奉献——国家最高科学技术奖获奖者风采

策划编辑：周国臻　责任编辑：周国臻　于东霞　责任校对：赵　瑷　责任出版：张志平

出 版 者　科学技术文献出版社
地　　址　北京市复兴路15号　邮编　100038
编 务 部　(010) 58882938，58882087（传真）
发 行 部　(010) 58882868，58882870（传真）
邮 购 部　(010) 58882873
官方网址　www.stdp.com.cn
发 行 者　科学技术文献出版社发行　全国各地新华书店经销
印 刷 者　天津奥丰特印刷有限公司
版　　次　2015 年 11 月第 1 版　2023年 1 月第 2 次印刷
开　　本　710 × 1000　1/16
字　　数　352千
印　　张　22.25
书　　号　ISBN 978-7-5189-0778-6
定　　价　68.00元

版权所有　违法必究
购买本社图书，凡字迹不清、缺页、倒页、脱页者，本社发行部负责调换

信念　创新　奉献
——国家最高科学技术奖获奖者风采

编　委　会

顾　问　万　钢　王志刚　侯建国

主　编　邹大挺

副主编　陈志敏　黄　岗　张　木　滕　跃

编　委（按姓氏笔画）

王谋勇　曲爱军　朱　清　刘鹏飞
李　冰　李小图　何　松　张玉华
张贵兴　张婉宁　陈　苏　陈小飞
金寿平　姚昆仑　翁　非　黄亚丽
韩蔚龙

撰　稿　丁姗姗　李少宁　李　雪　李白薇
姚昆仑　张方方　张晶晶　宋春悦
肖　丹　黄雪霜　郭宇廷　师延路
唐　璜　操秀英　张晓敏　熊杏林
湄　玉

鸣　谢

本书在采访、撰写过程中，国家最高科学技术奖获奖者本人、获奖人单位领导和有关人员给予了大力支持，他们提出了很好的修改意见，并提供相关资料和照片，在此一并表示感谢！

序

国家最高科学技术奖自2000年实施以来，15年来授予了我国25位著名科技专家。科技部组织撰写了《信念 创新 奉献——国家最高科学技术奖获奖者风采》一书，通过宣传国家最高科学技术奖获奖者的先进事迹，传播科学精神和创新方法，着力营造尊重人才、尊重知识、尊重劳动、尊重创造的社会氛围。

国家最高科学技术奖获奖者长期拼搏在科研一线，洞悉科技发展趋势，矢志创新，建树累累，在推动我国自主创新、促进技术转移和高技术产业化等方面立下了卓越功勋，圆了无数的科技梦，赢得了科技界和全社会的称颂和尊重。他们身上，充分展示了中国科学家的崇高风采。

他们的风采，体现在从小就有远大的抱负上。他们出生和成长的年代，处于中华民族最危难的时候。动荡的社会、民族的危亡、颠沛流离的生活，使他们在青少年时代就认识到应担当的责任，树立起为中华民族之崛起而奋斗的梦想和抱负。正是在这一伟大梦想的感召下，他们立志干大事，图强为祖国，为谱写自己多彩无悔的人生奠定了坚实的基础。

他们的风采，体现在爱国和无私奉献上。科学无疆界，但科学家心系祖国，报效祖国。他们积极投身于新中国的现代化建设。正是这个坚强信念和强大的精神支柱，使他们淡泊名利、清简寡欲、殚精竭虑、自强不息，实现自己的人生价值和理想，做出了无愧于祖国和时代的贡献。

他们的风采，体现在持续创新上。在科研的征途上，他们始终以创新为己任，善于独辟蹊径，勇闯学术禁区；敢于标新立异，发前人之未所发；面对科研中的难关险隘，他们求真务实，锲而不舍，百折不挠，成功地取得了一个个创新性的突破，推动了学科发展乃至社会生产力的进步。

他们的风采，体现在他们深入生活、勤于实践上。他们不囿于书本和实验室，善于从研究中找到感悟，迸发灵感，获得真谛；他们学术民主，博采众长，善于协同，勤于奉献；他们为人师表，学风高尚，甘为人梯，使科研队伍秀出班行，永远保持旺盛的活力；他们平易近人，不以大家自居，带领着年轻一代不断创写科学技术的鸿篇巨制。

当前，新一轮科技革命和产业变革正在孕育兴起，全球科技创新呈现出新的发展态势和特征。学科交叉融合加速，新兴学科不断涌现，科技创新活动不断突破学科、机制和地域的界限，演化为创新体系的综合竞争力，创新驱动战略在综合国力竞争中的地位日益重要。面对科技创新发展新趋势，世界主要国家都在寻找科技创新的突破口，抢占未来经济科技社会发展的先机。科技创新，人才为先，我国是一个人力资源大国，也是一个智力资源大国。我希望通过这本书，让更多的人了解国家最高科学技术奖获奖者这些科技大师们的科学精神、创新方法和他们的家国情怀；激发青少年和大众创新的活力，弘扬攻关克难、乐于奉献的精神，在全社会形成大众创业、万众创新的热潮，为科学技术乃至经济社会的持续发展，实现中华民族伟大复兴的中国梦做出更大的贡献。

全国政协副主席
科技部部长
万钢

2015 年 10 月

目　录

2000 年度国家最高科学技术奖获奖者

“矛盾”的数学家

——中国数学机械化、拓扑学研究的奠基者吴文俊

人物简介

吴文俊，男，1919 年 5 月出生于上海。世界著名数学家，中国科学院数学与系统科学研究院系统科学研究所研究员、名誉所长，中国数学会名誉理事长。中国数学机械化研究的创始人之一，中国科学院院士，第三世界科学院院士；曾任中国数学会理事长，中国科学院数理学部主任，全国政协委员、常委（1979—1998）。

贡　献

吴文俊的研究工作涉及数学的诸多领域，其主要成就表现在拓扑学和数学机械化两个领域。他为拓扑学做了奠基性的工作，他的示性类和示嵌类研究被国际数学界称为“吴公式”“吴示性类”“吴示嵌类”，至今仍被国际同行广泛引用。

20世纪70年代后期，在计算机技术大发展的背景下，他继承和发展了中国古代数学的传统（即算法化思想），转而研究几何定理的机器证明，彻底改变了这个领域的面貌，是国际自动推理界先驱性的工作，被称为“吴特征列方法”，产生了巨大影响。吴文俊的研究取得了一系列国际领先成果，并已应用于国际上当前流行的符号计算软件方面。

他在拓扑学、自动推理、机器证明、代数几何、中国数学史、对策论等研究领域均有杰出的贡献，在国内外享有盛誉。他在拓扑学示性类、示嵌类的研究方面取得了一系列重要成果，皆是拓扑学中的奠基性工作，并有许多重要应用。他的“吴方法”在国际机器证明领域产生了巨大的影响，有广泛而重要的应用价值。当前国际流行的主要符号计算软件都实现了吴文俊的算法。

荣誉

1956年	国家自然科学奖一等奖
1978年	全国科学大会奖
1979年	中国科学院自然科学奖一等奖
1992年	第三世界科学院数学奖
1993年	陈嘉庚数理科学奖
1994年	香港求是科技基金会“杰出科学家奖”
1997年	自动推理的最高奖 Herbrand 奖
2000年	国家最高科学技术奖
2006年	第三届邵逸夫数学奖
2010年	国际永久编号为7683号的小行星被命名为“吴文俊星”

吴文俊大概是记者们见过的最爱笑的科学家，聊着聊着，脖子一缩，乐了。他家里电视柜上摆着和老伴正坐的合影，餐厅墙上挂着跟老伴坐游艇的照片，也都是一副缩脖子微笑的神情。

从事着在外人看来最枯燥无味的数学，却一辈子快乐；在拓扑学、数学机械化等领域攻克数个难题，从学生时代就被划为聪明人那一类，却总说数学是个笨人才能做的研究；那些奠定他在数学界地位的成果，如果不勤奋不可能获得，可他却喜欢光脚穿着皮鞋在屋里走动，说这是懒人的运动；他不记得和夫人结婚的日子，却张口就能背出那么多数字和公式……吴文俊的一生似乎是一个矛盾综合体。

这只是表象。当你走进这位 95 岁老人的世界去认真地一探究竟，会发现他的世界简单到只有数学。

聪明人的笨功夫

“我这个人很笨，数学就是笨人的学问。简单直观，尊重事实，不信灵感，讲究踏实、客观、事实。”吴文俊曾对记者自曝缺点。对电脑，他也只是会上网看看邮件。

他从来不认为自己属于聪明人之列，因而只能“笨鸟先飞”，要付出超出常人的努力，踏踏实实地去下苦功夫。正是这种“铁棒磨成针”的坚持和努力，练就了吴文俊在解决数学问题时所具有的强大攻坚能力，也是他取得让人望尘莫及学术成就的基础。

大学毕业后，吴文俊到中学任教。那时候，上海数学界盛行几何定理证明。众所周知，初等几何以其定理的简单直观而易懂，又以其证明的难以捉摸而具有无比的魅力，美妙的几何定理层出不穷。那一时期，吴文俊大量证明几何定理，他用解析几何的方法，简化冗长烦琐的定理证明。数十年后，当他完成初等几何定理的机器证明时，仍能如数家珍般讲述许多定理的来龙去脉、内容和意义。可见，对于几何定理证明，他下了很多“笨”功夫。

拓扑学主要研究几何形体的连续性，是许多数学分支的重要基础，被认为是现代数学的两个支柱之一。示性类是拓扑学专业的一个术语，是刻画流形与纤维丛的基本不变量。20 世纪 40 年代，示性类研究尚处在起步阶段，瑞士的斯蒂费、美国的怀特奈、苏联的庞特里亚金和中国的陈省身等著名科学家，先后从不同的角度引入示性类的概念。著名数学家、美国普林斯顿大学教授惠特尼的乘积公式是“示性类”最基本的理论，需要一部专著才能证明表述清楚，而吴文俊仅用了一年时间就弄清楚了其计算方法，并掌握了建立这种公式的途径。他的这项成果成为经典，在现代示性类研究中被看成公理，是整个理论的基石。

拓扑学号称“难学”，不到一年的时间能获得这么重大的成绩，令人称奇。确实，外人会惊叹并羡慕杰出人士所取得的成绩，但对于吴文俊而言，弄清楚惠特尼的乘积公式并非轻而易举。只有他自己知道这一年背后的艰辛和付出。

1947 年，陈省身先生到清华大学任教，吴文俊与当时中央研究院的另一名学生曹锡华同行并住一间宿舍。曹锡华日后回忆，吴文俊每天攻关至夜深，感觉证明成功后才睡觉。早晨一觉醒来，对曹锡华说“证出来了”；到了晚饭时发现证明有错，于是又继续埋头于书桌；早晨起来，又对曹锡华说“证好了”；结果到了下午发现证明还是有漏洞。如此反复了不知多少遍，终获成功。这时他进研究院数学所还不到一年。

吴文俊年轻时完成的这项工作，意义非同一般。论文发表在数学领域最权威的学术刊物——普林斯顿大学编辑的《数学年刊》上，后来被众多的著名数学家所使用，被学术界视为经典。

这一年的经历打下了吴文俊在数学研

究，特别是代数拓扑学研究的基础，正是因为这至关重要的一年，他到法国后才能与国际接轨，走到数学研究的最前沿。

在吴文俊完成惠特尼乘积公式证明的同一年，他考上了中法交换生，于1947年秋到达法国，进入美丽的斯特拉斯堡城，潜心跟随两位导师开展研究工作，一位是艾利斯曼，另一位是H·嘉当。在巴黎期间，他在示性类研究方面又上了一个新台阶。

到1950年春，吴文俊与另一位数学家托姆的合作取得了突破性进展。托姆证明了STWh示性类的拓扑不变性，而吴文俊引进了新的示性类，后来被称为“吴示性类”，并证明了公式 $W=SqV$，也就是后来的“吴公式”。公式给出了各种示性类之间的关系与计算方法，并导出一系列重要的应用，使有关示性类理论成为拓扑学中完美的一章。他们的合作成果，在拓扑学领域研究中引起轰动，数学家们形象地称之为“拓扑地震”。

此后，他继续进行代数拓扑学示嵌类方面的研究，独创性地发现了新的拓扑不变量，其中关于多面体的嵌入和浸入方面的成果，至今仍居世界领先地位，被国际数学界称为“吴示嵌类”。

吴文俊分别为这些重要的示性类命名，首次使用施替费尔－惠特尼示性类、庞特里亚金示性类、陈省身示性类等名称，并明确指出它们不同的数学内涵，理清彼此之间的关系，论证了其他的示性类可由陈省身示性类推导出，反之则不能，从而推导出陈省身示性类的重要性。他还建立了施替费尔－惠特尼示性类之间的关系式，被称为吴（第二）公式。

吴文俊在法国期间取得的系列成果，不仅影响了以后拓扑学及有关领域的发展，而且开辟了新方向，也让他成为当时中国内地最有国际声望的数学家之一。

声名背后还是“苦功夫”。正如前文所说，20世纪40年代，关于示性类的研究短期内集中出现了许多重大进展，陆续发表了许多学术成果。要进入研究前沿，必须了解已有的研究，读懂这些论文。英文对吴文俊来说不算难事，可苏联数学家庞特里亚金的文章是用俄文发表的，而吴文俊没有学过俄文，面对像天书一般的俄文，他没有退缩。吴文俊找来俄语语法书籍，粗读一遍后，开始利用俄文字典逐字查找字义，逐句翻译，逐段理解数学内容，然后全文融会贯通。就这样一字一句地啃，他硬是读懂了庞氏的文章，掌握了庞氏建立示性类的想法、途径和数学内涵。

吴文俊就是这样孜孜不倦地攻克了一个又一个难题。那几年，他的研究没有时间表，没有白天黑夜，只要有想法，有一线攻克难点的希望，他就会立即投入其中，付出常人难以想象的努力。

这种劲头没有随年龄增长而消减。中国科学院数学与系统科学研究院年龄略长的一些人都记得这样的情形：在数学机械化研究过程中，吴文俊日夜演算推导，演算中出现的多项式，经常有数百项甚至上千项，需要几页纸才能抄下，稍有疏漏，演算则难以继续。60岁的吴文俊像年轻时一样，数月如一日，下"笨"功夫、"苦功夫"。

在理论和纸上的演算得出结果后，数学机械化必须在计算机上验证，才能真正证明其可行性和正确性。从没有接触过编程、只会用电脑发邮件的吴文俊开始从头学习编写计算机程序。

计算机语言更新换代迅速。当他基本上能用Basic语言一次编写4000～5000行的证明定理程序时，这种语言却被换成了Algol语言。他只好又从头学起，等他好不容易熟悉之后，Algol又被淘汰，他又要开始学习Fortran语言。但他始终没有放弃，硬是拼了下来。

在那些日子里，他的工作日程通常是这样的：清晨，他来到机房外等候开门,进入机房后是八九个小时的不间断工作。下午5点左右,他步行回家吃饭，抓紧时间整理分析计算结果。晚上7点左右，他又出现在机房工作至第二天凌晨。有时深夜离开机房，回家稍稍休息四五个小时，又在清晨来机房等候开门。若干年内,他的上机时间遥居全所之冠。年轻的机房管理员心疼老爷子："吴先生您这么干下去，我们都要顶不住了。"

"为了证明定理，我用最笨的办法——把自己当作机器，一步步手算，不记得算了多少行，最后算成了。先证特殊情形，再证一般情形，说明计算机可以证明定理。"吴文俊日后回忆。

吴文俊就这样靠"笨功夫"取得了骄人成就。但事实上，幼年时的吴文俊就表现出天资聪颖。吴文俊4岁就被送到附近的小学上学。由于弟弟夭折，家人对他的看护十分仔细，很少让他独自在外停留，因此，大多数时间他只能待在家里。父亲的藏书对他很有吸引力，因而养成了他爱买书、爱读书的习惯。童年吴文俊已酷爱读书，整天泡在书架前，手不释卷。

高中毕业时，他成了班里少有的高才生。学校为了鼓励他和另两名学生，特设立了3个奖学金，资助他们上大学，但要求他们必须报考指定的学校和专业。吴文俊按要求考进了上海交通大学数学系。

学校这个决定让吴文俊与数学结缘。日后他笑称这是“阴差阳错”。

在上海正始中学读高中时，吴文俊最爱好的其实是物理。当时，为了给学生们奠定良好的数理化基础，中学常常聘请上海交通大学的老师兼任高中数理化教师。教物理课的交大老师赵贻经为了让学生们多学到一些知识，经常会布置一些比较难的物理题目，并且提出，要解这些物理题目，光有高中的数学基础是不够的。

爱好物理的吴文俊回家后，常常一边自学数学，一边思考物理题。由于他的刻苦好学，在一次物理考试时得了满分。赵老师在点评时说：“这次物理考试有两道题非常难，吴文俊之所以能得满分，说明他的数学基础已经非常扎实，这个学生在数学上的潜能是无穷的。”

事实证明，赵老师没有看错。天资聪颖的吴文俊用超出常人的勤奋，取得了在数学界举足轻重的成果。

“古为今用”开创“吴方法”

1975 年，中科院数学所的《数学学报》上发表了一篇题为《中国古代数学对世界文化的伟大贡献》的文章，署名为“顾今用”。“顾”即“古”，“顾今用”意为“古为今用”。“顾今用”正是吴文俊。

遵循这一理念，在充分研读中国古代数学史的基础上，吴文俊“古为今用”，创造性提出数学机械化的想法。

1974 年以后的两年多时间里，吴文俊的主要经历集中在数学史研究。古代几何、古代代数、古证复原……他系统地梳理了中国古代数学的发展。

这段经历让他更加坚信，中国古代数学和中华文化一样博大精深，且中国人完全有理由感到骄傲而不是跟在外国人后面亦步亦趋。

他曾举例说，中国古代有本著作《九章算术》。其中的术，就是讲方法。比如求最大公约数，书里核心就一句话：“以少减多，求其等也”。大数减小数，一步步减下去直到两边相等，就得到两个数的最大公约数。还有方程章，古人想到了正负数，这说明那时中国人的抽象能力就很强。

他认为，相对于信息时代的数学，中国古代数学蕴含深厚的数学机械化思想，简单明了，有它的一套。不可想象中国人的祖先已创造出非常适合应用于计算机的数学。

“中国传统数学是最古老的数学，也是最现代化的数学，2000 多年前的中国古代数学就注定适应现代计算机。”吴文俊反复强调，中国古代数学是他最欣赏的，也是最值得骄傲的。

吴文俊说，中国古代数学就是一部算法大全，有着世界最早的几何学、最早的方程、最古老的矩阵。其中包含着独特的机械化思想，能够把几何问题转化成代数，再编成程序，输入电脑，代替大量复杂的人工演算，这样就可以把数学家从繁重的脑力劳动中解放出来，进而推进科学发展。这就是“数学机械化”。

“文化大革命”结束后，吴文俊立即开始用笔和纸验证自己的方法。1977 年农历新年的大年初一，他发现自己的方法行得通。“成了！”同年，他的《初等几何判定问题与机械化问题》论文在《中国科学》上发表。

“工业革命解放了生产力，因为机械化解放了体力劳动。数学是一种脑力劳动，我希望数学机械化能让重复的脑力劳动得到解放，让人们去做更多创造性的工作。”吴文俊说。

下一步，就要到机器上进行检验。那时候，简单的袖珍计算器成了吴文俊心爱的工具。他曾利用 HP25 型袖珍计算器，检验中国古代数学的求解三次

方程的数值解法。这种计算器有 8 个存储单元可以存放数值，他利用这 8 个单元就可以编一个小时程序，求得最高至五次方程的数值解。

但袖珍计算器显然不能运算更为复杂的定理证明，吴文俊急需购买一台计算机。那个年代，计算机无疑是奢侈品，而且买计算机需要外汇，从哪里才能找到这些钱呢？

正当吴文俊为此事发愁时，他的一位老朋友告诉他，时任中国科学院副院长的李昌要去某个地方做报告，你可以参加，那时再写封信交给他，申请一笔买计算机的钱。

抱着试试看的心态，吴文俊将信交给了李昌。没想到李昌马上批给他大约 2 万美元。1979 年年初，应华裔物理学家杨振宁邀请，吴文俊带着 2 万美元到美国做学术访问。“当时真正的计算机要几百万美元，我买不起，只能买放在桌子上的台式计算机。”在朋友的帮助下，吴文俊以 2 万美元挑选了一台最好的台式机带回了祖国。

在吴文俊准备用计算机验证想法的关键时刻，国内数学界对他提出了不同看法。有些人甚至提出，外国人搞机器证明都是用数理逻辑的方法，为什么他要用代数几何的方法呢？对此，他只能顶着压力单枪匹马地干。

1978 年，中国科学院将数学所分出部分成员，成立了系统科学研究所，吴文俊到了这边。系统科学研究所成立后不久，所长关肇直就对吴文俊说：“你想干什么就干什么，你爱干什么就干什么。”

“正是关肇直同志的理解，给了我最大的自由，这是最珍贵的！”吴文俊多年后感叹道。

其实，在国内学术界还在争议吴文俊的工作时，他的研究领域已引起了国外同行的重视。1978 年秋，吴文俊到中国科学院研究生院授课。课堂上一位名叫周咸青的旁听生对他的理论很感兴趣。不久，周咸青到美国得克萨斯大学读博士。得克萨斯州刚好有一批人正在搞机械证明，但没有成功，周咸青便将自己听课的情况告诉教授，并以这个题目做自己的博士论文。

当时，吴文俊的《几何定理机器证明的基本原理》还没有正式出版，但周咸青将校印本带到了国外，吴文俊的研究成果也随之被系统地介绍到了国外。“周咸青的博士论文就是用我的方法，而且用我的方法证明了几百条定理，他自己还发明了一些定理。”吴文俊说，“他用那里的计算机来算，很难的证明也只需要几微秒，非常快。”

吴文俊运用自己的方法，在电子计算机上完成了西姆森线、费尔巴哈定理、毛莱定理等一系列初等几何的证明。随后，他又把证明的范围扩大到非欧几何、仿射几何、圆几何、线几何、球几何等领域。目前，运用他的方法，已证明出600多条定理，许多定理的证明只需几秒甚至零点几秒就可在电子计算机上完成。这其中有一些定理证明相当繁杂，即便交给杰出的数学家来证，也是相当困难的。

在吴文俊的影响下，中科院数学所与系统科学研究院成立了数学机械化研究中心，对“吴方法”和“吴消元法”进行大量的后续性研究工作。在这个中心，吴文俊的成就被应用于若干高科技领域，得到一系列国际领先的成果，包括曲面造型、机器人机构的位置分析、智能计算机辅助设计、信息传输中的图像压缩等。

在吴文俊的带领和影响下，这个中心已经形成了一支高水平的数学机械化研究队伍，在国际上被称为“吴学派”。这改变了数学家“一支笔、一张纸、一个脑袋”的劳动方式，运用电子计算机来实现数学证明。

吴文俊从初等几何着手，在计算机上证明了一类高难度的定理，同时也发现了一些新定理，进一步探讨了微分几何的定理证明。提出了利用机器证明与发现几何定理的新方法。这项工作为数学研究开辟了一个新的领域，对数学的革命产生了深远的影响。

在吴文俊看来，数学机械化思想是一种思维模式，一些数学分支，正是由于踏上了机械化的道路而获得蓬勃发展，使之成为重要的研究方向，甚至成为数学的主流。

美国《自动推理杂志》编委穆尔认为，“吴方法”建立之前，几何定理机械化证明的研究处于一片黑暗，吴不仅冲破了这种沉寂的局面，而且带来了光辉的前景。

想“作别”数学的数学家

有人说，吴文俊的记忆力非常好，那么多数字和公式竟然张口就能背出。在进行数学机械化研究过程中，对于电子计算机安装的日期、为计算机最后编成300多条“指令”程序的日期，他都记得一清二楚。

他有一块特别出名的小黑板，就竖在书房旁。他把自己想到的问题都写

在小黑板上，解决了再擦掉。

也有人说，老先生的记忆力非常差，与数学无关的事，他总是转身就忘。一次，有位记者去采访，头天晚上和他约好，第二天见面时他却说：“好像是约过的，但你具体要采访些什么？”

在 60 寿辰的那天，他和平常一样，整天沉浸在运算和公式中，有人特地选定在这一天的晚间登门拜访，寒暄之后，说明来意：“听您夫人说，今天是您 60 大寿，特来表示祝贺。”吴文俊仿佛听了一个新闻，恍然大悟地说：“哦，是吗？我倒忘了。”

或许正是这种“选择性失忆”才促成他能心无旁骛地专注于研究吧。

某次采访，有记者问他：“你觉得生活中哪些是有意义的事？”老先生憨笑了起来：“想不起来了。我平常是个没情趣的人。”

但其实，已是 90 多岁高龄的吴文俊是出了名的“老顽童”。

他喜欢光脚穿皮鞋在家走动，说这是懒人最好的锻炼方法。在生活中，吴文俊的爱好很多，读小说、看电影、下围棋……老伴说他“贪玩儿”，可他解释说，读历史书、看历史影片，对学术研究有帮助；下围棋，可以培养全局观念和战略眼光。“别看围棋中的小小棋子，每子落到哪儿都至关重要。所谓‘一着下错满盘皆输’，我们搞研究也得这样，要有发展眼光、战略眼光和全局观念，这样才能出大成果。”吴文俊说。

80多岁时，一次去香港参加研讨会，身边工作人员一个不注意，他就跑到迪士尼乐园，非要坐一次过山车。“当时工作人员看我年纪大，不让我上去，我就趁他们不注意偷偷溜上去了。”吴文俊顽皮地眨眨眼，“其实一上去我就后悔了，但是下不来了，呵呵！”

吴文俊说，现在年纪大了，看小说成了他最大的乐趣。2012年，有记者问及他最近的工作和生活，老先生憨笑起来：“主要看小说，每天看，看到晚。”

他最爱看侦探小说和历史小说。“以前工作忙，看小说都得挑短篇的看，怕浪费时间。现在有了大把空闲，我就把小时候看过的小说又找出来重新看一遍，找一找从前的感觉。”吴文俊说。

他永葆对未知的探求之心。“像玛雅民族的历史，突然中断了。我很好奇。前段时间，中国月球车登月了。月球很奇怪，总是半个面孔对着地球，另一面不知道什么样。有很多人类不知道但非常重要的东西等待研究和发现。”

他还喜欢去知春路的一家咖啡馆。一个人打出租车去，点上一壶咖啡喝一个下午。“不看书，也不想任何事情，纯粹是为了享受咖啡的味道。”他

也喜欢去双安商场附近的影城，那里有个书店，可以随便看，他说他的很多书也是在那儿买的。

其实，喝咖啡是他年轻时养成的习惯。20世纪50年代的法国科学家们习惯于在街边的咖啡屋占据一角，不理会窗外的车水马龙，一头钻进公式和推理。吴文俊入乡随俗，也经常到咖啡馆，买一杯浓浓的咖啡，坐到角落的桌旁，进入拓扑学的世界，直至深夜才离开。在巴黎时，受到生活条件和工作条件的限制，咖啡屋成了吴文俊的重要工作场所，他的许多重要成果都是在那里获得的。

老年的吴文俊似乎对数学的兴趣不大了。人们问他爱看侦探小说是不是因为数学讲究推理，探案也讲究推理？他摆摆手，说道：“纯粹是因为好玩。”

他的书房也不像人们想象的那样，几乎没有什么数学方面的书籍。他把所有的数学资料和研究书籍都捐给单位图书馆了。“工作的事交给他们了，我老了。”他说。不过他马上又说：“像中国古代数学，我还有些问题没搞清楚，比如微积分萌芽问题，有时间的话要去弄清楚。我的老师（陈省身）临终前还在钻研一个数学问题，我要向老师学习。”

一辈子与数学为伴的他怎么可能真的放得下？

他念念不忘的一件事是对中国古代数学的研究。在他看来，中国古代数学不但要振兴，还要复兴。“古代数学书，值得进一步学习挖掘。有些书失传了。我认为，应该对地方志进行收集、整理，会有新发现。”

还有一件大事是，让中国数学走向世界。陈省身、程民德、胡国定、吴文俊等老一辈数学家曾共同提出“中国数学要在21世纪率先赶上世界先进水平，成为数学强国”的宏伟目标，并提出“三步走”和具体规划，想把全国数学界动员起来，实现“率先赶上”的中国数学梦。

“我做梦都在想哪个领域赶上去了。搞数学，光发表论文不值得骄傲，应该有自己的东西。不能外国人搞什么就跟着搞什么，应该让外国人跟着我们跑。这是可以做到的。”95 岁的吴文俊说。

“中国传统数学濒于失传并让位于西方现代数学，已有几个世纪之久了，现在已到了复兴中国数学事业的紧要关头。21 世纪，应该让中国先哲创立的机械化算法体系在数学领域再领风骚。”这是他最大的心愿。

（撰稿　操秀英）

2000年度国家最高科学技术奖获奖者

追梦圆梦

——“杂交水稻之父”袁隆平

人物简介

袁隆平，男，1930年9月出生于北京，江西德安人。世界著名的杂交水稻专家，被国际同行誉为“杂交水稻之父”，中国工程院院士，美国科学院外籍院士。现任湖南省政协副主席、全国政协常委、国家杂交水稻工程技术研究中心主任。

贡　献

20世纪70年代初，袁隆平利用助手发现的天然雄性不育的“野败”作为杂交水稻的不育材料并发表水稻杂种优势利用的观点，打破了世界性的自花授粉作物育种禁区。70年代中期，领导完成了杂交水稻三系配套，实现了杂交水稻的历史性突破并在生产中大面积应用。此后，他提出杂交水稻育种发展战略，即由品种间到亚种间再到远缘杂交优势利用，由三系法到两系法再至一系法的设想。在他的带领下，我国两系法杂交水稻于1995年研究成功，形成了两系法杂交水稻技术体系。

1997年他提出“杂交水稻超高产育种”技术路线并积极组织实施，于2000年、2004年、2011年陆续实现了亩产700千克、800千克、900千克的目标。袁隆平还积极促进杂交水稻技术造福世界，目前已推广到50多个国家和地区，在国内外产生了重大影响。

荣誉

1981年　国家技术发明奖特等奖

1985年　联合国知识产权组织“杰出发明家”金质奖

1987年　联合国教科文组织“科学奖”

1988年　英国让克基金会“农学与营养奖”

1993年　美国菲因斯特基金会“拯救世界饥饿奖”

1995年　联合国粮农组织“粮食安全保障奖”

1997年　世界“先驱科学家奖”

1999年　国际永久编号第8117号小行星被命名为“袁隆平星”

2000年　国家最高科学技术奖

2002年　越南政府“越南农业和农村发展”荣誉徽章

2004年　以色列沃尔夫基金会“沃尔夫奖”（农业）
美国世界粮食奖基金会“世界粮食奖”

2007年　凤凰卫视等主办“世界因你而美丽——影响世界华人盛典”之“终身成就奖”

2010年　法国“最高农业成就勋章”

2013年　国家科学技术进步奖特等奖

20 世纪 60 年代的一个晚上，袁隆平做了一个奇妙的梦：梦见自己种的水稻，像高粱那么高，穗子像扫把那么长，颗粒像花生那么大，他和几个朋友就坐在稻穗下面乘凉……50 年来，他一直在为圆这个梦不懈努力，向没有终点的高度攀爬。在圆这个梦想的过程中，他又萌生了第二个梦想：杂交水稻覆盖全球，让世界远离饥饿。

坎坷中成长的学农大学生

1930 年 9 月 7 日（庚午年农历七月初九），袁隆平在北平（京）协和医院呱呱落地。因袁隆平排行第二，家里就取小名为“二毛”。袁隆平兄弟五个，五人按年龄大小排序是：隆津、隆平、隆赣、隆德、隆湘。

袁隆平祖籍江西德安县，德安位于钟毓灵秀的庐山脚下。袁隆平的祖父袁盛鉴，在孙中山领导的民国时期曾当选为江西省第一届议会议员，广东琼崖行政长官秘书长、文昌县县长等职。父亲袁兴烈在当时南京的东南大学中文系毕业后，进入北平铁路局当高级职员，是一位具有爱国心、正直的知识分子。在大学期间，他结识袁隆平的母亲华静，俩人结为伉俪。婚后，华静这位镇江姑娘担任起操持家务和培育儿子的重任。

童年应该是一个充满天真烂漫、无忧无虑的时期，此时的袁隆平十分调皮好玩。抗战爆发后，少年袁隆平在随家迁徙、流浪中品尝到了时代的苦难。流离失所的不幸和山河破碎的残酷现实使袁隆平逐渐懂得了国家兴亡与自己的责任，激发了他发奋学习、报效祖国的志向。

正是在这种志向的驱动下，从进入小学起，少年袁隆平就显示了好学勤思的性格。他不仅学习成绩优异，而且志趣高远爱好广泛。他思想活跃，喜欢从不同角度思考问题，他的提问常常难倒老师。如在高中一次物理课上，老师讲到了爱因斯坦的质能方程式，即 $E=MC^2$（E 代表能量，M 代表质量，C 代表光速）。袁隆平一时想不明白“能量为什么与光速的平方成正比”，向老师提出了“为什么物质的能量和光速的平方成正比”这样一个问题。质能公式是爱因斯坦花费 10 年时间推导出来的。一位中学物理教师要讲清楚其中含义的确很困难。

抗战胜利后，袁隆平举家迁往南京，他进入南京大学附中高中部学习，1948 年底毕业。在升大学读什么专业的问题上，他父亲极力主张他报考南京的重点大学，学习文理科，同时儿子也不必远行，可以留在自己身边。但初中春游园艺场的情景每每浮现在袁隆平的脑海，那茂林修竹、花卉飘香的美妙图景令他怦然心动，拨动了袁隆平想学农的心弦。几经思考，袁隆平郑重地向家里提出要报考农业院校的意愿。父母最后还是尊重了袁隆平的选择。父亲玩笑似的对他说："俗话说，'父望子成龙'，而我现在是望子成'农'了。"

1949 年春天，袁隆平考入了"重庆相辉农学院"。1950 年，重庆相辉农学院与其他院校的相关专业合并后成立了西南农学院，袁隆平与同学转入该院学习，主修专业是遗传育种学。他博览群书，认真攻读了当时遗传学的两大流派：西方的孟德尔、摩尔根学派和苏联李森科学派的书籍，这对袁隆平后来的创新思想、学术观点的形成产生了重要影响。1953 年，袁隆平大学毕业。他毅然决定，服从祖国分配，来到了当时比较偏僻的湖南黔阳县（现为洪江市）安江农校当教师。

从研究红薯转入探索杂交水稻的禁区

在安江农校教学的日子，袁隆平重视教学，更重视试验和实践。在社会实践中，他看到农村的耕作方式还很落后，稻谷的平均亩产不过 150 千克，辛勤耕作一年的农民，却难以填饱肚子。他开始萌动了尽自己努力去解决当时在中国普遍存在的吃饭问题的想法。

袁隆平开始设计科研课题时，他定了两个研究方向，第一个是搞红薯嫁接，第二个是研究高产水稻。

1956 年，他以红薯为对象，开始探索第一个研究方向。1958 年，他嫁接的"月光花红薯"获得了大丰收，其中最大的一蔸"红薯王"达到了 13.5 千克，地上也结了种子。正值"大跃进"年代，袁隆平的货真价实的"高产卫星"得到了人们的肯定和赞扬。同时，他煞费苦心开展了一系列其他方面的实验，诸如西红柿嫁接到马铃薯上、西瓜嫁接到南瓜上，但没有获得经济性状优良的无性杂种，他感到困惑。

一次，袁隆平出差到长沙，在书店的一本影印的英文杂志上看到介绍美国遗传学家克里克（F. H. C. Crick）和华生 (J. D. Watson) 在遗传学领域发现脱氧核糖核酸（DNA）螺旋结构，推动遗传学研究深入到分子水平的文章，他把那本杂志买回家，认真细致地研读起来。不久，他又获悉“染色体、基因遗传学”应用于杂交高粱、杂交玉米、无籽西瓜等作物并取得了明显效果，触动很大。影响袁隆平更深的是一次下乡上培训课，他做了讲授“红薯育种和栽培技术”的充分准备，可听者寥寥无几；而在讲授“水稻的高产栽培技术”的教室，听者爆满。他好奇地问农民，答案是：红薯是杂粮，吃了不经饿，吃多了还反胃；稻谷是主粮，种好水稻是大事。

安江农校执教（1959 年在麦田）

这些事使他敏锐地意识到，自己应该走出“无性育种”的困惑，驶向已显示出生命力的孟德尔、摩尔根的现代遗传学的大海里去。同时，他决定以水稻为研究对象，开始科研的第二个目标。

1960 年，中国发生连续三年的自然灾害。袁隆平也不能幸免，他身躯浮肿，无力走路看书。他亲眼看见一位豆蔻年华的少女，因吃了观音土，活活地憋死了。知识分子的忧患意识使袁隆平真切地感受到“民以食为天”这句古话的分量，他思考要从科学上寻找高产的办法，向饥饿挑战。在与农民谈到搞高产水稻时，农民说：“施肥不如勤换种。”“如果能研究出亩产 800 斤（400 千克）、1000 斤（500 千克）甚至 2000 斤（1000 千克）的新稻种，我们就可告别饥荒，结束苦日子了。”几句朴实的话语，对袁隆平触动很大，他暗自思索，希望从育种技术来实现水稻高产。

种子是万物之源，生命之源，直接影响下一代。几千年来，人们常采用常规选种。在汉代就有“田者择种而种之”的“良种法”。随着现代育种技术的发展，20 世纪 60 年代初，设在菲律宾的国际水稻研究所育成了高产矮秆水稻“IR8”，我国科研工作者也取得了水稻矮化研究的突破，解决了高秆水稻易倒伏低产的问题，总产提高 20% 左右，被人们誉为“第一次绿色革命”。

这对袁隆平产生了很大的激励作用。

袁隆平想，常规育种已取得增产效益，是否能够通过杂种优势取得更大的增产效果呢？所谓杂种优势，是指遗传基础不同的两个亲本杂交所产生的杂种在某些性状上优于其亲本的现象。杂种优势是生物界普遍存在的现象。早在春秋战国时期，我国先民就注意到公马和母驴交配所产生的杂种骡子，叫作駃騠马。动物有杂种优势，那么，作物是否也有杂种优势呢？他查阅了大量的中外资料，得知1876年达尔文就提出玉米杂种优势现象；1926年，美国农学家琼斯最先报道了水稻的杂种优势现象；之后，印度科学家理查哈里又提出了水稻杂交后第一代优势（简称 F_1）在生产中应用的设想。但不久，美国著名遗传学家辛洛特和邓恩出版了《细胞遗传学》，书中认为，水稻等自花授粉作物是没有杂交优势的。国际上的许多研究人员望而却步，进行的尝试性研究也中途停止。袁隆平在迷茫后心中又开始怀疑起来，辛洛特和邓恩的提法正确吗？

大自然开启了一扇门。1962年，袁隆平在试验田连续进行观察和实验。在水稻扬花吐穗的盛夏7月，一个下午他发现了一株高大、穗大粒多的优异稻株，顿时兴奋起来，宛若找到宝贝，作了标记。收割时，他从这稻株上得到170多粒壮谷。他视为良种，望“籽”成“龙”。可第二年种下后，植株参差不齐，没有一株比原来的单株好。他猛然想到孟德尔、摩尔根遗传学分离定律的观点，这肯定是一株杂交稻，才会出现这样“大分化”的态势，纯种水稻的后代是不会如此分离的。反过来推论，那株“鹤立鸡群”的稻子正是杂交后代，才有如此优势。

他近乎痴迷地思考这一问题。一天晚上，他在思考中进入了梦乡。梦中，他梦见自己种的水稻，像高粱那么高，穗子像扫把那么长，颗粒像花生那么大，他和几个朋友就坐在稻穗下面乘凉……梦里醒来，袁隆平觉得梦境给了他启迪，赋予他一种神圣的责任和使命，这就是后来著名的“禾下乘凉梦”。

他渐渐地肯定了自己的想法，那株“天然优质稻”显然与传统遗传学理论背道而驰。看来，遗传学的经典理论是一个典型的形式逻辑理论，没有实验根据。再联想到玉米这个异花授粉作物的杂种优势已在生产中成功应用，他觉得杂种优势应该是生物界的普遍规律，自花与异花授粉作物的区别不过是繁殖方法上的不同而已，绝不是影响杂种优势有无的因素。

怀疑精神是科学创造活动的真正出发点。科学的怀疑精神与传统的观念、社会的主流观点往往是相悖的。对一个大胆怀疑的人来说，会带来嘲笑和侮辱，甚至是生命的代价。成功了，可能会鲜花簇拥；而失败了，将万劫不复。然而，坚定了袁隆平的信心和胆量的，正是这种怀疑精神。他立志要突破学院派的禁忌，破解杂交水稻这道难题。

奏响实现三系杂交稻配套的凯歌

袁隆平查阅了杂交高粱培育三系和配套的方法后认为，要突破杂交水稻的第一关，是找到水稻中的“雄性不育株”。他借鉴杂交玉米和杂交高粱选育过程中寻找雄性不育株的路子，开始了查找水稻雄性不育株的影子。

1964 年的夏天，在水稻抽穗扬花的季节，袁隆平发现了第 1 株天然不育株。接着，他又找到了 3 株不育株。到 1965 年，袁隆平从 4 个品种中发现了 6 株雄性不育株。他研究发现，在 6 株雄性不育株中，属于无花粉型的有 2 株，属于花粉败育型的有 2 株，属于花药退化型的也有 2 株。他探究了 3 种雄性不育类型的不育特性和不育程度，并肯定了这些雄性不育株的研究价值。

1965 年 10 月，袁隆平对获得的材料和实验数据进行了梳理和分析，撰写出论文《水稻的雄性不育性》，寄往《科学通报》等刊物。1966 年 2 月，《科学通报》第 17 卷第 4 期大胆登载了全文。论文像一支嚆矢划破了多年杂交水稻研究的凝固空气，勇敢地冲击了“自花授粉作物没有杂种优势”的传统观念。为袁隆平创新思想宝库铺下了第一块奠基石。

对袁隆平的观点，当时学术界贬大于褒。个别“学术权威”断言他对遗传学无知；一些人讥讽他不过是异想天开。但不育系的发现，肯定了袁隆平的想法；而论文的发表，更是给他莫大的支持。但如何才能实现水稻杂交优势的利用呢？袁隆平认真考虑再三后，拟定了一个培育“杂交水稻”的技术路线，称为“三系配套方法”。这三系的名称是“不育系、保持系、恢复系”，三系杂交水稻的培育方式是这样的：

首先，找到雄性不育株，即母禾。

其次，找到一种特殊水稻品种做父本，即保持系，用父本给母禾授粉，使其后代保持雄性不育特征。

第三，选择一个稻种与不育系杂交，使其后代恢复生育能力，叫恢复系。三系配套，便可制种。

这样，“不育系”“保持系”“恢复系”三者共居于一个和谐的家庭中，既分工又合作。不育系依靠保持系来传宗接代，代代不育；不育系通过恢复系产生杂交种子，这种具有杂种优势的种子种植于大田便产生了高产效应。

技术路线决定之后，袁隆平搞来一些瓷盆土罐，为选育出来的稻种开起了“小灶”，总共有 60 多盆。

正当袁隆平的研究步入正轨之时，史无前例的“文化大革命”开始了。他成了当时安江农校拟批判的“八大重点”对象，原因是他的“出身问题”和“现行问题”。但幸运的是，他不仅躲过了劫数，杂交水稻研究还获得了支持。原来，他的论文发表后，很快被原国家科委九局的熊衍衡同志发现，并及时报送赵石英局长阅示。赵石英立即请示国家科委党组，党组书记聂荣臻元帅表示，国家科委要支持此事。赵石英及时以国家科委九局的名义，致函湖南省科委和安江农校，要求支持袁隆平的研究。

1967 年 3 月 16 日，湖南省科委决定将“水稻雄性不育”正式列入省级科研项目，并下拨研究专款 600 元。省农业厅还批准两名“社来社去”的学生李必湖、尹华奇毕业后留校给他当助手，在国家支持下，杂交水稻研究由袁隆平的孤军作战转向小团队研究。

在海南、云南元江、湖南经三年辗转研究，虽历经坎坷，却依然没有取得实质性的进展。袁隆平分析认为：所用的测交材料，全是常规稻种，它们的基因不是相同便是太近，可能导致保持效果不理想。他决定改变策略，寻找野生不育株，利用远缘杂交稻种实现配套。

袁隆平与两位助手经过大量的调查和筛选，决定从海南开始寻找野生稻。功夫不负苦心人，1970 年 11 月 23 日上午，研究小组中的冯克珊与李必湖发现了一片约 3 亩面积大小的普通野生稻，并从中找到了野生稻雄性不育株。当时正在北京出差的袁隆平接到李必湖的电话后，当即赶到海南。经仔细观察和辨认，袁隆平确认这是雄花败育的天然野生稻。袁隆平高兴之余，当即将其命名为“野败”。接着，袁隆平与研究人员马上进行转育和配套工作。1973 年，袁隆平用在海南岛配制的 10 多斤杂交稻种，在湖南农科院 0.08 公顷的试验田中试种，亩产高达 505 千克，丰产的锋芒初露。当年 10 月，在苏州召开的水稻科研会议上，袁隆平郑重宣布：我国籼型杂交水稻的“三系”已基本成功配套，杂交水稻技术发挥显著增产效益指日可待！

接着，再战告捷。1974 年，他在安江农校试种自己选育的强优势组合“南优二号籼型”杂交水稻，亩产高达628千克……三系成功配套，展示了杂交水稻高产的魅力。丰收的田园稻浪荡漾，簇开了金黄的果实，创新的生命力被金黄之海演绎得大气磅礴。

1975年冬，国务院做出了迅速扩大试种和大量推广的决定，并下拨150万元，用于杂交水稻的推广，袁隆平被任命为技术总顾问。这年冬天，近万人的“制种大军”，浩浩荡荡进入海南进行“制种”工作。1976年4月，收获杂交水稻种子400多万千克。随即，这些种子被转运湖南，播撒在三湘大地。在湖南推广的208万亩杂交水稻，平均每亩增产20%以上，取得了历史上的重大突破。借得东风好行船，从此，杂交水稻从三湘四水出发，迅速染绿了大江南北，迎来了一个个沉甸甸的金色收获。

国外称杂交水稻为“东方魔稻”。他们认为三系杂交水稻问世不仅在很大程度上解决了中国人的吃饭问题，而且也为解决世界性饥饿问题提供了法宝。甚至有专家把杂交水稻当作中国继四大发明之后的第五大发明，誉为“第二次绿色革命”。

杂交水稻瀑布

三系杂交稻增产的优势主要表现在根系发达、吸收力强；分蘖力强、植株生长旺盛、抗逆性好；穗大粒多，光合作用效率高，并具有较广泛的适应性等。从 1976 年到 1988 年，全国 10 多年中累计种植杂交水稻面积 12.56 亿亩，平均每亩增收稻谷 20% 以上，累计增产稻谷 1000 多亿千克，增加总产值 280 亿元，取得了巨大的经济效益和社会效益。

突破两系杂交稻制种的瓶颈

在实现增产的同时，袁隆平也看到，三系杂交水稻存在育种程序和生产环节比较复杂、种子成本高、推广环节较多、再增产难度较大等不足。袁隆平经过长时间的思考后，决定简化制种手续，由三系法向两系法过渡，使杂交水稻产量再上台阶。

1986 年 10 月，在长沙举办的世界首届杂交水稻国际学术讨论会上，袁隆平做了题为《杂交水稻研究与发展现状》的报告。他在报告中提出了杂交水稻发展的战略构想：

“……今后，杂交水稻育种的方法，必然要由繁到简，从三系简化到两系再到一系；杂种亲缘的利用范围必须由近到远，从品种间推广到亚种间再到远缘间，杂种优势必须由强到超强方向发展……”

来自美国、日本、巴西、英国、埃及与东南亚等 20 多个国家和地区，以及我国的杂交水稻专家被他的精彩而充满理性的报告所折服。大会一致同意将这一设想作为会议的主题写进了会议文件。国际水稻研究所所长斯瓦米纳森博士说：“国际上认为，水稻高秆变矮秆，是第一次绿色革命；杂交水稻研究的成功和推广应用，可以说是第二次绿色革命。袁隆平先生的杰出贡献享誉世界，现在，他提出的新的战略构想将使杂交水稻的前景更加灿烂，魅力无穷。”

1987 年，两系法杂交水稻研究被列为国家“863”计划生物工程项目中的 101-1 号专题，袁隆平出任该课题的专题组长、首席责任专家，主持全国 16 个单位协作攻关，从而使全国的杂交水稻研究出现了重大突破。

实现两系法，简单地说，就是要使原来的不育系、保持系和恢复系三系中省去一系，同样达到应用杂种优势的目的。

实际上，在酝酿两系法研究的同时，袁隆平就已开始了一系列实验，但这些实验没有成功。是否有其他成功的途径呢?他想到了植物的光、温敏核不育的遗传。光、温敏核不育的遗传由于属于十分复杂的生态遗传,长期以来,一直作为有害性状被育种家舍弃。

简单地说,光敏型是在长日照下表现雄性不育,在短日照下育性恢复正常;温敏型则是在高温下表现雄性不育,在较低温度下转变为可育。但光敏不育材料只能在一定的温度范围内才表现光敏特性,如超过这个温度范围,光的长短对育性转换不起作用。袁隆平决定大胆尝试利用光、温敏核不育与广亲和性为基础,向两系法进军。

1987 年 7 月 16 日,安江农校青年教师邓华凤在籼稻中发现了一株光敏核不育系。经过三代繁殖和观察,证实了这株两系不育材料的农艺性状整齐一致,是一种新的宝贵的光、温敏不育系。1988 年 8 月,在怀化对邓华凤的两系不育材料举行了鉴定会。会上,袁隆平正式命名这种材料为“安农 S-1”。“安农 S-1”的发现,终于冲出了制约两系法育种的瓶颈。

紧接着,一个个新的光、温敏不育系材料被发明、被转育发现。经过 3 年探索,袁隆平研究团队终于发现了水稻光温敏不育性转换与光、温关系的基本规律,一套有效的选育实用光温敏不育系的技术路线很快形成。

经过 9 年的努力,以袁隆平为首的科研协作组先后攻克了光温敏不育系的选育、不育系不育起点温度遗传漂移的控制、低温敏核不育系繁殖、原种提纯与生产、两系强优组合选配、亚种间杂种优势利用的四大障碍(植株过高、生育期过长、结实率低、籽粒充实度差)等一系列技术难关,两系法杂交水稻于 1995 年获得成功,应用技术成熟配套,开始逐步推广。两系法杂交水稻的研究成功,被写进了 1996 年的国务院政府工作报告,同年被两院院士评为全国十大科技新闻并位居榜首。

两系法育种除了克服了三系法杂交稻的不足外,还提高了选配强优组合的概率,扩大了品种间杂种优势,具有进一步提升单产、提高品质等优点,是水稻育种技术又一革命性进步。

两系法杂交水稻一般比同熟期三系法杂交水稻增产 5% ~ 10%,截至 2012 年,全国累计推广两系杂交水稻 4.99 亿亩,增产稻谷 110.99 亿千克,增收 271.93 亿元,使我国杂交水稻的研究与应用继续保持世界领先地位,续写了“东方魔稻”的新篇章。

不断攀登超级稻亩产的新目标

两系杂交稻的培育成功，成为袁隆平又一创新的起点。随着两系杂交稻的成功，一个大胆的新构想在袁隆平心中萌动，这就是杂交水稻探索的第三部曲——超级稻。

超级稻，简单地说，就是超高产优质水稻。这是多年来国内外农业专家梦寐以求、攻关多年的世界难题。1995 年国际水稻研究所提出培育“超级稻”、后又改为“新株型”育种计划，但均未实现。袁隆平认真分析了国外的研究思路，发现世界上无论是常规稻育种，还是杂交稻育种，都是在利用选育优良品种来实现超级稻的目标的。仅靠育种学的成功，就能不断突破产量的“吉尼斯纪录”吗？

1997 年袁隆平主动请缨，立项“超级杂交稻”育种计划并组织实施。他的建议立即被国家采纳，“超级杂交稻”顺利进入“S-863”计划。超级稻研究目标分期进行，每期目标亩产增加 100 千克。第一期目标是每亩 700 千克，第二期目标是每亩 800 千克，第三期目标是每亩 900 千克……

经多次论证后，袁隆平提出了实现超级稻亩产目标的构想：一是杂种优势利用；二是形态改良，如矮秆、少蘖、大穗等具有高产的理想株型。

1997 年，袁隆平到江苏考察两系杂交稻，在观察亚种间杂交稻时突然灵机一动，脑海里闪现出一种超高产杂交水稻形态模式。回到宾馆，他立即将灵感中的模式描绘下来，精心设计出以高冠层、矮穗层、高度抗倒、可提高光合作用利用率的形态模式，制定了把优良株叶形与强大的亚种间杂种优势有机结合的培育超级杂交稻的技术路线，这就是“理想株型＋杂种优势”的模式。集中形态优势和杂种优势两大增产要素的育种技术路线，可谓珠联璧合，相得益彰。袁隆平又一次用灵感将杂交水稻的选育领进超高产研究的前沿阵地。

以袁隆平为首的研究群体以高产优质的不育系“培矮 64S”等为亲本，进行广泛的测交和筛选，育出几个具有超高产潜力和米质优良的组合，更重要的是找到库大源足和高度抗倒的理想株型，研究出一批新的超高产组合。经过连续几年试种，超级稻的优势初露端倪，增产效果明显。按照农业部的规定，一个超级稻品种，须连续 2 年在两个以上百亩片示范达标，就可以宣告中国的超级稻育种亩产目标的实现。

持续创新取得了丰硕的果实。1999 年秋，超级稻的百亩示范片亩产均超过 700 千克，云南永胜县涛源乡试种点验收时亩产竟达到 1139 千克！顺利实现第一期目标；2004 年，超级杂交稻亩产 800 千克的第二期目标提前一年实现；2011 年，超级杂交水稻亩产 900 千克的第三期目标也成功实现。2014 年，湖南溆浦县超级杂交稻百亩示范片平均亩产达 1026.70 千克，表明亩产 1000 千克的第四期目标取得了重大突破。

如果把常规稻、三系杂交稻、两系杂交稻和超级稻的单位面积产量比进行比较，它们的比是 100 ∶ 120 ∶ 129 ∶ 181，可见超级稻的增长潜力巨大！同时超级稻米质很好，可谓“高产与优质相伴”，具有广阔的推广前景。

从三系杂交稻到超级杂交稻，从 20 世纪 60 年代的早期探索到 50 年后的今天，袁隆平伴随杂交水稻的研究，经历了无数的磨难、诽谤和不理解，但袁隆平肩上重担不减，创新不断，终于迎来了一个个成功的辉煌，梦想变成了活生生的现实。

袁隆平在谈及自己成功之路时，他用一个简洁的公式来表示：

成功＝知识＋汗水＋灵感＋机遇。

推动杂交水稻覆盖全球梦的实现

袁隆平说，杂交水稻技术不仅属于中国，也应属于世界。让世界了解杂交水稻、种植杂交水稻，帮助世界贫困地区人口解决温饱是自己的责任，也是自己的另一梦想。因此，他非常重视国际科技交流与合作，在联合国粮农组织的支持下，他通过交流培训、技术推广等方式使杂交水稻走出国门，已根植在全球 50 多个国家和地区，他的第二个梦想“杂交水稻覆盖全球梦”正在逐渐成为现实。

1979 年 5 月，美国圆环种子公司总经理威尔其访华，农业部种子公司送给他 3 个组合的杂交水稻种 1.5 千克。在美国试种后优势明显，比当地良种增产 33%～93%。当年 12 月，威尔其与我国签订了在种子技术方面进行交流和合作的原则协议。1980 年 1 月，双方正式签订了杂交水稻技术转让的合同，这是中国农业领域第一个对外技术转让合同。连续 3 年试种，杂交水稻亩产远高出当地实验田的产量，其中最好的比美国良种田增产 79%，顺利地打开了杂交水稻走向世界的大门。1982 年，在菲律宾国际水稻会议上袁隆平被誉为“杂交水稻之父”，并传遍世界。

1992年，联合国粮农组织做出了一个重要决策：借助中国的力量，专门立项支持在世界一些产稻国家发展杂交水稻，并聘请袁隆平为联合国粮农组织的首席顾问，促使他把目光转向前景诱人的印度、缅甸、孟加拉、越南等第三世界国家。袁隆平提供了50多个组合在越南、缅甸试种，经过几年努力，他们筛选出几个适于当地气候、生态条件的杂交水稻组合，产量、米质和抗性均十分优异，每公顷增产2吨左右并很快推广开来。高产杂交水稻使缅甸一些种植鸦片的村民看到了希望，他们纷纷改种杂交水稻。不仅如此，杂交水稻还迅速推广到非洲，取得了明显的推广和增产效果。看到杂交水稻飘香异域，袁隆平感到由衷的高兴和快慰！

为培育国外的技术人员，袁隆平每年都要奔走于世界各地传授技术，并在菲律宾、利比里亚等国援建了以杂交水稻种植为内容的农业技术示范中心。袁隆平自豪地说："杂交水稻是我们值得自豪的成就，这方面我们比外国人高明一着，是他们的老师。"目前，他已在杂交水稻研究中心陆续举办国际杂交水稻培训班，为50多个国家培训了2000多名杂交水稻专家。

同时，袁隆平通过推广杂交水稻，与一些国际组织建立了广泛的联系，

袁隆平与学生在实验室

从而获得了宝贵的信息和种质资源。

袁隆平算了一笔账，目前全世界有122个国家和地区种植水稻，播种面积约为1.5亿公顷，如果到2020年后每年有2/3的面积种植超级杂交稻，每公顷增产粮食2吨,则增产的粮食达2亿吨,那么每年增产粮食可养活8亿人口。这是多么可观的数字和贡献啊！祝愿袁隆平的“杂交水稻覆盖全球”的梦想早日顺利实现！

高尚的品德和人格魅力

袁隆平是事业至上的人。几十年来,袁隆平视杂交水稻研究为自己的生命,如痴如醉，根本无暇顾及朋友和亲情。1974年年底，正是杂交水稻攻关的关键时刻，父亲病逝，妻子邓哲没有通知袁隆平，含悲独自料理完后事。1982年8月，袁隆平的岳母患癌症住院。当时，已安排袁隆平去国外进行技术交流，妻子邓哲安慰他说：“事业为大，你放心去吧，母亲有我照顾。”可袁隆平回国时，岳母已安息九泉。他难过地说：“两位老人去世，我都未能送终，我是一个不孝的儿子啊！”邓哲流泪劝慰丈夫：“你把杂交水稻试验搞成功，就是对老人尽了最大的孝。”在庆祝他80华诞的晚会上，袁隆平满怀深情朗读了“稻子熟了，妈妈我想您了”的散文，把对母亲的爱和心中的遗憾融于乡音中，在场的人无不为之动容。

袁隆平是创新人才的培育者。他坚持“既育种又育人”。“文化大革命”时期，袁隆平顶住各种干扰，不仅自己带头学习钻研，还鼓励助手李必湖与尹华奇走又红又专的道路，并挤出晚上时间给他们补英语，从不间断。三系杂交稻配套成功后，他将李必湖、尹华奇分别送进大学深造，后又多次派他们到美国传授杂交水稻技术，很快培养成为技术中坚。在海南育种过程中，袁隆平在试验地办起了速成班，并亲自讲课，培养了来自全国的大批技术人员。他后来的助手罗孝和、周坤炉等人，也迅速成长为杂交水稻专家。湖南杂交水稻研究中心成立后，袁隆平亲自指导硕士和博士生，他鼓励学生尊重权威而不迷信权威，质疑才是科学的生命，才是创新的源头。他倡导注重实践，认为书本上种不出小麦，电脑里种不出水稻，只有田间地头才是写出农业方面优秀论文的地方。为激励青年人才开拓创新早出成果，1987年，袁隆平把获得的联合国教科文组织科学奖的1.5万美元捐献出来，设立了“袁隆平农业科技奖励基金”，1999 设立了“袁隆平农业科技奖”。到 2012 年，“袁隆平农业科技奖”已颁发了七届。此外，袁隆平还将自己与美国水稻技术公司合作所获的顾问费捐出来，设立“所长基金”，用以资助年轻科研人员及科研项目。目前杂交水稻研究中心汇聚了一批年富力强、学贯中西的高层次研究人才，谱写着杂交水稻研究辉煌的明天！

袁隆平是农民的贴心人。受惠于杂交水稻，很多地区告别了缺粮时代，村村乡乡有贮备，家家户户有余粮。农民们把袁隆平当作朋友，誉为当代神农。湖南郴州市农民曹宏球，通过种植杂交水稻、蔬菜瓜果等成为该地区科技致富的典型；他拿出 5 万元积蓄，请人雕塑了一尊真人大小的汉白玉质地的袁隆平雕像，以表达对这位“米菩萨”的崇敬之情。当一些乡村的农民得知袁隆平要来的消息，他们高兴地拿来自己认为最好的土特产捎给袁隆平……

袁隆平的创新成就和贡献赢得了国内外的赞誉和尊重。他获得了首届国家最高科学技术奖、国家技术发明奖特等奖、国家科技进步奖特等奖等国内重大奖项；同时也获得了联合国知识产权组织“杰出发明家”金质奖、联合国教科文组织“科学奖”、美国菲因斯特基金会“拯救世界饥饿奖”、联合国粮农组织“粮食安全保障奖”、世界“先驱科学家奖”、以色列“沃尔夫奖”（农业）、世界粮食奖基金会“世界粮食奖”、法国“最高农业成就勋章”等近 20 项国际性大奖。面对众多的奖励和荣誉，袁隆平谦逊地说：“这些荣誉是代表国家、代表民族的，并不是我个人的。”其实，在荣誉的背后，是艰辛和磨难、创新与智慧、勤奋与奉献！

如今 85 岁的袁隆平在实现“超级杂交稻”第三期目标后，豪情不减，他充满信心地说，创新没有终点，好梦正在延续，即使在“90 后”，仍将努力地向更高的目标攀登，攀登……

（撰稿　姚昆仑）

2001 年度国家最高科学技术奖获奖者

特立独行的“技术控”

——“汉字激光照排”创始人、计算数学专家王选

人物简介

王选，男，1937 年 2 月出生于上海，江苏无锡人。曾任北京大学数学力学系计算数学专业教授、中国科学院院士、中国工程院院士、全国政协副主席。他所领导的科研集体研制出的汉字激光照排系统为新闻、出版全过程的计算机化奠定了基础，被誉为“汉字印刷术的第二次发明”，使中文印刷排版业从铅与火的时代进步到光与电的时代。他与癌症抗争 5 年后，于 2006 年 2 月 13 日逝世，终年 70 岁。

贡　献

1975 年，王选开始主持我国计算机汉字激光照排系统和以后的电子出版系统的研发，跨越当时日本光机式二代机和欧美阴极射线管式三代机，开创性研制当时国外尚无商品的第四代激光照排系统，针对汉字印刷特点和难点，发明高分辨率字形高倍率信息压缩技术和高速复原方法，率先设计出专用芯片，在世界上首次使用控制信

息（参数）描述笔画特性方法，取得欧洲和我国发明专利。该技术应用和产业化后，取代沿用上百年的铅字印刷，推动了国内外报业和印刷出版业的发展。他还提出并领导研制大屏幕中文报纸编排系统、彩色中文激光照排系统、远程传版技术和新闻采编流程管理系统等。这些成果达到国际先进水平，在国内外迅速推广应用，使我国印刷出版业得到彻底改造。他始终站在科技前沿，积极推进技术成果的产业化和促进现代生产力的发展，为我国科技进步做出了重要贡献。

荣 誉

1986 年　第 14 届日内瓦国际发明展金奖

1987 年　国家科技进步奖一等奖

　　　　　首届毕昇奖

1993 年　当选第三世界科学院院士

1994 年　美国中国工程师学会个人成就奖

1995 年　国家科技进步奖一等奖

1995 年　联合国教科文组织科学奖

1996 年　王丹萍科学奖

2001 年　国家最高科学技术奖

2008 年　国际永久编号为 4913 的小行星被命名为“王选星”

王选＝汉字激光照排＋三院（中国科学院、中国工程院、第三世界科学院）院士。

在大多数人眼中，王选就是这样一个名人，公式右边的关键词，哪一个拎出来都轰轰烈烈。然而，在大多数时候，王选对于"名人"这个词却不太感冒。"我似乎慢慢在变成一个名人了，在我贡献越来越少的时候，忽然名气大了。所以要保持一个良好的心态，认识到自己是一个非常普通的人，而且正处在容易犯错误的危险的年龄上。"

但王选这一生并不普通。年轻时，他特立独行，不爱凑热闹，偏喜欢盯住那些冷门的东西；他狂放，时常语出惊人，在世界尚未反应及时，却将"王选"两个字做成了最大的品牌。从不合时宜到卓越权威，世人奉他为传奇时，他却悄然退场，只留下一句：王选是用来超越的。

无人区也可以走出一条路

1954 年，17 岁的王选在高考志愿表上填下了自己的 3 个志愿：北京大学数学力学系、南京大学数学系、东北人民大学（现吉林大学）数学系。

和现在的孩子们不同，这份"除了数学还是数学"的报名表，完全出自王选的本意，没有掺杂父母的意见。王选从小就是个有主意的人，而优异的成绩也让身边的人从未怀疑过他会考不上第一志愿。

果然，那年夏天，王选接到了北京大学的通知书。步入校门之后，他和同学们被告知，前面两年将学习同样的基础课程，到了三年级，则可以按照自己的爱好来重新选择喜欢的方向——数学、力学，抑或计算数学。王选选了计算数学，和他一起的只有 19 人，约占 54 级数学力学系学生的 1/10。

这群"非主流"的学生不得不面对一个现状：作为北大刚刚成立的新兴学科，计算数学专业连一套像样的教材都找不到，而且在注重基础科学的当时，计算数学相对来说应用性太强，在多数人眼中不见得有多高深的学问。别说什么计算机技术是大势所趋，虽然 1951 年美国就发明了世界上第一台通用商业化计算机，但直到王选进北大，也没有几个人见过计算机是什么模样。

那 19 位同学为何会选计算数学已经不好一一考证，但王选却有足够的理由。1956 年 1 月，我国制定了《1956—1967 年科学技术发展远景规划》。王选看到周恩来总理所讲的几个未来重点发展学科中就包括了计算技术。"我

1958 年，大学实习期间，王选（右）和同事们参加“北大 1 号”机的改进工作

有种想法，越是古老、成熟的学科，越是完整严密的理论体系，越难以取得新的突破；而新兴学科往往代表着未来，越不成熟，留给人们的创造空间就越广阔。”

开课第一天，时年 28 岁的任课教师张世龙令王选大开眼界。王选没想到，在没有参考教材的情况下，这位年轻的老师讲的竟然是自己设计的计算机样机——“北大 1 号”的雏形，此时，夏培肃院士的 107 机还没有正式投入运行。

年轻的课程，年轻的老师，真正激起了王选心中的热情。尤其当张世龙把具体设计“改进 1 号”和调试“红旗机”的任务先后交给他时，王选既自豪又备感压力，经常连续工作一天一夜，最紧张的时候曾连续 40 个小时不合眼。就算如此，由于国产存储器关键部件不过关，改进版的“北大 1 号”到底没能运行起来，“红旗机”虽然成功运行，也没办法投入生产和使用。但这段玩命的日子，让王选对硬件的把握更加牢靠，从此，他对计算机的冲动再也停不下来。

怎么才能做出自己的创新呢？

在做了无数硬件工作，又阅读了大量的国外文献后，王选逐渐发现，不懂得程序和应用，根本谈不上摸透了计算机。1961 年，他做了人生中另一个重要的决定——从硬件转向软件，软硬结合围攻创新。想到这一点，他果断开始学习计算机高级语言，并在 1963 年开始研究 ALGOL 60 高级语言编译系统，和同事们一起在 DJS-21 计算机上具体实现。这使他深入了解了软件对硬件的需求。“在一个真正实用的系统中，才能切实理解软件对硬件的影响。”王选对自己说。同时期的国内学者几乎无人能做到这一点。

由于受到“文化大革命”的冲击，这套编译系统最终在 1967 年才研制成功。后来经过中科院数学所高手们的精心维护和修改，很快在几十个用户中得到了推广，成为国内较早的高级语言编译系统，被列入中国计算机工业发展史大事记中。

而对王选来说，他似乎一下子开了灵窍——要想创新，就要跨领域！正如控制论发明者维诺所说：“在已经建立起来的学科之间的无人空白区上去耕耘，最能取得丰硕成果。”这句话，也成为王选一生的指路明灯。

告别铅与火

1975 年初，北京大学从各系抽调力量组成一个调查组，调研北大各部门应用计算机及实现自动化的可能性。因为人手不够，调查组挑中了陈堃銶这个“闲人”。陈堃銶不仅是王选的妻子，还是他的搭档，曾经参加过 DJS-21 机的 ALGOL 60 编译工作。此时，因为患美尼尔氏综合征，她经常头晕，病休在家，恰好赶上参加北京大学的这次调研。在调研中，陈堃銶听说了“748”工程。

到 1974 年，IBM 和 DEC 的小型机层出不穷，MITS 更是推出了全球第一台微型电子计算机“牛郎星”。计算机技术在国际上走势大好，但中国的状况还不甚明朗，最重要的原因就是国外的计算机无法处理汉字。为了跟上国际步伐，1974 年 8 月，由四机部、一机部、中国科学院、新华社、国家出版事业管理局联合发起，国家计委批准设立了国家重点科技攻关项目“汉字信息处理系统工程”，简称“748”工程。

陈堃銶打听到，“748”工程分为 3 个子项目：汉字通信系统、汉字情报检索和汉字精密照排。回来便把这一情况说给王选听。

王选呢？早在 1958 年研制“红旗机”时，夜以继日地科研加上严重营养不良，积劳成疾，王选病了。“医院最早怀疑是‘红斑狼疮’……又转了几次院，最后一家又推断是‘结节性动脉周围炎’。”这场“莫名其妙的大病”在母亲的精心照料下好转起来，却给王选的健康埋下了祸根。由于父亲被打为“右派”，王选成为“黑五类”分子。“文化大革命”开始之后，王选因曾听英语广播提高英文水平，被攻击为“偷听敌台”，成为被打压的对象。压力之下，他的身体再次承受不住，成了长期病休、只发劳保工资的老病号。但他从未忘记过计算机事业，1972—1974 年，他在理解了编译系统软件对计算机设计需求的基础上，设计了适合软件的新型计算机结构，后来整理成文发表。

那个时候，他因病还没有正式回到工作岗位上，用他的话说，反正时间多的是，不如给自己找点事做。陈堃銶带来的消息令他很激动：“汉字精密照排是指运用计算机和相关的光学、机械技术，对中文信息进行输入、编辑、排版、输出及印刷，也就是用现代科技对我国传统的印刷行业进行彻底改造。”虽然难度巨大，但价值和前景同样不可估量，因为在当时，中国数量最多的工厂恐怕就是印刷厂了。

王选被自己的分析震撼了。想想吧，印刷术本是中国四大发明之一，北宋毕昇发明的活字印刷术带动了世界印刷技术的发展，但此后中国印刷术的发展反倒落在了后面。在国外，15世纪中期，德国古登堡采用铅活字与印刷机相结合，发明铅活字机械印刷术，很快形成产业推广开来。到20世纪，西方又率先结束了活字印刷，转用电子照排技术。而中国，直到20世纪70年代，仍然“以火熔铅，以铅铸字，以铅字排版，以版印刷”，一来容易造成环境污染；二来效率低下，常常把新书拖成旧书，严重的时候能拖上两三年。如果汉字精密照排成功了呢？那中国印刷业就将迎头赶上时代的潮流！

那个春天，“批林批孔”还没结束，王选却走出家门去查外文资料。从北京大学到位于和平街北口的中国科学技术情报研究所，着实有些路程，他每周都会往返三四次，一次半天。事情是自己找来的，自然没什么经费给他报销，王选也开始精打细算起来：从北大到情报所，车费是2角5分，少坐一站地就可以省5分钱，于是他每次都提前一站下车；复印资料太贵，如果字数不多就手抄。

一连几个月，王选都在参详外文资料。日本流行的是光学机械式二代照排机，通过机械方式选字，体积大，功能差；欧美流行的是阴极射线管式三代照排机，所用的阴极射线管是超高分辨率的，比黑白电视机分辨率高20倍，生产难度极大，对底片灵敏度要求也很高，国产底片不易过关；英国正在研制激光照排四代机，但尚未形成商品。

国内已有5家汉字照排系统研制单位，两家选择了二代机的方案，三家选择了三代机方案。再进一步分析，王选发现，数字存贮方式将会成为未来的主流，二代机的机械选字法根本没前途。那么，问题来了。数字式存贮实际上是把字形变成由许多小点组成的点阵。道理浅显，但汉字不只有宋体、楷体、黑体等多种字体，还有10多种大大小小的字号。为了保证印刷质量，五号字大小的正文小字就需要100×100以上的点组成，排标题的大号字则需要多达1000×1000以上的点。英文只有26个字母，所以存储量问题并不尖锐，而汉字字数繁多，是西文的数百倍，全部用点阵存储，则需要用上千亿的字节(B)，存储量极大。当时能让王选使用的国产DJS-130计算机的磁心存储器，最大容量只有 64kB，磁盘也还没有配备，只有一个 512kB 的磁鼓和一条磁带，要存下如此庞大的汉字信息，是完全不可能的事。

学计算数学出身的王选经过反复研究，发明了“用轮廓加参数描述汉字字形的信息压缩技术”，对横、竖、折等规则笔段，用描述笔画轮廓的特征参数（如横的起点、长度、宽度和肩等）来表示；对于撇、捺、点等不规则笔段，用折线轮廓表示，后来又改为曲线描述。这一方法不但使信息量大大减少，同时能保证变倍后的文字质量，使一套字模能产生各种大小的字号。这种信息表示方法使 10 余种字体汉字字形信息的存储量只有数兆，总体压缩达 500 ～ 1000 倍，甚至更多，从而解决了将庞大的汉字信息存储进计算机这一难题。

解决了数字化存储后，用什么输出设备，将还原后的汉字字形信息高速、高质量地输出，是横亘在王选面前的又一个难题。1976 年，王选结合我国国情，做出了一个大胆决策，跨过国际流行的二代机和三代机，直接研制世界上尚无商品的第四代激光照排系统，选择了技术上的跨越。为此，王选设计成功适合硬件实现的轮廓信息高速复原字形的算法，并编写微程序实现，使 1979 年时还原速度达到 250 字 / 秒，最终达到 710 字 / 秒。同时，王选设计并实现了逐段复原字形点阵的方法，以适应激光照排机不可等待的要求，从而使字形压缩信息快速复原算法得以实现。在他的设计下，字形的大小可缩放自如，又不会影响敏感部分的质量，换句话说，可以实现字形变

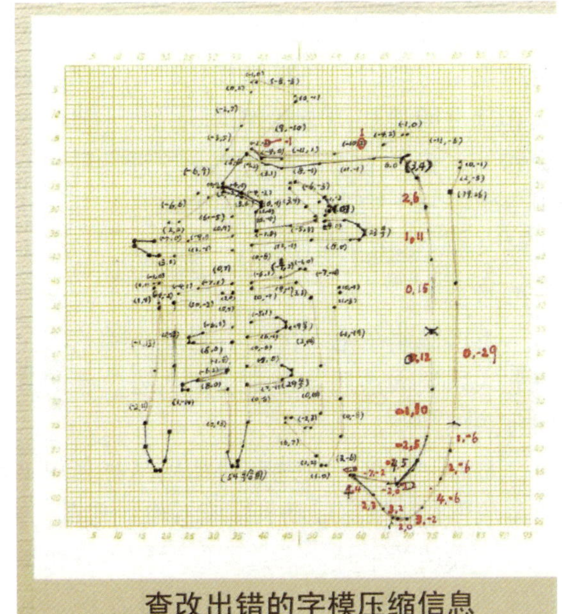

查改出错的字模压缩信息

为了确保每个字的质量，王选付出了超出常人的艰辛。图为王选分析字模数据的手迹，以此查找字模输出错误的原因，辨别是字模制作错误，还是生成器问题。

倍和变形时的高度保真。

这个想法比西方早了 10 年。正是这个时间差，当时国内几乎无人对王选抱有希望，即使他将模拟出的“义”字摆上桌面，即使他在 1976 年底写出那份完备的“748 工程汉字精密照排系统方案说明”，也仍然被认为是脱离实际的“数字游戏”。然而王选始终坚持自己的研究，终于得到设在电子部的“748”办公室的肯定，并以电子部的名义正式将精密照牌任务下达给北大。1977 年 9 月，以原“748”工程会战组为基本成员的北京大学“汉字信息处理技术研究室”正式成立。1979 年，激光照排原理性样机成功输出了第一张八开报纸样张。1980 年，第一本用国产激光照排系统排出的样书——《伍毫之剑》诞生。到此时，汉字激光照排系统的主体工程的硬件和软件部分均调试成功。《伍豪之剑》没有动用一个铅字，那个铅与火的印刷时代正在隐去。

点亮中华之光

1981 年，国家计算机工业总局和教育部联合召开原理性样机鉴定会，鉴定结论是“与国外照排机相比，在汉字信息压缩技术方面领先，激光输出精度和软件的某些功能达到国际先进水平”。结论一出，皆大欢喜。王选却有隐隐的不安。他比谁都清楚，原理性样机存在很大的不稳定性，根本不适合走出实验室。随着改革开放的脚步，其他国家的自动照排系统也会进入中国市场，为了避免在市场上一败涂地，王选从 1979 年就开始了可以实用的Ⅱ型机的研制。

王选并非在杞人忧天。到 1984 年年底，就连电子工业部资深专家也开口说北大系统太落后，还是引进为好。一时间，国内出现了好几种国际品牌的照排系统。

憋着一口气，王选和科研团队加紧了Ⅱ型机在新华社成功运行的脚步，甚至放下“如果不成功，国家拨给的印刷经费全部退回，北大一分钱也不要”的话。连续 3 个月，王选团队时刻不肯松懈，紧盯系统，克服一个接一个的故障和难题。在他们夜以继日的努力下，88 期《新闻稿》与 12 期《前进报》顺利印刷出来。他们松了一口气，给这台机器取了个大气的名字——华光，依靠中国人的力量，点亮印刷技术革命的中华之光。1985 年 5 月，华光Ⅱ型机终于得到了“主要技术指标达到国际先进水平”“可以投产”的鉴定书。

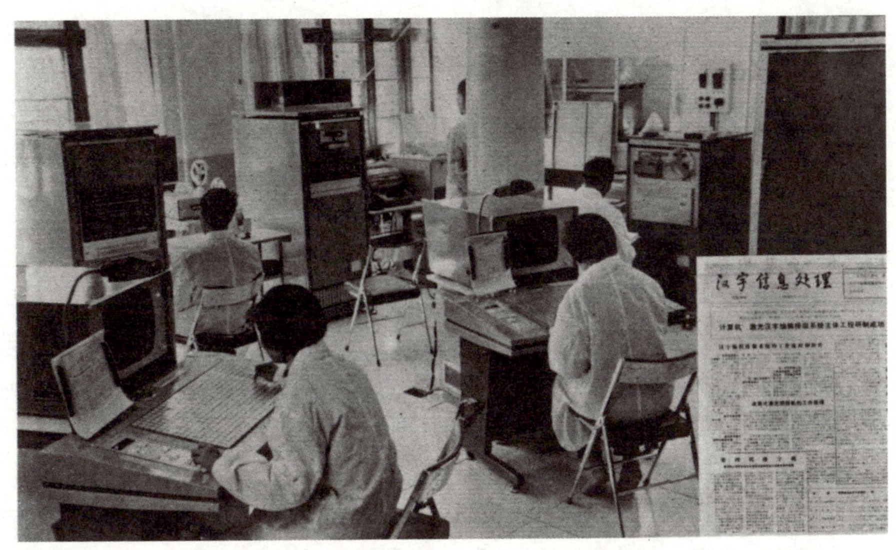

1981 年，汉字激光照排原理性样机通过鉴定，右侧为排出的第一张报纸样张

然而，1985 年 7 月，王选访问做照排系统的美国 HTS 公司，和 HTS 总裁见面时，人家几个小时前才从北京飞回来，带回来的还有一纸与某大报签订的价值 430 万美元的合同。王选心里拔凉，他们的Ⅱ型机即使两个月前刚刚通过国家级鉴定，依然乏人问津。

王选知道，要与国外竞争，必须不断改进系统。半年后，华光Ⅲ型系统正式面世。这是我国第一个实用科技排版系统，能够方便而规范地排印各种复杂的公式、符号和表格，此后接连斩获全国首届发明协会发明奖、北京地区电子和信息应用系统一等奖、第 14 届日内瓦国际发明展览会金奖……汉字激光照排系统终于迎来了迟到的荣誉，获得 1987 年国家科技进步一等奖，而王选也被授予 1987 年首届毕昇奖。

“5 年之内，我们把国外所有的厂商全部赶出中国。”直到此时，王选也没有忘记自己从 HTS 回来之后说过的话。此后的岁月中，华光Ⅳ型机又在中国印刷出版领域掀起了一场风暴。1989 年底，来华研制和销售照排系统的国外公司终于撑不住了。汉字的复杂实在超乎他们的想象，几经拖延，他们还是无法让自己的系统与汉字兼容，几乎每隔一段时间就有一家公司退出中国市场。除了让王选耿耿于怀的 HTS，这份名单上还有英国蒙纳公司，美国王安、IPX 公司，以及日本的写研、森泽、二毛等公司。其中，HTS 最终以破产结局。

外商走了，中国的产业自然要站出来。早在王选的系统还备受争议时，时任北京大学校长丁石孙就提出了开设校办产业的设想。1985 年，北京大学科技开发公司正式成立，1989 年，经电子部批准，华光系统由原来一直在潍坊生产，改为由北大新技术公司和潍坊共同生产销售。后来，北大与潍坊华光分手，系统也要重新换一个响亮的名字。

"干脆就叫王选激光照排系统吧！"有人提议。王选直摇头："激光照排是集体智慧的结晶，用我的名字不妥当。"

经过慎重的挑选，"方正"从上百个应征方案中脱颖而出。根据应征方案，"方正"的典故出自《汉书·晁错传》，原文说："察身而不敢诬，奉法令不容私，尽心力不敢矜，遭患难不避死，见贤不居其上，受禄不过其量，不以亡能居尊显之位。自行若此，可谓方正之士矣！"

说来说去，就是取其正直磊落的含义，同时也包含了这群人的理想——科研要严谨求实，待人要诚恳无私，经营要诚实守法，发展要包容博大。

命名这天，是 1991 年 3 月 8 日。随后，北京大学计算机科学技术研究所

1985 年，新华社印刷厂的试验车间里，王选（右一）向周培源（左二）、卢嘉锡（右三）、黄辛白（左一）等领导和专家介绍华光 II 型系统运行情况

和北京大学新技术公司联合推出了新一代电子出版系统——"北大方正电子出版系统"（即方正 91 型系统），也是他们做出的第五代产品。到 1993 年，国内 99% 的报社和 95% 以上的黑白书刊印刷厂采用了国产系统。这个战绩，让方正成为一代传奇。

给年轻人铺路

王选早就跟自己说，科研做到 60 岁就差不多了。没想到，这个计划竟然提前了 4 年。

1993 年 1 月，王选像往年一样窝在家里工作。这么多年过来，他最喜欢这个时间，因为正是农历春节前后，大家都忙着过年，没人会来打扰他。王选习惯了把最难的问题放到这十几天中解决。清净，容易出灵感。这一次，他忙着做一个能加快芯片处理速度的设计方案。

春节后，他把忙了两个礼拜的一叠设计稿拿给学生刘志红看。刘志红说："王老师，还有一个更简便的方法，您可以在计算机上用检测 PC 总线 BUSY 的方法实现，效果比您的方案还好。"听完后，王选反应过来，这个检测方法是比他的设计简单得多。一场辛苦成了空，他有点沮丧，就算还健步如飞、思维敏捷，也不得不承认在计算机技术面前，年轻人更具优势。

"我的两次创造高峰——1964 年从事软硬件研究和 1975 年研制激光照排项目，分别是 27 岁和 38 岁，可以说是无名小卒。"回想起当初遇到的干扰，王选感到一种危机，难道曾经受限于"权威"的他，也会变成"瞎指挥"的所谓权威吗？他不想陷入这种困局，决定正式退出科研第一线，任命 36 岁的肖建国、28 岁的阳振坤和汤帜担任研究室主任。给他挑错的刘志红也在同一年被破格晋升为讲师。

其实，在决定退出之前，王选已经开始有意识地培养年轻人。

1992 年 1 月，邓小平视察珠海发表了著名的南方谈话。各报报道这一消息时发的都是黑白照片，唯有《澳门日报》在头版刊登了邓小平的彩照，成为世界上首次实现彩色图片与中文合一处理和输出的中文彩色报纸。《澳门日报》用的就是方正的彩色出版技术。

这一构想，王选从几年前就开始实践了，但他决定利用这个机会来锻炼自己的弟子。

20 世纪 90 年代初，王选在北大计算机所的机房里指导年轻人

1989 年 6 月的一天，在北大旧图书馆前的树荫下，王选对肖建国说："你的大屏幕组版软件搞得差不多了，应该转转方向，搞图像技术，特别是彩色图像。"肖建国有些犹豫，文字处理和图像处理根本是两回事，能做得出来吗？"没有经验可以学习。你尽管大胆去做，我给你们当后盾。"王选说。

给肖建国吃了一颗定心丸后，王选又"诱惑"他，虽然世界上还没有直接研究汉字文图合一的彩色出版系统，我们还是要早下手，如果第一个做出来，就是在改变历史啊。王选实在是个好"推销员"，几句话就激发了肖建国的创造欲。很快，肖建国组织起几个青年骨干开始攻关，终于把一个个思路变成了《澳门日报》的一页页彩版。

1990 年，华光Ⅳ型正供不应求，第五代的方正 91 还没有问世，王选就做出了一个更重要的决定，着手研制 PostScript Level 2 中文解释器。PostScript 是美国 Adobe Systems 公司 1985 年推出的页面描述语言，发展到 Level 2 时，已经成为事实上的国际工业标准。更重要的是，它描述的对象是图形和图像，显然，汉字的"天然屏障"对它起不了作用。如果不做中文解释器，方正在海外的市场竞争力将会受到严重威胁。而研制针对性的中文解释器，无论在我国还是在国际上，都是第一次尝试。一旦成功，就意味着将会踏入第六代产品时期。

王选把一张画好的"饼"摊在了阳振坤等几个年轻骨干面前，还给他们设计了一个协处理器芯片，复杂程度是方正 91 的 10 倍，能够显著提高中文 PostScript 的解释速度。几个年轻人相信王选的判断力，"快马加鞭"地忙碌起来。1993 年秋天，中文 PostScript Level 2 解释器 PSP 出现在他们的手上，这款 PSP 可以容纳国际上丰富多彩的图形软件和高质量的西文字体，艺术效果令人叹为观止。

就在同一年，由王选的“大弟子”郑民担纲的基于 Windows 的中文专业排版软件维思 2.0 也顺利问世。双剑合璧之下，方正叩开了海外的大门。

年轻人都这么争气，王选也没什么放不下了。1997 年，他逐渐脱离了日常性的管理工作。2002 年，索性淡出了方正。这期间，他最乐于做的事就是发现人才和提携人才。

“方正研究院每招收一届员工，我就让人事部门整理一本花名册，一有空就去和他们聊天。”王选随身总是带着个笔记本，记满了员工的特长、性格，乃至生活状况。他总是能为每个人找到适合他们的岗位，关心他们的健康和成长，让他们在方正找到真正的归属感。

“导师做的工作不如学生，名字放在后头；假如没做什么工作，想法都是学生提出来的，就不署名。不要拿学生的成果当作自己的成绩，只有这样才能够使年轻人出头。”他的一举一动都在告诉大家，给年轻人让路不只是说说而已。可当好奇者询问缘由时，他反倒有些不好意思，直说是出自私心：“不这么做，方正就要垮台，我自己的名气也就没有了。”

王选的梦想

1995 年，方正以红筹股的形式在香港上市。几乎同时，方正决定对内跨步到广电业，对外进军日本市场，发展势头锐不可当。2002 年，王选在获得 2001 年度国家最高科学技术奖后曾表示，自己一生有 10 个梦想：

发展激光照排系统，告别铅与火；

发展基于页面描述语言的远程传版，告别报纸传真机；

发展开放式彩色桌面出版系统，告别传统的电子分色机；

发展新闻采编和资料检索系统，告别纸和笔；

开拓海外华文报业市场；

发展激光直接制版，告别软片；

开拓日本日文出版系统市场；

出版系统的栅格图像处理器进军欧美西文市场；

进军广电业；

从地图出版系统着手，进入地理信息系统。

王选当然是个“技术控”，他在确定科研课题之前，都会花大量时间考虑：这个技术演化下去会成为什么样的产品，在市场上会有什么反应；或是现在市场上需要什么产品，这个技术能不能演化过去，从市场驱动和技术驱动进行双向思维。

一直以来，方正依靠王选的技术才成为方正，但在市场经济下，技术领先并不能令一个企业绝对地高枕无忧。没办法，当科学家王选变成企业高层，就必须接受人们以看企业家的眼光来看待他。即使一天也没有当过方正集团的董事长或总裁，王选的名字依然与方正紧密联系在一起。或者，可以用另一个词来形容王选与方正之间的关系——精神领袖。1995 年出任方正集团下属的方正香港上市公司董事局主席以来，王选就在做一件事——研读微软、苹果、英特尔等国际企业巨头的兴衰史，总结方正成长过程中的经验和教训。与生俱来的危机感，让他喊出了“成功是失败之母”，高新企业若想长盛不衰，就要一直都能向业界输送出一流而实用的新东西。他也意识到，在守业阶段，管理比技术更重要。

“一个有市场头脑的科学家”，这是业界对王选的形容。有市场头脑，但着落点还是在科学家上。他是中国第一批把科研技术推向市场的人，却不适合生意场。他自己也说与企业家差距甚远。在王选心目中，他最看重的身份，是北大计算机研究所的教授，他最高兴的事情，是看到年轻人超越自己。

2000 年患病的时候，王选就留下了一道遗愿：

我对方正和计算机研究所的未来充满信心，年轻一代务必“超越王选，走向世界”，希望一代代领导能够以身作则，以德、以才服人，团结奋斗，更要爱才如命，提拔比自己更强的人到重要岗位上。

我对国家的前途充满信心，21 世纪中叶中国必将成为世界强国，我能够在有生之年为此做了一点贡献，已死而无憾了。

2006 年王选逝世后，他的得力弟子肖建国继任计算机所所长，依然在奉行王选“顶天立地”的理念。“顶天”，追求领先于国际的原创技术；“立地”，强调技术的实用性。遵循这样的理念，计算机所创造了新的累累成果。王选留下来的文化基因依然在方正和北大计算机所的血液中流淌，王选留下来的梦想也在一一实现。

（撰稿　张方方）

2001 年度国家最高科学技术奖获奖者

留白大师

——中国固体和半导体物理学奠基者、著名物理学家黄昆

人物简介

黄昆，男，1919 年 9 月出生于北京，浙江嘉兴人。中国科学院院士、瑞典皇家科学院国外院士、第三世界科学院院士。曾任北京大学教授，中国科学院半导体研究所研究员、所长、名誉所长。2005 年 7 月 6 日在北京病逝，享年 86 岁。

贡　献

黄昆是世界著名物理学家，早在 20 世纪 40 年代就已经异军突起。他大胆地预言与晶格中杂质有关的 X 光漫散射，后称为“黄散射”。他受邀与马克思·玻恩合著的《晶格动力学理论》，至今仍是该领域的权威著作。他提出的“黄方程”和由此引申的极化元的重要概念，对理论物理的发展做出了重要贡献。

他是中国固体和半导体物理学的奠基人之一和杰出的教育家。他参与创建了中国第一个半导体物理专业，编著了我国第一部《固

体物理学》教材，为中国信息产业培养了第一批人才。

荣 誉

1956 年	中国科学院自然科学奖三等奖(第一届国家自然科学奖)
1984 年	美国第二届理论物理弗雷曼奖，被美国中部州立大学协会授予“卓越外国学者”称号
1993 年	国家自然科学奖二等奖
1995 年	何梁何利科学技术成就奖
1996 年	陈嘉庚物理学奖
2001 年	国家最高科学技术奖
2010 年	国际永久编号为 48636 号的小行星被命名为“黄昆星”

“按我自己的评价，这次得以获奖的工作中，我在 33 岁以前开始进行的工作占了大部分，60 岁以后的情形是一方面。”在获得 2001 年度国家最高科学技术奖之后，黄昆这样说。

他口中的“33 岁以前”，指的是从 1945 年到 1951 年的旅英时光，学术界多认为那是他科研生涯中的黄金时代。而他再次站到国际前沿，已经是 20 世纪 80 年代。

在国际物理学界看来，从 1951 年回国，一直到“文化大革命”结束，黄昆的科研生涯出现了一个断层。可是，就像没有人觉得画作中的留白多余，黄昆也不觉得一心扑到物理教育上的时光可惜，他认为那同样也是在实现自己的价值。

黄金时代

1945 年 10 月，黄昆来到英国布里斯托尔大学，师从国际著名固体物理学家莫特。莫特是 20 世纪最伟大的理论物理学家之一，曾获得 1977 年诺贝尔物理学奖。黄昆是莫特在第二次世界大战结束后招收的第一位博士生。他最初从莫特那里接到的两个博士论文研究题目：一是理论研究稀固溶体的 X 光衍射；二是计算小角度晶粒间界的能量。黄昆当时对如何处理晶粒间界问题还是一头雾水，自然选择了前者。

一般认为，具有严格周期对称性的完整晶体，其 X 散射应遵循布拉格定律。但实际材料中的原子往往不这么循规蹈矩，它们总是会偏离严格的周期排列。究其原因：一是晶体原子的热运动导致的偏离，被称为“热致漫散射”；另一种可能，则是由材料中外来的杂质与缺陷引起的。而这一点，正是黄昆的入手点。

经过大胆假设、小心求证，黄昆针对长程弹性畸变导致的 X 射线漫散射提出了几个“预言”，如：杂质原子的存在使布拉格衍射峰强度减小了一个因子，该因子与倒格矢的平方成反比，且与杂质浓度有关。

以当时的实验技术，这些发现根本不可能得到一一验证。这也是它们在很长一段时间被称之为“预言”的原因。20 多年后，黄昆的预言才被国际学术界普遍承认，为了区别于热致漫散射，这种漫散射被称作“黄漫散射”，或简称为“黄散射”。从 20 世纪 60 年代末到 70 年代初，“黄散射”发展成为一种能直接有效地研究晶体中微观缺陷的手段。只是那时国内正陷于“文化大革命”中，消息不畅，黄昆并不知道有此进展。

黄昆一直相信这些预言是正确的，也相信这些现象完全可以在低温下被观测到，却并不认为去验证它们是自己最重要的工作。1946 年 9 月，这些预言以“稀固溶体的 X 光漫散射”为题发表在《英国皇家学会录 A》上。这是黄昆第一篇受到物理学界长时间重视的论文，直到半个世纪后，每年依然会被平均引用 6 ～ 7 次。可以说，黄昆开创了 X 射线漫散射研究一个新的分支，但他本人却再未涉足这里。

第一份答卷交上去之后，勤快的黄昆开始自己找事做。一次，他读到了莫特的一篇文章。文中讲述了莫特通过托马斯 - 费米方法来处理异价原子固溶体的电荷屏蔽问题。黄昆一下子被托马斯 - 费米方法吸引了。他第一次知道原来还有这样一种确立空间电子气浓度、电势与费米能级之间关系的近似方法，并且折服于它的简单和有效。

异价原子的固溶体电荷屏蔽可以这样处理，那同价元素的稀固溶体可不可以呢?

这么好的方法，自然要为己所用。黄昆很快做出了反应，联想到了金银稀固溶体。它们的原子实的荷电情况一样，但由于功函数不同，在金原子处可能就会形成势阱，电子可以堆积在阱里，导致电荷在空间出现不均匀分布与屏蔽势。借助托马斯 - 费米方法，黄昆研究了同价原子金和银的固溶体的结合能和残余电阻率问题，提出了同价原子构成的固溶体中的电荷屏蔽分布机制。不仅如此，他还创造性地采用了量子力学散射理论的相位移动方法，从理论上来计算电子波函数。

这项工作，被黄昆写成了《金银稀固溶体的溶解热和电阻率》。不过，在这篇论文中，黄昆只给出了电势与电荷密度分布的短程变化趋势，没有进一步将其长程振荡部分的函数关系显示出来。后来，莫特的女婿夫里德耳提出了固体物理中著名的“夫里德耳振荡”，而这一点在其中得到了完整的体现。虽然如此，但是黄昆的影响却是实实在在的，一直到今天，他的这篇论文还常常被国外科学家在论文中引证。

到了 1947 年春天，黄昆已经完成了他的两项研究及博士论文。可最早的博士学位典礼也要等到 1948 年 1 月。

当时，程开甲正在爱丁堡大学留学，他的导师玻恩教授也是黄昆倾慕的对象。玻恩是国际公认的量子力学奠基人之一和晶格动力学奠基人，也是1954年诺贝尔物理学奖获得者。1915年，玻恩就以德文写过一部《晶格动力学》，后来又计划以量子力学的观点来重新系统地阐述《晶格动力学理论》。第二次世界大战前，玻恩就已经开始动笔了，只是因为战争和其他原因，这部专著被慢慢搁浅了。搬到英国后，玻恩发现英国物理系的学生中懂德语的少，了解晶格动力学的更少。黄昆恰恰满足这两个条件。在程开甲的引荐下，黄昆见到了这位偶像。

显然，大师也是需要知己的。这一老一小就这样成了忘年交，玻恩甚至把自己的《晶格动力学理论》手稿让黄昆阅读，还邀请他共同完成这部著作。

沉甸甸的"馅饼"掉下来，黄昆却没敢马上接受。这个急于要以知识报国的年轻人，在完成博士论文之后就早早写信给西南联合大学时期的硕士导师吴大猷，商讨回国后的工作问题，当年就收到了北京大学的教授聘书，而他的留英奖学金也将在1948年10月结束。短短几个月，怎么能够写得完这部书呢？

但黄昆到底还是心动了，在写给时任北京大学理学院院长饶毓泰的信里，还特意提及此事，饶毓泰表示了支持。紧接着，新的转机来了。黄昆回到布里斯托尔接受博士学位时，遇到昔日的合作者弗勒利希。弗勒利希正准备去利物浦大学新成立的理论物理系担任系主任，邀请黄昆同往做为期3年的帝国化学工业公司博士后研究员，并且同意他以一半的时间来撰写《晶格动力学理论》。这下子，钱的问题也迎刃而解，黄昆没有理由再拒绝玻恩的邀请了，当然，他本来也不愿意拒绝。

合作之初，黄昆和玻恩出现了意见分歧。玻恩的计划是从量子理论最一般的原理出发，以演绎的方式尽量推导出晶体的结构和性质。黄昆却认为，单有晶格动力学的系统推导是不够的，这只是抽象的"普遍理论"，为了便于理解，应该再增加"基础理论"部分作为过渡。在他的坚持下，玻恩不得不做了让步。而这部专著也就有了现在看到的版本——被分为3章"基础理论"和4章"普遍理论"，前者包含所有晶体的基础知识与实验应用；后者由一般理论及由此导致的一些更为复杂的实验事实组成，包括理论预言的一系列新的光学现象。随着激光的发现，书中的理论结果已经被一一证实。

随着合作写作的深入，他在一些问题的研究上也得到了升华。1950年，他与助手里斯（中文名李爱扶，后来成为黄昆的妻子）合作发表了《F中心的光吸收与无辐射跃迁理论》，同时建立了光跃迁过程中的多声子理论与无辐射跃迁过程中的多声子理论。国际物理学界公认这项工作对于多声子跃迁领域的开创作用，将之称为“黄－里斯理论”，论文中使用的标志晶格弛豫强度的参量被称作“黄－里斯因子”。

年轻的黄昆有个执念，觉得人们对论文的关注度总不如对专著更高。这是他当初接受玻恩邀请的一个小“私心”。翻开《晶格动力学理论》，不难发现，他当时的很多研究工作都在其中得到了体现，比如黄方程的阐述、声子极化激元的理论推导、均匀变形理论、晶格内部的平衡条件等，均收录在“基础理论”部分，而这些很难在其他文献中找到。

这部书的独一无二，还在于已发表的玻恩学派的研究成果中，有很多被贴上了“黄昆”的标签。比如在对玻恩－奥本海默近似的阐述、晶格理论的长波方法等方面，黄昆都做了大胆的创新。

从出版到现在，《晶格动力学理论》在固体物理学领域从未被超越过，成为几代固体物理学家们的方向标。从 1975 年至 2001 年 3 月，该书的英文版被引用 5254 次，俄文版被引用 376 次，平均每年 200 多次。它停印过 3 年，又被呼吁再版，从此加印不止。学者们从不吝惜赞美和褒扬，1989 年，在德国举行的一个学术会议上，美国麻省理工学院物理系主任对北京大学物理系张树霖教授说：“我把黄昆的书像《圣经》一样放在我的桌上。”

为了这部“圣经”，玻恩和黄昆都花了太多心血。1951 年 10 月，黄昆起程回国，书稿也基本完成，唯有最后一章需要做修改。玻恩以为，黄昆带走的 1/4 能够很快回来，结果等到牛津大学正式出版时已经是 1954 年了。原因是，黄昆回国时正值“三反五反”运动，他要教书，还得参加政治学习，几乎无暇顾及书稿。而且在那种特殊时期，与国外联络还需

1952 年，黄昆与刚到中国的李爱扶合影

要通过申请和批准，黄昆的书稿在完成半年后才寄回给玻恩。

“到最后时期，如果不是有约在前，已经很不想写下去了，因为这在当时远不是一个热门。我想书出版后大概也没有多少人看，过两年也就停止出版了。”与黄昆的悲观不同，玻恩一直对他们的合著充满期待，在给爱因斯坦的信中写道：“书稿内容已完全超越了我现在的理解，我能懂得年轻的黄昆以我俩的名义所写的东西，就很高兴。”

“沉寂”在三尺讲台上

1951 年 10 月，黄昆回国。谁也没想到，他竟然从此在国际物理学界沉寂了近 30 年。这段远离一线科研的时间里，他去哪儿了呢？

玻恩曾说黄昆是个“热忱的共产主义者”，听到新中国成立的消息，“就想回国参加正在进行的一切事情”。玻恩所说的“一切事情”，转换到当时的黄昆身上，就是站到北京大学物理系的讲台上。

1952 年，一场轰轰烈烈的“院系调整”运动之后，北大物理系进入了一个新的发展阶段，从学生数量、教学体制到学科设置都发生了重大的变化。黄昆的教程也从统计物理、近代物理转换到普通物理上。

在现在的大学物理课程中，普通物理并不像“四大力学”（理论力学、电动力学、统计力学、量子力学）课程那么受瞩目，但作为理工科大学生的入门基础课，绝大多数物理学家都认为它才是物理系学生最根本的“当家”课。改组后的北大物理系为之组建了一个黄金阵容：虞福春、黄昆、褚圣麟、叶企孙、沈克琦、汪永铨、赵凯华、丛树桐、李椿等，这些人无一不是后来物理学研究和教育中的中坚力量。其中虞福春教授担任教研组主任，黄昆为副主任。

意外的是，初登讲台的黄昆，他的教学榜样不是哪个教育家，而是京剧艺术大师梅兰芳先生——不管多熟的戏路，上台演出之前，梅兰芳先生都要再对一遍戏词，再做一次演练。黄昆要的就是这种一丝不苟的范儿：不论讲什么课，讲过多少遍，听的人是谁，每一节课都要重新写讲稿；备课要备好全部板书，细致到表述方式、详略安排、讲述节奏、书写位置，甚至哪些内容不能轻易擦掉都已考虑好。

如此一来，每周 6 个学时的普通物理课，他备课就要耗去 50 ～ 60 小时。

可听过黄昆讲课的学生都知道，他在课堂上很少去看讲稿，反而更像个“读心专家”，根据学生的微表情，做出即兴的调整。这也是他讲课的另一个原则，先假定听讲人对所听问题一无所知又反应较慢，在问别人是否听懂之前，先不断自问是否已经讲清楚。张宗烨院士恰好是1952年院系调整后考入北大物理系的，黄昆的普通物理课程令她至今记忆犹新：“他把每一个问题都分析得很深，把背后的东西都挖掘了出来。”同样是北大1952级的秦国刚院士则认为：“听他的课是一种享受，除了科学以外，能体会到一种美感。”

“回国后全力以赴搞教学工作，是客观形势的需要，是一个服从国家大局的问题。这也并非我事业上的牺牲，因为搞教学工作并没影响我发挥聪明才智，而是从另一方面增长了才干，实现了自身价值。”黄昆说。

一个“大局”，让他一个猛子扎进物理教学里，一边向学生形象地传播知识，一边将自己的经验潜移默化地传递给身边的教师。正是有了如他一样物理人的努力，北大物理系才在短短几年内就形成了“立论严谨、概念清楚”的教学传统。他的做派，也一直保持了下来，很多听过他讲课的人都直呼“过瘾”。

然而，黄昆自己却觉得不过瘾。20世纪50年代，距今只有60多年，物理学，尤其是物理学教育上的空白点却不少。拿现在极为普通的固体物理来说，国内外竟然只有学术专著，没有现成的教科书蓝本，遑论作为新兴学科的半导体物理学。作为国际固体物理界领军人物，黄昆认为固体物理应该是物理学中一门重要的基础课，而半导体物理则将是固体物理中最活跃的领域，为长远计，编著完整规范的教材势在必行。

1958年，黄昆与谢希德一起完成了《半导体物理学》。这本书从理论上系统地阐述了正在迅速发展的半导体物理学科的基本物理现象和理论，是中国半导体领域最早的一本专著。

1965年，黄昆根据讲义全面修订了《固体物理学》，可惜未及印刷就被“文化大革命”耽误了，一误就到了1979年才第一次出版。与同类教材相比，黄昆的《固体物理学》更接地气，而他却因这个时间差，“始终有不安之感”。几年后，当这部教材被建议修订再版，黄昆却认为摘摘抄抄不是教材编写之道，应该彻底翻新，加入新的实践经验，才能不过时。彼时，黄昆已经是中国科学院半导体研究所所长，疏离了教学一线。他建议由曾经的助手——北京大学韩汝琦教授执笔改编，而他则担任指导角色。1988年10月，黄昆原著、韩汝琦改编的《固体物理学》正式出版。这本教材立足于20世纪80年代物理学的新发展，将原著风貌与物理学新突破漂亮地融合在一起，成为一代经典，先后获得1992年全国优秀教材评选之国家级特等奖及1996年全国科技进步二等奖。

这两部专著，在很长一段时间内成为半导体物理和固体物理专业的必读之作。黄昆，也作为中国固体物理学的开创者及中国半导体科学技术的奠基人，被铭记在中国现代物理学发展的里程碑上。

2000年，李爱扶、黄昆、李政道、杨振宁（左起）出席在香港召开的第三届全球华人物理学大会

第二个春天

“有一位老科学家，搞半导体的，北大叫他改行教别的，他不会，科学院半导体所请他做学术报告，反映很好。他说这是业余研究的。这种用非所学的人是大量的，应当发挥他们的作用，不然对国家是最大的浪费。他是学部委员、全国知名的人，就这么个遭遇。为什么不叫他搞本行？北大不用他，

可以调到半导体所当所长，给他配党委书记，配后勤人员。”

说这段话的人是邓小平，时间是1975年9月。当时，话中的“老科学家”黄昆还窝在北京市郊昌平的“北大200号”接受所谓的“斗、批、改”，忙着生产半导体器件。邓小平点将，当时并没有给黄昆带来什么“好处”，反而把他卷到了邓小平大起大落的政治生涯中去，被要求写批邓文章。尽管最后刊登的文章另有人捉刀，黄昆却认为，署了名就要承担责任，要记住这个教训。

无独有偶，1977年邓小平再次出山后，听闻黄昆还在“北大200号”，依然坚持人才不该被埋没。“他（黄昆）批了我，是我害了他。”言辞中的豁达，与黄昆的自责相映生辉，交织出一个伯乐与千里马的佳话。

这一次，黄昆一路绿灯，走到了中国科学院半导体所所长的位置上。用现在的观点看，黄昆的“后台”实在是够硬，他却忽然怀疑起自己的能力。在他看来，国家交付的半导体新材料及相关器件的研发任务，并非自己的长项；做一个研究所的大家长，也是大姑娘上轿头一回。然而，当他在一年后向时任中国科学院院长方毅递上辞职信后，等来的却是邓小平的一句话：“要他当所长就是要他进所直接到实验室去。”

在间断了近30年之后，以花甲之龄重返科研一线，对谁来说都是一种挑战。然而，为了心中一直未曾湮灭的科研梦想，为了知遇之恩与报国之念，黄昆还是迎了上去。

2002年，黄昆与中国科学院半导体所所长郑厚植院士（左一）和夏建白院士（右一）在讨论工作

1979年，黄昆受邀访问意大利国际理论物理中心。在国际学术舞台上，这是黄昆个人的复出，也是中国物理学的复出，自然不能空手而去。黄昆准备趁机梳理出多声子跃迁领域的发展脉络，作为他的出山之作。

到了此时，“黄－里斯理论”中的多声子

光跃迁部分已经板上钉钉，而多声子无辐射跃迁虽然被定性，却无法与实验定量比较相匹配。黄昆尝试将理论与实验并行展现，同时把围绕该理论出现的争议一一澄清。他建立的“统一理论”（统一绝热近似与静态耦合的理论）成为连续三届国际半导体物理会议上的新宠，又被英国皇家学会院士、物理学家德利编入刚刚出版的教科书《半导体中的量子过程》。他与顾宗权一起发展的多频声子模型，也成为多声子跃迁理论在应用上的一个重要突破。当黄昆再次成为“世界领头的固体物理学家”，他的复出作品获得 1984 年中国科学院科技进步一等奖，也就不算什么稀罕了。

“文化大革命”之前，黄昆就预感到半导体物理学将成为固体物理学中最活跃的领域。出山就担任半导体所所长的他，自然也少不了在这上面下功夫。在他的带领下，半导体所建成了我国半导体超晶格国家重点实验室，开创了我国在材料科学和固体物理学中崭新领域的研究工作。而继英国黄金时代之后，他又推出了一个“姓黄”的理论——“黄－朱模型”。“朱”是指他的搭档朱邦芬院士。后来，他们还在超晶格光学声子“黄－朱模型”的基础上，提出了国际上第一个系统的多量子阱和超晶格中光学声子拉曼散射微观理论。

这里还有个小插曲。由于回国后沉醉于物理教育，国际上很多人都以为黄昆已经告别了学术界。他的名字被列入玻恩等大师同列，被当作是前辈来仰望。“黄－朱模型”横空出世的时候，很多人无法将两个“黄昆”联系在一起，以至于得知两者为同一人之后，引来一众惊叹。国际著名的固体物理学家、德国马普学会固体物理研究所前所长卡多纳教授在提到他时，充满敬意：“他好比现代的凤凰涅槃，从灰烬中飞起，又成为世界领头的固体物理学家。”

但得夕阳无限好，何须惆怅近黄昏。黄昆用一腔热忱证明了他的时代尚未远去，也在不经意间成为后辈们的励志书。

性情黄昆

获得国家最高科学技术奖之后，学术圈外的人开始越来越多地问“黄昆是谁”。很多人以为他的成长经历是由神童而成天才，他自己却觉得应该属于智力发育滞后的类型，小学时的表现“说不出有多么优秀”。

真正的转变，在他插班到燕京大学附属中学初中二年级的半年里。一次，

黄昆在办公室与来访的诺贝尔物理学奖获得者布洛姆伯根教授合影

黄昆的伯父偶然看见他放学后很悠闲，就问他作业做好了没有。黄昆回答，老师布置的数学作业都完成了。伯父却告诉他，数学课本上的习题要一道道地全都做完。小黄昆乖乖地按照伯父的要求去做了。因为忙于做习题，他很少去看书上的例题，也就很少套用例题的思路去解答，免去了“照猫画虎”的思维干扰。这个做法后来延伸成他的一个重要习惯，即“从第一原理出发”的治学之道——做研究时先不看已有文献，而是独立地从最基本的概念开始思考，这样才能不受他人的束缚，开展主动性的研究。

中学时代的黄昆已经很出色，尤其在英文学习上很有天赋，当时就已经能够毫无困难地阅读英文小说。事实上，除了语文，他在高中 3 年的学习总成绩始终名列全年级之首。

“老师出作文题，我不是觉得一句话就解答了，就是觉得无话可说。这可影响我一辈子啦！报考清华大学、北洋工学院，都明显是由于语文成绩太差而未被录取。”

黄昆一生都将语文视为关口，从早年的考试到后来的写作，以及各种发言，“都受到牵累”。1944 年，他参加留美留英两项考试，留美考试中因语文考试只得了 24 分而最终落选；留英考试中作文只写了 3 行便再也写不下去，只好就此交卷，居然给了 40 分，令他一度认为“捡了便宜”。1946 年，导师莫特建议他将“黄散射”的工作成果介绍给法国著名的实验晶体学家尼吉耶，以引起对方的注意，从而开展相关实验研究。等到黄昆在布里斯托尔的招待会上终于有机会见到尼吉耶，却因为怯场没能开口。如果他当时做了介绍，“黄散射”会不会被提前验证？可惜科学上没法假设。

好在，黄昆对于这种无话可说的窘况不是很在意，中学时代的他已经知道不能过于求全，转而将精力放在了自己喜欢的功课上。1937 年，黄昆经保送进入燕京大学物理系。“系里课程设置门类较少，内容也较浅，但我学习比较主动。”他极为珍视这种主动性，认为无论学习还是从事研究，主动性都是最重要的。

那时候，他读了很多书籍，其中，尤以《数学家》和《探索微生物的人们》对他影响最大。他震撼于科学家们的献身精神，觉得再没有比科学家的事业更辉煌的了。从此，他对物理的兴趣，逐渐转变成对科学的向往，甚至在大学三四年级时就开始自学在国内尚属于新鲜深奥的量子力学。

大学三年级时，黄昆在近代物理实验课上，结识了助教葛庭燧（国际著名物理学家）。葛庭燧对这个主动性极强的学生很有好感，1941 年，黄昆获得燕京大学学士学位之后转而到西南联合大学担任助教，就是经过葛庭燧的介绍。

到西南联大之后，黄昆眼界大开。在那里，“量子力学”分别由吴大猷、王竹溪、马仕俊讲授；“电动力学”由周培源、王竹溪讲授。除了共同担纲外，王竹溪还会独自讲授“统计力学”和“动力学”；吴大猷讲授“高等力学”“量子力学与原子光谱”“量子化学”和“物理学基础”；周培源讲授“广义相对论”和“流体力学”；吴有训讲授“X 射线”……整个学校大师云集，根本不需要什么助教，黄昆的所谓教学任务也不过是每周带一次普通的物理实验。其余的时间，足够他尽可能多地去听大师们的授课，不仅是物理系，还有数学系的多门课程。

而他听到的第一门课就是吴大猷的《古典动力学》，用他的话说，这门课一下子让他进入了一个新的思想境界。也正是这种奇妙的缘分，让他终于成为吴大猷的弟子。吴大猷的弟子很多，杨振宁、李政道、黄昆等都投在他的门下，其中受教最多的还是黄昆。那时候，吴大猷夫妇住在昆明市郊区一个叫作岗头村的小村子里。他们有一排五间的泥地泥墙小屋。吴大猷在那里想方设法搭起了一套土制的光谱设备，试图开展一些实验研究。这间“实验室”紧挨着黄昆住的小屋，使他有了得天独厚的优势，可以随时与老师讨论问题。

年轻时代的黄昆好争辩。西南联大时，黄昆与张守廉、杨振宁号称“三剑客”，他们思考风格迥异，却难得志趣相投。“三剑客”相交论剑，不只是在科学上，从古代的历史到当代的政治，从大型宏观的文化模式到新上映的电影，他们几乎争辩一切事情。有一次，为弄明白量子力学中“测量”的含义，他和杨振宁的争论从茶馆喝茶的时候开始，持续讨论到晚上，一直到回宿舍还在进行，熄灯后上了床争论没有结果，过了好久又爬起来，点亮蜡烛，翻开权威资料来解决争论。

直到黄昆成为一位在国际上极具声望的科学家，这种争辩的精神也一直都在。王炳燊是黄昆“文化大革命”后招收的第一位研究生，起初很少主动和黄昆讨论问题。黄昆就要求他把办公桌搬到自己房间来，以增加讨论的机会。此后，与他合作的年轻人都开始习惯这一风格。从 1986 年到 1999 年，黄昆一直和朱邦芬在一个办公室工作。讨论物理问题时，他们常常毫不留情地抓住对方论据中的漏洞加以辩驳，场面很是激烈。如果朱邦芬的意见正确，他也会痛快地接受，并不会因此觉得颜面扫地。

黄昆从不觉得自己是“天才”，科研事业完全得益于严谨、勤奋和追求完美。他也以这样的标准来严格要求那些年轻的助手。他的助手们都知道，黄昆喜欢给年轻人设定一些目标——看上去很高，经过努力又能达到。

以严格著称的黄昆，总是反省自己不太会照顾别人。然而他的放手，又总是能让年轻人得到真正的成长。即使从不把关心放在嘴边，那些经过他指点的年轻人却总是视他如良师，以人生中得遇黄昆而庆幸。

参考文献

[1] 朱邦芬．黄昆：声子物理第一人 [M]．上海：上海科学技术出版社，2002.

[2] 余玮．黄昆：一生倾情物理学 [N]．北京青年报，2005-07-11.

[3] 朱邦芬．读 1947 年 4 月黄昆给杨振宁的一封信有感——纪念黄昆先生诞辰 90 周年 [J]．物理，2009（8）：575-580.

（撰稿　张方方）

2002年度国家最高科学技术奖获奖者

不辞夕阳铸“神威”

——超级计算机专家**金怡濂**

人物简介

金怡濂，男，1929年9月出生于天津，江苏常州人。中国工程院院士，著名高性能计算机专家，中国计算机学会名誉理事，清华大学兼职教授，国家并行计算机工程技术研究中心主任。他长期致力于高性能计算机技术的研究，多次主持多种类型大型电子计算机的研制工作。取得了多项重大成果。

贡　献

20世纪70年代，金怡濂在大型计算机系统中采用双机并行处理技术并获成功。80年代，他提出大规模并行处理计算机设计思想和技术方案，实现我国巨型计算机向大规模并行处理方向的发展。90年代，他担任“神威”巨型计算机系统总设计师，使我国高性能计算机峰值运算速度从10亿次/秒跨越到3120亿次/秒，实现历史性突破。随后，他继续担任新一代“神威”系统总设计师，提出多项创新思想，为系统关键技术指标进入国际领先行列，为我国巨型计算机实现跨越发展做出了杰出贡献。

荣 誉

1978 年　　全国科学大会奖

1997 年　　国家科技进步奖特等奖

1998 年　　国家科技进步奖特等奖

2002 年　　国家最高科学技术奖

2004 年　　国家科技进步奖一等奖

2010 年　　国际永久编号第 100434 号小行星被命名为“金怡濂星”

2012 年　　中国计算机学会终身成就奖

人类文明之初，就与数有不解之源。从古代先民的“结绳记事”、古希腊毕达哥拉斯的“万物皆数”，到今天的数字化生存，“数”像一根奇妙的纽带，与人类的文明进步紧紧系在一起。20 世纪 40 年代，数字电子计算机这个新生科技婴儿呱呱落地了。几十年后，这个长大成熟的孩子繁衍出庞大兴盛的家族，它的后代几乎无处不在，活跃于各行各业，用它敏感精细的脉络，把地球拉缩成一个小小的村落。中国计算机研究虽起步较晚，但伴随新中国的崛起，改革开放、科教兴国政策的实施，我国科学家以惊人的智慧，超群的胆识，坚忍的意志，使我国计算机从无到有，逐渐缩短了与发达国家的差距，实现了我国计算机技术的跨越发展。金怡濂院士就是这些杰出科学家中的代表。

求学之路

1929 年 9 月，金怡濂出生在一个知识分子家庭。1935 年，他进入天津耀华学校开始接受启蒙教育。耀华学校的师资、环境都很好，是当时天津的一流学校。启蒙老师姓耿，他善于培养、调动孩子们的兴趣，讲课时循循善诱，借助童话和故事情节来达到对知识的理解。使金怡濂最难忘的是校长赵君达。赵校长是一位知名教育家，爱国敬业，一身正气，建树颇丰。1938 年 6 月，赵校长遭到了日本特务的暗杀，他的牺牲，使金怡濂和同学们悲愤万分，在他们幼小的心灵中激起了为中华民族崛起强大而努力学习的热情。

进入中学，学习难度大了，金怡濂更加刻苦。学校既重视概率论、排列组合、几何、物理等数理方面的教学，也非常重视语文方面的培养。国文课中不仅讲授《论语》《孟子》《诗经》《左传》等经典，同时也介绍《滕王阁序》《岳阳楼记》等古典名篇。在耀华学校的 12 年间，培养了金怡濂爱国热忱及对理科的兴趣和偏爱，为他今后事业的起飞做了良好的铺垫。

1947 年，金怡濂中学毕业报考大学，同时被清华大学、北洋大学等四所大学录取。他首选了清华大学电机系。走进清华大学这所著名学府，水木清华、荷塘月色、西山紫气、三秋红叶，古色古香的清华学堂匾额，美轮美奂的欧洲古典式的大礼堂和中国传统的建筑教学楼，和谐优美，相应生辉。在这所新奇深邃的知识殿堂里，金怡濂感受到了生命的充实和快慰，他如饥似渴地吸吮着知识的甘汁。

清华大学非常重视基础课的教学，那时许多知名教授都教一门基础课和一门专业课。大一物理共开四班，分别由霍秉权、王竹溪、孟昭英、余瑞璜教授讲授；大二的工程力学共开两班，分别由张维和钱伟长教授讲授。教授们特别强调“基本概念”的理解。如闵乃大教授讲课时，对理论公式推导总是写满了黑板，推演完毕后，他便反复问学生是否抓住了“概念”，闵教授认为不论问题多么复杂，推导的公式有多长，关键是抓住基本概念和理论实质，其他问题就会迎刃而解。名教授们讲课深入浅出，生动形象，金怡濂感到很“过瘾”，听后受益很大。虽然当时用的教材并不太深，但师生互动，学生学得比较“透”，加之学校严把考试关，不及格要重修。因此，学生的知识基础、思维能力、创新能力得到了很好的培养。

在清华大学的 4 年间，中国大地发生了翻天覆地的变化。1947 年的北京尚未解放，但向往民主自由的清华人，在这里讨论马列主义，收听陕北的新闻广播……点燃了希望的火炬，照亮了迈向光明的征程。1948 年底清华园迎来了解放的炮声。1949 年 10 月 1 日，金怡濂和同学们高兴地参加了“开国大典”，目睹了新中国诞生的欢腾场面。1951 年金怡濂毕业，此时国家百废待兴，他与同学们坚决服从国家分配，带着满腔的智慧和热情，走上了建设新中国的工作岗位。这些才华横溢的年轻人牢记“自强不息，厚德载物”的校训，在其后的科研生涯中大展宏图，屡建奇功。在清华大学建校 90 周年之际，金怡濂与同学们聚首母校时，他们为班上有 4 人成为院士、朱镕基当选为共和国总理而自豪。

人生“机”缘

1946 年，世界上第一台全电子数字计算机在美国宾夕法尼亚大学问世，这标志着人类走出了迈向信息时代的第一步。

从清华大学电机系毕业后，金怡濂有幸分配参加研制我国第一台继电器专用计算机。1956 年，周恩来总理领导制订的 12 年国家科学技术远景规划纲要中提出“四项紧急措施”，其中一项就是要快速发展计算机技术。为此，我国政府决定选派 20 人赴苏联学习计算机技术，金怡濂幸运地成为其中一员，这便开始了他与计算机事业的“缘定一生”。当年年底，金怡濂抵达莫斯科，被分配到苏联科学院精密机械与计算技术研究所进修学习。当时苏联的计算机技术比较先进，运算速度达 2 万次 / 秒。金怡濂在留学期间学习非常刻苦勤

苏联留学时的金怡濂

奋，据他回忆说：“我们当时住在莫斯科南边的苏联科学院研究生宿舍，而研究所在北边。每天早晨，我们很早就起床，先倒两次公交车，再坐地铁，尔后又转乘公交，路上一般要花上一个半小时。我们在那里主要是做一些有关新型加法器方面的实验，回宿舍的时候就借些资料学习，尽管很累，但仍常常学到深夜。”由于忙，在莫斯科呆了一年半的金怡濂，居然从没听过《莫斯科郊外的晚上》《红莓花儿开》等风靡全苏联且唱红到中国的名曲。

1957 年，毛泽东主席来到莫斯科，特别在莫斯科大学礼堂接见了中国留学生，并发表了重要演讲。留学生们异常兴奋。金怡濂有幸聆听了毛泽东主席的教诲，那句“你们青年人朝气蓬勃，正在兴旺时期……希望寄托在你们身上”的勉励话语，令他终生难忘。金怡濂牢记祖国的重托，较好地掌握了当时具有国际先进水平的计算机技术，顺利学成回国。

回国后，金怡濂参加了我国第一台大型电子计算机——104 机的研制。不久，这台计算机研制成功，向国庆 10 周年献上一份厚礼，为当时国家许多重大课题的研究立下了汗马功劳。1960 年，时任中国科学院院长郭沫若还高兴地为之题诗，以表庆贺。从参加第一台计算机研制开始，金怡濂在这个陌生的领域中学习，在实践中提高，他主持了多种类型电子计算机系统的研制，屡建功勋，展示了他在计算机方面的才华。

1963 年 4 月，金怡濂所在的研究所转移到西南山区，这一去就是 20 年。艰苦的生活环境和研究条件，特别是当时的“不懂 ABC，照样能造计算机”等错误言论的冲击，没有影响金怡濂他们为国家研制新型计算机的信念和决心。山区生活艰苦是小事，关键是科研条件太艰苦。当时国家电子工业基础薄弱，大型机研制举步维艰：一些元器件由玩具厂生产；数以万计的组件，要靠钳子、螺丝刀、电烙铁，一个一个组装起来。由于地处偏僻，参考资料也极其匮乏。为查询资料，金怡濂要跑上海、北京等地。为此，得先在崎岖的山路坐大卡车颠簸半天，然后挤上列车，在硬座车厢里度过两三个昼夜的旅途。查完资料，匆匆背上一大包同事们让他捎带的肥皂、牙膏、糖果回到大山里，继续他的研制工作。由于国外对技术的封锁，大型计算机全靠我国自主设计生产，金怡濂主要负责硬件部分的设计把关，每一张图纸都自行设计绘制，一台机器下来，图纸不下数万张，摞起来像个小山。当时孩子还很小，妻子也是搞计算机的，两人常常连星期天也不能顾及孩子，他说不清楚自己的孩子是如何长大的。条件的艰苦更激发了金怡濂创新的活力，他提出并指导研制成功了穿通进位链高速加法器，把多项并行技术应用于计算机中，实现了由单机向并行机器转化，研制的计算机居全国先进水平。到了 20 世纪 70 年代初，金怡濂在国内首次提出了双处理机体制，实现了并行处理和结构多重化等理念，在他与同事的共同主持下，完成了大型晶体管通用计算机、大型集成电路计算机的研制，把我国计算机的运算速度提升到 350 万次 / 秒，实现我国计算机研制技术的一次次重大突破。

1976 年，美国科学家西蒙·克雷首创巨型向量计算机，在当时以运算速度最高、系统规模最大、具有很强的处理能力享誉世界。从此世界巨型计算机的发展进入了新时期。

巨型计算机也叫高性能计算机，是与超级计算机相呼应的概念。由于超级计算机运算速度快，处理数据的能力强，加快了科研开发速度，在科研和国民经济领域有广泛的应用。拥有高性能计算机技术及其产品，不仅是衡量一个国家计算机研制水平的重要标志，也是一个国家综合国力的重要标志之一。

世界计算机技术特别是超级计算机技术在迅猛向前发展，中国将如何应对紧跟潮流，甚至引领天下呢？

“神威”风采

“四人帮”垮台后，我国科学技术进入一个全新发展时期，也给计算机事业带来发展机遇。1978 年，金怡濂获得全国科学大会奖，他深受鼓舞。1979 年，邓小平指出：“中国要搞四个现代化，不能没有巨型机！”然而，由于“文化大革命”的影响，我国计算机研制已远远落后于发达国家。而高性能计算机技术基本上一直为美国等发达国家所控制，对外实行禁运，提高我国的自主创新能力势在必行。20 世纪 80 年代中期，在双机并行技术基础和群机并行思路基础上，金怡濂提出了群机共享主存的具体结构方案，解决了群机系统中许多关键技术问题。他参与共同主持研制的计算机实现了标量运算速度 1 亿次 / 秒的目标，取得我国计算机研制新的突破。

到了 20 世纪 90 年代，随着微处理机芯片迅速发展，巨型计算机研制屡展新招，记录不断刷新。在世界强手如林、技术创新加速的挑战面前，金怡濂与其他专家勇立潮头，开始向世界先进水平冲击。他在新型巨型计算机的研制中，提出采用标准微处理器构成大规模并行计算机系统的设想，提出多种技术相结合的混合网络结构的具体方案，解决了 240 多个处理器互连问题，取得了运行速度突破了 10 亿次 / 秒的新纪录，实现中国巨型计算机向大规模并行处理方向的发展，推动中国巨型计算机研制进入与国际同步发展的时代。

形势喜人，那么下一个目标呢？在国家并行计算机工程技术研究中心召开的超级计算机研制方案论证会上，主持会议的领导同志提出：是否可以跨越每秒百亿次的高度，直接研制每秒千亿次巨型机。跨出这一步技术上难、风险太大，在沉默后便是激烈的争论，大家意见不一。多数专家认为，根据现有的技术条件和经验，百亿次机是比较可行的选择。唯有金怡濂支持这个大胆的设想，他语出惊人地说：“根据现有的研制水平，造千亿次巨型机是完全有能力的。我们必须跨越，否则就被世界越甩越远。”随后，金怡濂提出了以平面格栅网为基础的“分布共享存储器大规模并行结构”的总体思路，并进一步说明了自己的总体构想和技术依据。金怡濂对于巨型机研制技术的透彻了解和大胆创新精神，让专家们惊讶和叹服。最终，金怡濂提出的研制千亿次机的建议被采纳。金怡濂当时提出这样的想法，不仅仅基于理论上的可能性，还基于为国家分忧的强烈的责任感。因为一件事令他刻骨铭心：当时中国急需一台巨型机。因西方国家对我国实行禁运，经过了种种谈判，才花了紧俏的外汇买到一台计算机。但卖方提出一个附加条件，买这台计算机之外，要请外方两个专家来帮助我们去维护计算机。实际上以维护为借口，来监督我们使用这个计算机不能用于某些领域。而且他们的专用小屋，中国人是不准进的，这件事大大伤害了金怡濂等计算机科技人员的自尊心。一种为国争光为民族争气的浩然正气，使他下定决心，走自主开发之路，奋起直追，赶超国际先进水平。

随后，令金怡濂吃惊的是，他这位退居二线的顾问型专家，却被任命为“神威”机研制的总设计师。24 个课题组，近百名科研人员在他统领下，开始了中国计算机研制的重大飞跃！

擎起研制千亿次巨型机的帅旗，金怡濂感到压力巨大。他对技术人员说：“我们必须保证‘神威’出机时进入世界先进行列。”为此他们先后三次调整方案，提高“神威”的关键技术指标。他提出的总体方案是：以平面格栅网为基础的可扩展共享存储器大规模并行结构，为系统关键技术指标进入国际领先行列奠定基础；率先将消息传递、分布共享、结点共享等工作模式集于一体，以适合不同用户、不同课题的需要；以及网上多种集合操作、分布与重分布技术、无匹配高速信号传送、分布式盘阵、高密度组装等构想。就在“神威”预定出机鉴定的前一年，他仍决定调整指标。他宣布把“神威”机的运算速度提高到 3000 亿次 / 秒以上。

在把准大方向、抓好大事情的同时，作为总设计师的金怡濂同时把目光关注到研制的末梢，常常亲自上阵把关。“神威”启动初期，因为没有检查焊点可靠性的设备，金怡濂就和有关人员一道，一手拿放大镜，一手握电筒，用肉眼一个个检查成千上万个焊点。一次，他在机房的一个角落里捡到一枚小小的螺丝钉，他召开会议说：“虽然厂里通过了 ISO 9000 国际质量管理体系认证，但这并不能说明一切。我的要求是，共同努力，文明生产。”他还要求大家：“我们应该做到哪怕一个焊点、一枚螺丝钉也要体现世界水平。”在崇高的使命和责任面前，他常常为弄清楚一个问题，吃住在办公室。在攻关最艰难的日子里，他每天都要听取课题组几十个人的工作汇报，与他们一起分析解决技术上的棘手问题。每天深夜回到家中，他得先在沙发上躺半个小时，才有力气和老伴说话。

艰难困苦，玉汝于成。1996 年，这是金怡濂难以忘怀的日子，国家并行计算机工程技术研究中心牵头研制的巨型机通过了国家鉴定，其峰值运行速度为 3120 亿次 / 秒，处于当时国际领先水平。鉴定委员会的专家评定：该机研制起点高，运算速度快，存储容量大；系统设计思想先进，创新性很强。总体技术和性能指标达到国际领先水平。鉴定时有一花絮：有一专家见“神威”外观精巧，银白华丽，光可鉴人，而且所有的连线都隐于其内，不禁赞道：“神威”真是太漂亮了，堪称巨型机中的“俏佳人”啊！这台外形精美的巨型机，令不少参加鉴定的计算机专家感慨万千！随后，在宋健国务委员推动下，我国成立了北京高性能计算机应用中心、上海超级计算机中心，均安装了“神威”计算机，运算速度提升到 3840 亿次 / 秒。

时任国家主席江泽民高兴地为这台计算机题名“神威”。“神威”问世，立即在我国的天气预报中发挥了威力。1999 年我国 50 周年大庆之日，“神威”的妙算预测和实际天气变化吻合：清晨大雨戛然而止，在庄严的阅兵大典开始之际，亮丽的秋阳荡开云层投向天安门广场……

“神威”的投入应用很快产生了巨大的社会效益。最初的两年间，就帮助科学家完成了 100 多个重大课题的研究，应用范围涉及气象气候、石油勘探、生命科学等领域，以其卓越的高性能，极大地提高了我国的科学研究能力。

利用“神威”计算机，中国气象局研制了集合数值天气预报系统，可进行 7 天甚至更长的天气预报，在 8 小时内可完成 32 个样本，其精确预报范围缩小到了方圆 5 千米。

利用“神威”计算机，加快了石油勘探的速度，提高了精度。过去，利用“地震找油”方法产生的数据分析、处理量很大，即使在亿次机上也要 10 年才能得出结果。而现在，在辽河油田石油勘探中，科技人员开发出了地震成像并行处理系统，实现了大规模地震数据三维成像处理，10 小时便完成工作，大大提高了钻探成功率，降低了勘探风险；利用“神威”计算机，中科院生物物理所成功进行了“人类基因电脑克隆系统”的研究。在神威的帮助下，我国科学家完成了心脏基因克隆运算，使我国的基因科学研究达到了国际先进水平。

利用神威计算机，大大缩短了新药研制、开发的周期。过去，一般的新药研制起码要三五年，甚至十年时间。中国科学院上海药物所的科研人员在对青蒿素的研制中，筛选了 20 万个分子只花 3 个月，大大加快了筛选速度。

利用“神威”计算机，科学家还可进行重大课题的设计、模拟实验、验证理论的正确与否等，大大加快了科研

2009 年国庆节在天安门城楼

速度，节省科研经费，应用前景十分广阔。

再攀高峰

在“神威”(后称“神威Ⅰ”)成功跨入世界先进行列之后，金怡濂和他的团队没有丝毫懈怠，他们又启动了新一代高性能计算机系统“神威Ⅱ”的研制，金怡濂院士受命继续担任“神威Ⅱ”的总设计师。

当时世界高性能计算机已经达到万亿次/秒。中国巨型机战线的科学家和广大科研工作者，面临着巨大挑战。金怡濂就这样带领他的团队，向世界最先进水平发起了又一轮冲击。有记者曾问金怡濂院士：“您主持研制的‘神威’巨型机，其运算速度已达到3840亿次/秒浮点结果，进入世界先进行列，‘神威Ⅱ’您准备冲击什么样的目标呢？”金怡濂巧妙地回答：“没有最好，只有更好。”

与“神威Ⅰ”相比，“神威Ⅱ”的起点更高，困难更大。随着机器指标数十倍的扩大，在系统的可扩展性、可靠性、正确性、好用性、通用性等方面，都提出了严峻的挑战。

在综合国际上高性能计算机先进设计的基础上，金怡濂提出了以超三维格栅网为基础的可扩展共享存储体系结构与消息传送机制相结合的总体创新构想，对“神威Ⅰ”消息传送、分布共享、节点共享等工作模式做了进一步的完善，做到了消息传送、全局共享、规模可变的节点共享等模式一体化。在这一总体方案付诸实施时，其中的三项关键技术：超三维格栅网络、硬件实现缓存一致性的大规模可扩展共享存储体系结构，以及在此基础上的高效OpenMP编译器实现的大规模共享编程模式、具有双端口异构访问功能的大规模分布共享磁盘阵列群海量文件存储系统，在世界上已完成的大规模并行计算机中，还未见报道。

金怡濂一心要把“神威Ⅱ”做成世界上最出色的高性能计算机，决心要打破国内高性能计算机性能模拟领域的空白记录，为系统的先进性打好基础。为此，他和团队在“神威Ⅰ”计算机系统上建立起模拟环境，在20天时间里完成了对构想中的“神威Ⅱ”的性能模拟，为最终确定总体方案提供了重要依据，同时也在国内开创了用上一代巨型机模拟新一代巨型机的先河。

在“神威Ⅱ”总体研究阶段，金怡濂预见到超大规模系统的高效性、可靠性，将对系统高密度组装和高功耗散热提出严峻的挑战，前瞻性地提出了水冷等设计思想。水冷技术此前在国内计算机行业中，还没有成功运用的先例，金怡濂和他的团队准备做“第一个吃螃蟹的人”。

这个思路听起来非常简单明了，做起来却困难重重。比如，如何保证数千根冷却水管在使用期间安全可靠、畅通无阻；如何保证数千块冷却板中冷却水压力均衡、温度一致；如何保证所有的接口都严丝合缝、滴水不漏；如何保证冷却水管不产生氧化腐蚀现象等。为了解决这些难题，课题组仅仅是在实验室里就埋头干了近 2 年，到上机实验时，他们还请来了化学防腐专家指导攻关，最后终于圆满解决了一系列技术难题。

印制板是“神威Ⅱ”完成所有逻辑和工程设计，最终由“梦想”变为“现实”的一个关键环节，其中大底板尤其重要。大底板在机器中所处位置特殊，板面大、层数多，中间还要做上 15 000 个埋入式电阻。仅几毫米厚、却多达几十层的板子，要布上数百万条线、十几万个孔，小的孔小如针尖，细的线只及半根发丝。这样的多层印制板，制作工艺已接近生产的“物理极限”。生产过程中有 100 多道工序，任何一点差池，都会导致整板的报废。金怡濂要求，所有的插件板，包括大底板在内，都必须做到“零缺陷”，不允许有一个点、一条线的缺陷。此外，还有一个附加的要求，要求板面必须漂亮整洁：“和国外的印制板产品放在一起，要看不出任何差别。”

为了解决大底板的问题，他派出一位副总工程师带人一头扎进生产一线，指导帮助课题组开展工作。与大底板生产有关的技术保障单位都派出骨干参与攻关。金怡濂自己则每天都要询问工作进展，或直接到生产线上查看情况。那年春节过后的第 5 天，一块新压接的大底板装上了测试台。经过 20 多个小时的运行，测试人员惊喜地发现：大底板运行正常！这第一块经测试合格的“零缺陷”大底板，由于它极高的技术含量和所凝结的心血与汗水而显得格外珍贵，被形象地称为“金板”。

为给机器的可靠性加上“双保险”，金怡濂秉承他一贯的“正向设计”的思想，提出在大规模系统中，采用对用户透明的保留恢复技术和全局校验、诊断、恢复技术，即通过软硬件结合技术，提高机器的可靠性，使我国高性能计算机在这项技术上，也与国际接轨。

满怀期待，经年努力，金怡濂和他的团队完美收官。2001 年末，“神威Ⅱ”计算机系统沐浴着新世纪的晨光从容问世。“神威Ⅱ”是继“神威Ⅰ”之后，我国又一台主要技术指标达到国际领先水平的高性能计算机，运行速度达到13.1万亿次/秒，经过Linpack测试，系统效率达75%以上，超过当时世界上排名第一的高性能计算机58.8%的效率指标。机器体积大为缩小，功耗也较低，是较全面的国际领先水平。

做大事者

2003年，金怡濂获得了2002年度国家最高科学技术奖。时任国务院总理朱镕基称赞他是“做大事的人”。在我国超级计算机的发展史上，他无疑写下了精彩的一笔。

他是一位优秀的领跑者。超级计算机研制竞争激烈，领先记录稍纵即逝。金怡濂把他的研究群体称为是“追赶太阳的人”，他们视时间和速度为生命，双休日和公假几乎全是在实验和试验中度过的。然而，大家无怨无悔。在研制过程中，金怡濂谦虚谨慎、学术民主、鼓励创新、博采众长。在他的领导下，研制队伍充满热情和活力，团结协作，开拓向上。正因为如此，他们攻克了无数技术难关，扫清了重重障碍，不断刷新纪录。不仅推动了该中心超级计算机研制的升级，同时带动了我国超级计算机技术的跨越发展。

他是一位知人善用的伯乐。计算机是年轻人的事业，他眼光看得很远，把培养年轻人看成计算机研制的重中之重，实现了“研制一代机器，造就一批人才”的设想。在研制“神威”计算机时，他不拘一格，选贤任能，让优秀青年人脱颖而出。他委任的课题主管和副主管设计师平均年龄28岁，在当时非常罕见。为带出这支年轻队伍，他精心培养，授以重任；在授业解惑的同时，教之以德。他勉励后学要“团结、拼搏、奉献”，团结就是充分发挥个人才智的基础上，协同攻关；拼搏就是勤奋刻苦，锲而不舍；奉献就是不为私利，把个人的理想和祖国命运紧紧系在一起。在研制“神威I”之初，他曾语重心长地鼓励年轻人：“世界上有幸摸过千亿次计算机的，估计也不过千把人。能够在这里从事这样一项光荣的事业，你们应当感到幸运。”身边的年轻人也深深感到，能与金怡濂一起从事高性能计算机研制，是一生中的幸事。这些优秀的青年才俊，很快成长为我国高性能计算机技术领域的栋梁之材。他们当中有的成为院士，有的获得“求是”奖、中国青年科学家奖，多人次获得国家科技进步奖特等奖；还有数十名科技干部走上科研领导岗位，

成为中国巨型机事业的技术骨干和扛鼎人。

令金怡濂十分欣慰的是，这些青年科技工作人员不负众望，用智慧和心血挺举起了中国芯。2003年，在科技部支持和组织下，他们奋力拼搏，仅用10年时间，使国产芯片研制完成了重大跨越，大大缩小了与国外差距。同时，完全采用国产处理器芯片，研制了多台高性能计算机。胡锦涛同志赞扬，“实现了历史性突破”。2011年，采用国产16核CPU芯片的“神威·蓝光”高性能计算机在国家超级计算济南中心投入使用。这台由国家并行计算机工程技术研究中心研制的机器“是国内首台全部采用国产CPU和系统软件构建的千万亿次计算机系统，标志着我国成为继美国、日本之后能够采用自主CPU构建千万亿次计算机的国家”。它的研制成功，实现了国家大型关键信息基础设施核心技术“自主可控”的目标，是国家“自主创新”科技发展战略的一项重要成果。

美国《纽约时报》报道“神威·蓝光”说：“中国以国产微处理器为基础制造出本国第一台超级计算机。这项进步令美国的高性能计算专家吃惊。”这篇报道对“神威·蓝光”的“复杂的液冷系统”特别感兴趣，它引用了Convey超级计算机公司首席科学家史蒂文·沃勒克的评价：“用好这种冷却技术非常、非常困难。因此我认为，这是一项认真的设计。这项冷却技术有可能扩展至百万万亿级的超级计算机。”其实，这套“复杂的液冷系统”，是金怡濂带着科研团队在“神威Ⅱ”上就设计完成并成功实现的技术，而今只是在“神威·蓝光”上再次完美呈现。

有人说，金怡濂在培养人才上的贡献，不亚于研制出一台“神威”巨型机。近几年来，科研人员不懈拼搏，顽强攻关，又取得了新的突破，得到了习近平总书记、李克强总理高度评价。

从总设计师卸任后，金怡濂始终没有停下思考的脚步，仍然关心着我国巨型计算机的研制工作，为一线科研人员提供咨询，帮助他们出谋划策，攻克一个又一个技术难题。因为金怡濂在我国巨型计算机研制中的杰出贡献，2010 年，中国科学院国家天文台发现并获得国际永久编号的第 100434 号小行星被命名为“金怡濂星”。2012 年，中国计算机学会（CCF）向金怡濂颁发了终身成就奖，并推举他为我国超级计算创新联盟名誉理事长。他说，超级计算是综合国力的体现，也是创新型国家科技进步的重要标志；让我国超级计算机研制不断走到世界的前列，能够满足国家和社会的需要，是我的最大梦想。

谈到事业的成功，金怡濂这样说道，首先离不开机遇，新中国成立，改革开放、科教兴国，为科研人员展现聪明才智创造了条件。其次是坚实的基础知识，这是事业成功的根基。再就是必须付出辛劳和汗水。最后也需要灵感，需要有对专业的独到设想。不然，哪能在实现跨越式发展中实现自我价值？

半个多世纪的风风雨雨，无数个难忘的日日夜夜，金怡濂一步一个脚印，一次一个台阶，把智慧和心血溶入巨型计算机的研制中，撑起了中华民族科技进步的脊梁。他也从巨型计算机的研制过程中，找到了生命的意义，实现了人生的理想和价值，获得了祖国和人民的尊重。

（撰稿　姚昆仑）

2003 年度国家最高科学技术奖获奖者

研读黄土万卷书

——著名地质学家刘东生

人物简介

刘东生，男，1917 年 11 月出生于辽宁省沈阳市。中国科学院院士，第三世界科学院院士，欧亚科学院院士。曾任国务院环境保护委员会专家组组长，中国科学技术协会书记处书记，中国第四纪研究委员会主席，中国环境学会、中国青藏研究会理事长，中国科学探险协会主席，国际第四纪研究联合会主席，国际全球环境大断面项目首席科学家，国内多所著名大学和研究机构兼职教授、研究员，第六、第七届全国人大常委会委员。2008 年 3 月 6 日在北京病逝。

贡　献

刘东生是我国著名地质学家，也是我国第四纪和环境地学研究的奠基人之一。60 余年的地球科学研究生涯中，他在中国古脊椎动物学、第四纪地质学、环境科学和环境地质学、青藏高原与极地考察等科学研究领域，特别是黄土研究方面取得了大量的研究成果，使中国在古全球变化研究领域中跻身世界前列。刘东生因此被誉为黄土之父、地学泰斗。

从20世纪50年代起，他对黄土高原进行了大量的野外考察和实验分析，完成了黄河中游黄土分布图、中国黄土分布图和多部专著，提出了有重要突破的“新风成学说”。

1958年，他从黄土地层研究中，根据黄土与古土壤的多旋回特点，发展了传统的四次冰期学说，成为全球环境变化研究的一个重大转折，奠基了环境变化的“多旋回学说”。

他还致力于青藏高原隆起与东亚环境演化的研究，把青藏高原研究同黄土高原研究结合起来，把固体岩石圈的演化同地球表层圈的演化结合起来，开辟了地球科学一个新的研究领域。他在地球环境科学研究领域的理论贡献，被国际学术界公认。

荣誉

1978年	全国科学大会奖
1982年	国家自然科学奖二等奖
1986年	中国科学院科学技术进步奖特等奖
1988年	国家自然科学奖一等奖
1991年	国家自然科学奖二等奖
1995年	李四光地质科学奖特别奖(个人奖)
	何梁何利科学技术进步奖(个人奖)
1997年	中国南极探险研究特别奖
2000年	国家自然科学奖二等奖
2002年	泰勒环境成就奖
2003年	国家最高科学技术奖
2007年	洪堡奖章
2009年	国际永久编号第58605号小行星被命名为“刘东生星”

野外考察

74岁奔赴南极、79岁出征北极、85岁踏上青藏高原、88岁深入罗布泊……这一连串令人惊叹的经历属于我国著名地质学家刘东生。在将近70年的科考生涯中，他在黄土形成和演变历史研究方面，获得了国内外的最高荣誉，也平息了困扰科学界多年的学术纷争难题……对于黄土这部记载着数百万年前地球古老信息的“无字天书”，刘东生几乎倾其一生细细地品读。

野外考察时，刘东生手里都会随身携带一个野外记录本，随时将眼前的景物勾勒下来，这是他多年养成的习惯。“我这是受到当年瑞典探险家斯文·赫定的影响，一路做些速写记录，有助于记忆。”

在荣获2003年度国家最高科学技术奖之后，刘东生表示，这项大奖应属于进行中国黄土研究的所有科学工作者。

他说：“野外工作虽然很艰苦，但是也很有趣，我乐在其中。”

转投地质学

1917年11月22日，刘东生诞生在一个铁路工人家庭。尽管家境普通，可作为一家之主的父亲却一直都很重视孩子的教育。刘东生很小的时候，就已经开始习字背诗，在动荡年代成长起来的他，眼睁睁地看着祖国被日本帝国主义侵略欺侮，却无能为力，这段经历让他从年幼时就把“爱国自强”“精忠报国”的念头深深地埋在心底。

中学毕业之后到大学深造，为苦难中的祖国做更多、更大、更有益的事，成了刘东生难以割舍的梦想。

1938 年 7 月，刘东生终于走进了自己向往已久的西南联合大学。最初，他选择的是父亲希望的机械专业。可入学后，听着同学对地质学的介绍，刘东生逐渐动了心，但又不想辜负父亲的心愿，所以迟迟没有决定，直到一篇文章的出现，促使他彻底转投地质学。

那篇改变刘东生研究轨迹的文章叫作《论抗战和乡土的研究》，作者是刘东生后来的老师、中国古脊椎动物学家杨钟健。文章中写道："只有了解自己的家乡，才能谈得上热爱自己的家乡，热爱家乡才有抗战热情，爱国就是爱自己的家乡。"这些话，深深地触动了刘东生的心弦——通过地质学才能认识家乡的美好，大自然不但美丽，而且还有许多探寻不尽的奥秘。

彼时，"昆明附近有矿"的消息更是让刘东生对地质勘探产生了浓厚的兴趣。他也以此为理由，说服了父亲，并先后找到学校的两位教授。面对老师"学习机械更加实用"的劝解，刘东生表示："不管多苦，我都会坚持下去。"不久之后，他终于拿到了那张关系到自己一生事业的转系表格。

在西南联合大学学习的 4 年中，刘东生不仅努力学习课本上的理论知识，更是一有时间就参加野外地质考察。那时的他已经明白，地质工作就是风景与危险并存的事业。地质系袁复礼教授的一句话也被他铭记在心——利用掌握的科学知识为百姓造福。

1942 年，带着这样的信念，25 岁的刘东生从西南联合大学毕业，开始了关于地质学的探寻之路。

从鱼化石到古脊椎研究

1946 年抗战胜利后，刘东生投考当时的中央地质调查所并顺利通过。同年 10 月，他与侯德封主任及其他同事一起前往湖北宜昌，勘查长江三峡大坝坝址的地质情况，在将近 3 个月风雨无阻的工作之后，他们最终绘制出了南津关穿过长江左、右岸的大地质剖面，左岸拟议中的施工地点、大比例尺地质图及若干附图。此外，刘东生还承担起向美国著名水利专家萨维奇博士介绍三峡地质勘测情况的重任，并一一作答业内专家提出的诸多尖锐问题。这个地质所的"小字辈"，在得到专家认可的同时，也在迅速地成长。

看到刘东生取得的成绩，时任中央地质调查所所长的李春昱建议他从事工程地质研究，这在地质领域也是个重要的课题。但是，刘东生却悄悄地把研究目标定在了当时还鲜有年轻人涉足的古脊椎动物领域。经过交流，他的想法最终获得了李春昱的同意。

在古生物研究方面，刘东生师从中国古脊椎动物学家杨钟健，学习古脊椎动物化石鉴定。杨钟健告诉他："研究古生物有点像侦探破案，古生物学家要善于找寻线索来解决问题。"这些话对刘东生后来的科学研究影响至深。

刚开始，刘东生对解剖一无所知。杨钟健只要看一眼就能知道是什么部位的化石，刘东生却要仔细地看上半天。为了苦练"内功"，刘东生有时会到路边的肉摊上看屠夫杀猪，认真揣摩猪身体上的每个部位。此外，他还申请去中央大学生物系做旁听生，扩充专业知识。

对待学术问题，刘东生十分认真谨慎，生怕错过每个微小的细节。有一次，杨钟健拿出一件很小的化石标本，只有几厘米长，弯弯的像海虾一样。大家都认不出究竟是什么。刘东生的同事席承藩长期从事土壤地理研究和土壤资源合理利用研究。在交流中，他建议刘东生使用稀酸浸泡从而溶掉钙质的方式进行处理，也正是利用此方法，刘东生发现那居然是一个完整的小动物化石。

与朱之杰（右）、徐煜坚（中）在一起野外实习

此后，这种酸碱浸泡的方法也被他用到了黄土研究中。由此刘东生也意识到，认真的态度和正确的方法是奔向成功的有效路径。

新中国成立之前，我国的鱼化石研究领域除了瑞典学者史天秀有所涉猎之外，几乎还是空白。而正是在杨钟健的指导下，刘东生对南京五通系中鱼化石、湖南临沣的鲈形鱼类等都进行了深入的研究，填补了我国这方面研究的空白。

1947 年底，“中国古生物学会复活大会”在南京鸡鸣寺中央研究院地质研究所举行。大会上，刘东生成熟干练地做了关于中国古脊椎动物学方面的报告。此时，他研究古脊椎动物化石才 1 年多。

不久之后，刘东生前往青海民和地区考察，发现了后来被命名为马门溪龙的恐龙化石。

与黄土的美丽邂逅

新中国成立之初，我国地质工作者人数不足 150 人，而且大部分都偏向古生物领域。为了平衡学科研究，满足当时经济发展的需要，很多地质工作者都响应国家号召支持经济建设，刘东生也是其中之一。正在化石领域研究得如火如荼的他，面临了专业上的重大抉择——转型。

1950 年春天，原中央地质调查所成立了东北地质研究调查总队，刘东生跟随工作队奔赴辽宁清原金铜矿区调查地质矿产。在这里，刘东生之前所学的古生物学知识无处施展，他就向队内的其他专业人员学习，包括那些长年工作在矿上的普通工人。他深知，每个人身上都有值得自己学习的东西。

经过一段时间的细致勘查，工作队发现了一处新矿。随后，他们详细地为施工单位绘制地形地质图、设计矿山工程。刘东生意识到，作为一个地质工作者，只要国家需要，再硬的骨头也要啃。只要精神在，自身的潜能和知识储备就会派上用场。

1953 年，刘东生调至中国科学院地质研究所。1954 年 8 月，刘东生参加了由侯德封、杨钟健、袁复礼和苏联专家帕夫里诺夫共同发起的三门峡第四纪地质综合考察队。也正是在这次考察中，他与黄土结缘，并从此相伴半个多世纪。

在三门峡兴会镇，刘东生发现当地老乡所住窑洞的房顶都呈现出一片红色的土和石灰质的结核层，这种学名为“土壤层的淀积层”的结核层成了当地民居天然的天花板。

让刘东生感到好奇的是，这种淀积层都是黄土和红色的土相间隔。经过土壤学家朱显谟指点，刘东生得知，这种土壤属于古土壤层，形成于寒冷干旱气候环境的黄土和形成于暖湿气候的红土呈现出夹层交替的状态，这也意味着古代气候冷暖干湿交替。

在短短 3 个月的三门峡野外考察中，三门峡第四纪地质综合考察队采集了大量黄土、孢粉样品、化石标本；测绘了若干地质、地貌图件。而“三门系”（三门峡附近的新生代沉积）地层之上的黄土也让刘东生萌发了借此来解读远古信息的念头。

此次科学考察结束之后，鉴于三门峡地区丰富的地质现象，尤其是黄土及明显的新构造运动痕迹，这里成为研究第四纪地质最理想的阵地。

时值《中国自然地理图集》开始编制，刘东生提出将中国第四纪地质图（第四纪沉积物分布图）纳入这一地图集的建议，得到地图集编制负责人的支持。

这是一项艰巨的任务，要知道，汇集了众多地质界精英的“国际第四纪研究联合会”在 1928 年成立之初，就准备编制欧洲 1/1 000 000 分幅的第四纪地质图，但直到 1954 年年底中国成立第四纪地质研究室时，也没有绘制成功。而且那时候，世界上也没有形成一套可行的、公认的制图标准、原则及方法。

接下来，刘东生把大部分精力都投入到了中国第四纪地质图（第四纪沉积物分布图）的编制中。经过艰苦的工作，刘东生和他的团队终于做出了第一幅中国第四纪沉积物分布图（比例尺为 1 ： 10 000 000），并与张文佑、袁复礼、马溶之等人反复商讨，解决了大地构造、新构造运动及土壤地理各图幅之间存在的矛盾。

此后，刘东生通过对黄土剖面的系统研究，重建了第四纪 260 万年以来环境演变的历史，成为迄今全球唯一完整的陆地沉积记录，并可以很好地与深海沉积岩芯、极地冰芯的记录进行对比，从而建立了全球变化理论的国际对比标准。

“我们要有个历史的心态看待科研成果。你的某个成果，仅是人类历史长河中特定阶段的一个特定表现而已。我们仅仅在这个阶段、这个地方，有这么一点停留、做出了一点成绩。”对于自己取得的成绩，刘东生谦虚地说道。

平息“风成”“水成”争论

在 20 世纪 50 年代的地质研究界，关于黄土起源还有争论。

中国现代地质学的奠基人之一，德国地理学家、地质学家 F · V · 李希霍芬是最早对中国黄土进行研究的科学家之一。1872 年，他提出中国黄土是风吹来的沙尘形成的，并在著作中专门论述了中国黄土。俄国地质学家B·A·奥勃鲁契夫等人发展了李希霍芬的“风成”学说。

中国地质学家从 1920 年起开始黄土研究。1930 年，中国地质古生物学家杨钟健和法国地质学家德日进开展了黄土地层与古生物的研究。他们第一次把中国黄土高原厚达 300 余米的黄土划分为马兰黄土、红色土 A、红色土 B、红色土 C 等 4 层，并按照其中所含古脊椎动物化石定为现在仍延续使用的第四纪的早、中、晚期。

然而，20 世纪 50 年代，苏联专家葛拉西莫夫院士、帕夫利诺夫教授等人在考察后，又提出了中国黄土是由山洪暴发形成的“水成”学说。

从此“风成”和“水成”的争论就一直没有停止。

“风成”与“水成”，是刘东生对中国黄土认识的开始，也引发了他对这项事业的兴趣。为了解开“黄土成因”的谜团，从 20 世纪 50 年代起，刘东生开始带领研究队伍对黄土高原十多条大断面进行徒步野外考察，系统采集和分析了大量的样品，先后完成了黄河中游黄土分布图、中国黄土分布图，以及《黄河中游黄土》《黄土的物质成分和结构》《中国黄土堆积》3 本专著。

经过调查和研究，刘东生有了最终的判断——我国的黄土已有 250 万年的历史。刘东生发现，黄土高原的地层、地质和岩性在很大范围内具有相似性和一致性，由此他大胆地提出了黄土高原“新风成”学说，将风成沉积作用从黄土高原的顶部黄土拓展到整个黄土序列。

刘东生的这一观点，肯定并发展了李希霍芬等人的“风成”学说：一方面是从时间上，把风成作用从黄土高原顶部黄土（约 7 万年）拓展到了整个黄土序列（约 250 万年）；另一方面是概念的扩展，过去的“风成”学说只强调黄土的搬运这一个过程作用，而“新风成”学说则对物源、搬运、搬运时的风力情况、沉积时的环境面貌及沉积以后的变化这些全过程进行了阐述。

刘东生提出的“新风成”学说不仅平息了黄土高原“风成”与“水成”的争论，

更是为从黄土沉积中提取环境变化信息奠定了基础。

奠定“多旋回理论”

1961年在波兰举行的第六届国际第四纪研究联合会（INQUA）大会，是新中国成立以后第一次派员参加的全球性国际会议，也是我国地学界在新中国成立以后进行的第一次国际交流活动，李四光、杨钟健分别担任主任和副主任负责准备此项工作。

经过讨论，中国的古人类学成就、北京周口店发现的“北京人”化石、中国的第四纪冰川及中国的黄土被定为参加会议交流的内容。而刘东生正是“中国黄土”部分的负责人。

怎样才能把中国地学界的研究成果完美展现，这让刘东生陷入了沉思。在把“中国黄土分布图”“古气候”等选题一一否定后，刘东生决定将黄土研究的成果作为切入点进行论述。

当他把《中国黄土》的初稿交给李四光时，李四光提出，将文章中黄土的英文“loess”全部更改为“huangtu”，这种表述方式，也赋予了中国第四纪地质学家、黄土学家更多的独立精神和意义。

1961年8月，刘东生和张宗祜提交了凝聚着心血的《中国黄土》报告，这也是中国人第一次在重大的国际会议上介绍中国特色的黄土。报告向国际地质界宣布了黄土—古土壤所揭示的冰期—间冰期多旋回的特点，引发了强烈的反响。可以说，文中展示的“多旋回理论”，是全球环境变化研究历史上的一次重大革命。

这是因为，此前以阿尔卑斯山地区的第四纪冰川作用研究为基础，建立起来的“四次冰期理论”，主导了第四纪科学界一百多年的时间。20世纪50年代末，刘东生等人开始对这个理论提出了挑战——在与同事一起撰写的《山西、陕西黄土分布图》中，提出了气候变化的多旋回性，并很快被译成德文，介绍给欧洲科学家。

而在《中国黄土》的报告中，丰富的黄土剖面图也向世人展示，地球气候的冷暖交替远远不止4次。这个发现后来也被国际上很多研究证实。

可以说，“多旋回理论”诠释了在过去的15万年，黄土高原主要以草原为主，间有树林存在，而贺兰山以东的沙漠，在寒冷时期呈现扩张趋势，在温暖时期则呈现收缩趋势。这一结论，也为今天黄土高原生态建设和东部沙地治理，提供了重要的理论参考。

国际黄土研究联合会主席、英国的斯莫利教授曾写道：“1961 年的波兰会议是一个重要的转折点。在这个会议上，中国科学家报告了黄土的成果……中国科学家显然走在了前面。”

1982 年，我国正式加入国际第四纪研究联合会（INQUA），中国科学院院士刘东生当选为联合会副主席。1991 年，INQUA 在中国召开，他又被推选为大会主席，成为世界第四纪科学方面研究的领袖人物。直到 1999 年，刘东生才以“前主席”的身份结束在 INQUA 长达 17 年 (1982—1999) 的执委会成员生涯。

破解冰川与黄土的秘密

纵观数十年的学术生涯，与“蓝田人”的发现失之交臂，最令刘东生扼腕不已，可以说是他的终身遗憾。

1962 年，刘东生一行人正在陕西省蓝田县公王岭进行考察，准备收队返回驻地时，刘东生发现了头顶上方一块“古动物”化石。由于天色已晚，他担心借助微弱灯光开掘会对化石造成损坏，无奈之下只能暂时放弃，本想第二天再来一探究竟，但科考队却因其他事情未能成行。

在希夏邦马峰科考期间

结果，就在第二年夏天，中国科学院古脊椎动物与古人类研究所的工作人员在那里的红土层底部，发现了一个老年女性的下颌骨化石，引发了学术界的轰动。后来，著名学者贾兰坡再次在蓝田地区发现了一颗猿人牙齿化石，这也是继北京猿人之后，我国发现的最重要的古人类化石——蓝田人。

1991 年，74 岁的刘东生在南极考察

此后的数十年，这个“疏忽”一直是回响在刘东生耳边的警钟。他写道，就是因为我少走了那么几步，我没有多花一点力气把它（编者注：指蓝田人化石）取下来……这个教训实在是太深刻了。

为了不让“蓝田人”的遗憾再度重演，在 1964 年有机会跟随科考队前往西藏境内海拔 8012 米的希夏邦马峰考察的时候，刘东生毫不犹豫地报了名，并被任命为副队长，这时他已经 47 岁。带着黄土和冰川到底有何关系的疑问，刘东生出发了。

在这次考察中，北京地质学院教师张康富无意中捡到一块植物化石。经鉴定，这是一块仅有 200 万年的高山栎，这一发现也引发了刘东生及科学界对“青藏高原隆起时间、幅度和阶段”课题的探讨，并为全球气候的变化提供了有力的科学依据。

在完成希夏邦马峰科考之后，1966 年，刘东生组织并参加了珠穆朗玛峰科学考察，这也为他的黄土研究拓展了更高更远的空间。

此前，关于青藏高原隆升的研究，主要集中于地质构造和地球物理方面，而刘东生却独辟蹊径地利用黄土来追溯青藏高原的历史，将固体岩石圈的演化和地球表层圈的演化结合起来。

刘东生的黄土研究解释了黄土高原的形成与季风的关系，表明青藏高原—戈壁沙漠—黄土高原是一个成因上彼此相关的系统，其影响还可以延伸到黄河起源、华北平原的起源、黄海和渤海的充填乃至北太平洋海底的粉尘堆积，而青藏高原的隆起是这些现象的原动力。后来，他与中国科学院院士施雅风、孙鸿烈、郑度等学者经过长期努力，将这一地球系统科学的概念发展为地球第三极科学观——青藏高原地球系统科学观。

随后他又参加了托木尔峰、南迦巴瓦峰的科学考察，这些研究都使人类对青藏高原的地质研究走向了前所未有的境界。

1991 年 11 月，为了更好地完成“八五”攻关项目“南极更新世晚期环境演变”，已经 74 岁的刘东生不顾反对，在南极进行了为期两个多月的科学考察。“这算不了什么，如果可能，我还真希望到月球上去看看。”面对别人的赞美，刘东生笑着说。

2004 年，88 岁高龄的刘东生出征罗布泊，担任科学考察队顾问。在历时 10 天 3000 多千米的长途跋涉中，科考队解开了关于这片神秘土地的一个个谜团。

从克山病到中国环境地质学

1967 年，克山病开始在黑龙江、内蒙古、陕西等地区不同程度地爆发，当时的医学工作者发现这种病症与地质有关。此时，“文化大革命”中身处牛棚的刘东生也收到了一封来自中央的信函，希望他能够配合地方病防治办公室参与调查。

每到一处，刘东生都与研究小组一起挨家挨户地走访调查。西北大学地理系的张保升教授曾经调查过陕西克山病和大骨节病，他认为两种病与地貌有关，也可能与化学元素的流失相关联。而经过分析和研究，刘东生的调查结果也印证了这一论断，并得出克山病是因为土壤中缺硒导致的，大骨节病则恰恰相反，是由人体内含硒量过高引发。

通过对这次地方病的综合研究，刘东生对黄土的探索也变得更加“实用”，尤其是其中所含微量元素的分布规律，更是与疾病成因相关联。“一位致力于科学事业的工作者，在自己的奉献中能让百姓大获裨益，没有比这让人深感欣慰和幸福的事了。”刘东生说。

随后，刘东生通过多年的调研笔记和积累，仅仅用时 7 天，就完成了一篇《环境地质学的出现》的论文，并刻成蜡版，油印了上百份寄给有关科研部门和领导。该文明确指出，环境地质学就是研究人与环境相互关系的学科。人类要做到长远的生存与可持续发展，就一定要与地球其他组成部分和谐相处，就要科学地、有计划地保护环境，开发和利用有限的资源。

可以说，这篇论文不仅宣告了中国环境地质学研究的诞生，也验证了刘东生“科学研究要学会着眼未来”观点的正确。

谦逊的大师

作为运用中国黄土沉积研究古气候的先驱，刘东生在2002年获得了“泰勒国际环境成就奖”，这是世界环境科学领域的最高荣誉，有“环境科学诺贝尔奖”之称。刘东生的获奖，是该奖项设立20多年以来，首次颁给从事古环境研究的专家，更是中国大陆科学家首次获得这个荣誉。

“自然界沧海桑田的环境变化在地球上刻下了3本完整的历史大书：一本是完整保存古环境变化信息的深海沉积，一本是系统反映气候变化的极地冰川，而第三本书则是中国的黄土沉积。这3本书是我们认识地球上自然历史、气候、生物变迁的最佳文献档案。”在泰勒奖的颁奖典礼上，评审委员会成员科恩教授描述了中国黄土沉积这一独特的地质现象，同时也高度评价了以

2001年，84岁的刘东生第七次在青藏高原进行科学考察

刘东生为代表的中国科学家在黄土研究方面所取得的卓越成绩。

获奖后的刘东生并不习惯被媒体簇拥，他认为，自己只是做了一个普通科学工作者应该做的事情，“没有什么值得惊人的”。

2004 年 2 月 20 日，国家科学技术奖励大会在北京隆重举行。中国科学院院士、中国科学院地质与地球物理研究所研究员刘东生与中国工程院院士、中国载人航天工程总设计师王永志一起获得了2003年度国家最高科学技术奖。

面对地学界同仁的高度赞誉，刘东生表示：“爱因斯坦曾经说，‘对于大自然最微末的部分我也只能谦逊地跟随而已。’虽说我取得了一些成绩，但我知道这是大家齐心用力的结果，我个人却得到国家如此大的褒奖，我感觉到只能尽有生之力继续前行，为我国的地质事业做更多事，才不辜负国家和人民给予的厚望。”

2008 年 3 月 6 日中午 11 时 52 分，刘东生因淋巴癌医治无效在北京去世。在热爱他的人眼中，这位几乎一生都在用脚步丈量土地的老人并没有离开，只是开启了一次没有归程的科学考察。

参考文献

[1] 白晶 . 刘东生传 [M]. 南京：江苏人民出版社，2009.

[2] 朱夕子 . 地学泰斗“黄土”之父 [J]. 中国科技奖励，2004（2）：20-47.

[3] 苏梅 . 黄土情未了 [J]. 国土资源，2004（7）：4-17.

（撰稿　丁姗姗）

2003 年度国家最高科学技术奖获奖者

人生因奋斗而精彩

——中国载人航天工程首任总设计师王永志

人物简介

王永志，男，1932 年 11 月出生于辽宁省昌图县。中国载人航天工程高级顾问，清华大学航天航空学院院长。中国工程院首批院士，火箭技术专家，俄罗斯宇航科学院外籍院士，国际宇航科学院院士，中国载人航天工程首任总设计师。

贡　献

王永志是航天技术专家，是我国载人航天工程的开创者之一和学术技术带头人。40 多年来在我国战略火箭、地地战术火箭及运载火箭的研制工作中做出了突出的贡献，特别是在载人航天工程中做出了重大贡献。

20 世纪 60—70 年代，他作为重要的技术骨干，参加了我国第一代战略火箭的研制工作，在中近程、中程和洲际火箭的研制工作中为增大射程、提高实用性能，解决了大量的技术问题。

20世纪80年代，他是第二代战略火箭研制的主要技术带头人，在新型液体远程和固体远程两种战略火箭以及地地战术火箭的研制中，为实现火箭技术更新换代做出了重要贡献。主持完成了长征二号E大推力捆绑火箭研制任务，研制时间仅为18个月，首次发射取得成功，使中国火箭近地轨道运载能力一举由2.5吨提高到9.2吨，实现了火箭技术的巨大突破。

1992年以来，他为中国载人航天工程的研制工作呕心沥血，为2003年10月16日首次载人航天飞行圆满成功、实现载人航天的历史性突破付出了很多心血。在完成“神舟六号”飞船多人多天飞行之后，王永志转而担任中国载人航天工程高级顾问，担负起载人空间站工程实施方案编制专家组组长的重任。他为中国航天事业的发展做出了重大贡献。

荣誉

1978年	全国科学大会奖
1985年	国家科学技术进步奖特等奖
1997年	国家科学技术进步奖一等奖两项
1999年	解放军专业技术重大贡献奖
2003年	国家最高科学技术奖
	总装备部创新贡献最高奖
2005年	“载人航天功勋科学家”荣誉称号
2010年	国际永久编号第46669号小行星被命名为“王永志星”
2014年	太空探索者协会“水晶头盔奖”

2003 年 10 月，神舟五号飞船载着杨利伟遨游太空，圆了中华民族千年的飞天梦。当杨利伟神采奕奕从返回舱走出的那一刻，王永志眼眶里充满了泪水。作为中国载人航天工程总设计师，从步入航天科研领域起，他用不断创新的大手笔，成功实现了自己的人生三大梦想：把导弹送到地球任何需要的地方，把卫星送入不同的空间轨道，把中国人送上太空。

曲折而幸运的求学之路

王永志 1932 年 11 月出生于辽宁省昌图县八面城镇老房村，家境贫寒，全家十几口人挤在三间破旧不堪的土坯房里，主要靠租种财主家的土地和外出打工为生。他长到 6 岁，还目不识丁，当看到村里富人家孩子背着书包上学时，心里羡慕极了。

想读书的念头一天比一天强烈，他告诉父亲，立刻遭到反对：“咱家这么穷，你就算学两年还不是回来干活，白搭个身子，瞎耽误功夫。”他只得去央求大哥替他说情。大哥上过两冬私塾识字班，很支持他，但跟父亲说了也没起作用。

1940 年正月十六清晨，趁父亲仍在熟睡中，大哥先斩后奏，偷偷带着他到离家 8 里（4 千米）外的小学报了名，老师听说他哭着闹着要上学，点点头说“有志者，事竟成”，给他取了个名字“王永志”。回家后，父亲火冒三丈，大哥声称：“官学不能退，先读两年看看，不行弟弟就死心了……”连蒙带唬，父亲也只好默认了，王永志这才实现了上学梦，露出了他改变命运的第一缕曙光。

来之不易的学习机会，王永志格外珍惜。小学他每天步行，往返 8 千米，途中有道小河，雨天时过上面的独木桥，搞不好就一身泥。没钱买文具，他削直秸秆当格尺，在秸秆上安笔尖当钢笔。他是班里最用功的学生，在学校全神贯注，回家后也总设法见缝插针地学，常常一边照料牲口一边读书。第一学年结束，他就成了全班第二名。

当时的东北大地还属于伪满洲国，推行日式教学，每天早上要对着日本东京方向礼拜。1945 年 8 月日本投降，苏联红军进入东北，当地暂时处于无政府状态，学校停办，王永志只好回家务农。1946 年八路军进驻，建立起新政权，在八面城开办昌北中学，让贫下中农的孩子免费上学，他才得以重返课堂。初中时期，八面城土地改革后，王永志家里的境况迅速扭转，有了土地和牲口，再也不愁吃穿，上学还不用交学费，他的心里萌生了报效祖国的强烈愿望，学习劲头更足了，年年考第一。这段经历，使他形成了一种根深蒂固的意识："家与国贫穷落后、被人欺凌的局面必须要打破！"在进步思想的感召下，王永志秘密地加入了中国共产党。

毕业时，他本想参军，"骑马挎枪打天下"，却接到学校通知，要保送他去东北人民政府刚刚在沈阳创办的东北实验学校。他心里着实有些犹豫——沈阳距八面城路途遥远，又是省城，除了置办行李和路费，其他花销也大。家里人都支持他继续上学："钱不够就把家里的猪和物品卖掉！"

1950 年 2 月，王永志乘上了去沈阳的火车。学校条件非常好，有礼堂和各种试验楼，教室宽敞明亮，设施超前。老师中有许多是从东北大学调来的，讲课深入浅出、生动有趣。从小镇到省城，王永志眼界大开，他担任了班干部，依然门门功课全优。高中时期，看到依然贫瘠的土地，他最初萌生的理想是改良物种，让人民能过上富足的生活。可朝鲜战争爆发了，美军飞机频频到辽东领空滋扰，空袭警报不断，学校被迫停课。王永志如梦方醒："落后是要挨打的，有国无防是不行的。没有国防，生物、遗传理论还有什么意义？"他报名参军，却被告知本校高中生不参加抗美援朝，便立志设计飞机、保家卫国，报考了清华大学航空系飞机设计制造专业并被顺利录取，从此走上了从事航空航天研究的道路。

进入清华大学，王永志开始在更为广阔的知识海洋里畅游，博学多才的教授名流令他心生仰慕。一年后，他顺利通过留苏预备班考试，经过两年北京外国语学院俄语强化学习，1955 年开始了在莫斯科航空学院的留学岁月，1957 年服从国家需要由飞机设计改学火箭导弹设计专业。1960 年，中苏关系破裂，中国留学生大批撤回国，但国防相关重点专业每专业保留一名继续学习，王永志名列其中。苏联火箭之父科罗廖夫的第一副手兼接班人、火箭教研室主任米申对他青睐有加，主动提出指导他的毕业设计。在校期间，王永志所有功课几乎全是 5 分，毕业论文《洲际导弹设计》也得到 5 分，获得了优秀毕业生证书和工程师称号。莫斯科航空学院副院长克里莫夫亲自劝说他留下来继续深造，米申也诚恳地对他说："我希望你留下来当我的研究生，中国大使馆、苏联方面我可以做工作。"让一名外籍学生攻读保密专业研究生在该校是没有先例的，但王永志婉言谢绝了："谢谢老师给我这个机会，只是我的国家急需这个专业的人员，等着我们回去参加建设。"

1961 年 3 月，新中国第一位火箭导弹总体设计专业留苏毕业生王永志，登上归国的国际列车。这位求学 21 年的好学生，从此开始了航天事业的"信天游"。

在"两弹一星"工程中大展才华

回国后，王永志被分配到负责中国火箭与导弹研究的国防部第五研究院一分院，投身到"两弹一星"工程和"八年四弹"计划中，开始了他事业的第一个征程。学导弹火箭的优等生开始造导弹火箭，成了事业的排头兵，在各种新型号的研制中，总是有他的身影。

1964 年初夏，王永志第一次走进大漠深处的酒泉基地，参加东风二号发射试验。这是我国第一种自行研制的中近程导弹，由于气候炎热，推进剂在高温下膨胀密度变低，贮箱容积又是一定的，所以加注不到所需的推进剂量，经计算导弹无法达到预定射程。指挥部紧急召开会议，研究讨论解决方案，但几经推敲又都否定掉，迟迟找不到可行办法。这时，王永志突然站起来说："只要泄出 600 千克燃料，导弹便会进入目标区。"听了这位 30 刚出头小伙子的话，专家们都感到不可思议，有人不客气地反问："本来射程就不够，你还要往外泄燃料？"王永志对自己的计算结果是满怀信心的，看到专家们都无意采纳自己的意见，他非常着急。

任务迫在眉睫，情急之下，他鼓足勇气敲开了发射现场最高技术决策人——著名科学家钱学森的房门，详细阐述自己的方案和理由：气温升高，热胀冷缩，原先计算好的燃料和氧化剂最佳配比已随之改变；在高温最佳配比下，泄出 600 千克燃料，起飞重量变轻，射程因而就远了。钱学森听后眼前一亮，当即叫来总设计师道："那个年轻人的意见对，就按他说的办。"

改进某型号设计图纸（右）

果然，泄出燃料后的导弹射程变远了。在接下来的3次发射中，采取同样的计算方法，导弹次次都进入了目标区。

从此钱学森记住了敢想敢干、功底扎实、善于逆向思维的王永志，后来对他的许多重要技术意见都给予了支持。钱学森曾几次提及此事："我推荐王永志担任载人航天工程总设计师，没有看错人。他年轻时就刻苦钻研，敢于创新，大胆进行逆向思维，和别人不一样。搞科学的，具有这种精神，是很可贵、很必要的。"

1964年，王永志被任命为总体设计室副主任，分管东风三号中程导弹研制。他提出了前箱推进剂导管外行等许多切实可行的方案，随后又主持了靶场合练等多种大型地面试验，也是首次试飞的组织者之一。他创造性地提出"五结合"飞行试验方法，大大缩短了导弹定型、交付时间，对作战使用部队尽快形成战斗力极为有利。1968年，年仅35岁的王永志就担任了试验队队长，参与组织指挥定型飞行试验，1969年再次担任，均获成功（受"文化大革命"影响，这是我国少有的几次高层领导和老专家不在现场坐镇指挥的飞行任务）。东风三号是我国完全独立研制的第一个导弹型号，其高性能和高可靠性受到普遍好评和赞誉，王永志在型号研制中得到了很大的锻炼提高。

1969 年中苏爆发了珍宝岛事件。国家决定加强研制队伍，集中人力物力加快研制东风五号洲际导弹。王永志便被抽调去主持该型号总体设计室工作，1970 年伊始便投入到首飞试验弹的初步设计工作中，制发了成套的设计文件。他提出并成功主持了只试二级的全弹系留试车，为导弹首飞赢得了时间，随后又主持了首飞弹后 50 天的出厂测试（共 100 天）。他作为发射阵地技术负责人，在指挥部决策是否推迟发射的紧要时刻，提出如期发射的关键意见并被采纳，为我国洲际导弹在 1971 年 9 月的顺利诞生做出突出贡献。首飞基本成功后，王永志又主持提出了“加长箭体，增大射程；下移发射支点，提高发射安全性”等 10 项修改设计方案，应用到了定型批洲际导弹和运载火箭研制中，其正确性均为后来的飞行试验所验证。

然而，即使这样一名根正苗红的技术尖子也没有躲开“文化大革命”之劫。1974 年 3 月，在反击“右倾翻案风”中，受“四人帮”帮派体系政治迫害，王永志遭到隔离审查，关押 500 天后被下放到一院铁路专用线上去当搬运工。直到 1976 年粉碎“四人帮”，他才迅速得以平反并恢复工作。1978 年初，王永志被正式任命为东风五号副总设计师，年底升任总体设计部主任。此时东风五号即将定型，“八年四弹”计划已接近完成，其中的前三弹王永志都参与了研制工作。

1978 年，东风三号总体设计获全国科学大会奖，王永志是主要得奖人之一。由于在第一代导弹研制中成绩突出，他还成为 1985 年国家科学技术进步奖特等奖“液体地地战略武器及运载火箭”这一综合奖项的获奖者（含六种战略导弹、两种运载火箭，时间跨度 20 多年），在以钱学森、任新民、屠守锷等老一辈专家为主体的 27 名得奖者中，他排名 15，是为数不多的中青年专家之一。

第二代远程导弹技术领军人

1978 年 8 月，听取七机部关于导弹后续发展计划的汇报后，中央确定了“固体为主、液体过渡”的远程机动战略导弹发展思路。王永志立即组织总体设计部展开了论证工作。

1979 年 3 月，国防科委和七机部有关领导来到一院听取各单位论证情况，正式宣布液体机动远程导弹立项，按照钱学森“第二代战略导弹研制要由第二代人挂帅，并建议由王永志出任总设计师”的提议，7 月，王永志被任命为该型号总设计师。

远程液体导弹机动发射的技术难度非常大，世界上也是没有先例。为此，王永志主持制定了技术跨度很大的先进的总体设计方案，包括十大关键技术，如轻型箭体结构、重型多功能牵引车、全数字化控制系统、高性能液体火箭发动机等，体现了技术上的更新换代。该型号的研制不仅在方案上有亮点，在管理上也形成了不少沿用至今的首创措施：它是我国按研制阶段实行设计评审的首个型号，使研制管理工作走向规范化、标准化；可靠性量化指标首次被纳入研制指标，可发射率和发射成功率指标也得到层层分解落实。王永志还亲自撰写了 24 条的《设计守则》，这本小册子被七机部发现后决定印发到每个工程组，以统一设计理念和规范设计行为。导弹研制很顺利，1984 年底已基本完成初样阶段工作，十大关键技术均已基本突破，特别是发动机已经通过了长时间、大推力、极限混合比摇摆热试车。但就在这一年，固体发动机研制取得重大进展，中央批准停止液体型号研制，实施“液转固”。于是王永志又率领队伍开始论证固体远程导弹技术方案。

1985 年底，航天工业部在各院分头论证基础上决定成立联合论证组，指定王永志为组长，成员有一院、二院、四院及部机关参加，研究提出固体战略导弹技术方案。经过 3 个月的集中研究讨论，一院的设计思想和方案得到领导专家们的认同。与此同时，使用部门也在论证。1986 年 4 月下旬，在国防科工委组织召开的指标论证会上，使用方和研制方意见分歧很大。于是有关领导 5 月 2 日赶赴玉泉山，向张爱萍汇报。使用方领导讲完后，王永志代表研制方发言，提出应充分利用当前的战略机遇期，采用“基本型、系列化、大直径、兼顾发展”的研制指导思想，先抓出高水平的基本型，经局部完善改进便可发展成射程更远和不同发射方式的系列，接着又汇报了基本型的技术方案和指标。张爱萍听完最后说：“就应该从长远的战略发展出发考虑问题。不再讨论了，就按王永志说的意见办。”一锤定了音。

5 月，国防科工委决定由王永志担任固体远程战略导弹总设计师。7 月底，航天工业部接到国家立项通知后，明确该型号及其发展系列的研制工作由一院承担，一院又开辟了新战线。在王永志主持下，液体型号队伍经小幅调整开始转向固体型号研制，充分继承了已有的技术成果，形成的管理规章制度、建立的基础设施也得到继续应用，促进了固体型号研制工作的顺利进行。1987 年 10 月，王永志被任命为该型号首任总指挥。经过 3 年多努力，13 项重大关键技术取得突破性进展，转入初样阶段。1991 年 5 月，王永志被国防科工委任命为地地导弹系列总设计师和运载火箭系列总设计师，统管两个系列的设计工作，并调至航空航天工业部任科技委副主任。

从 1978 年起的十几年中，王永志经历了我国远程战略导弹的两次更新换代——从第一代液体换代为第二代液体，从液体换代为固体。两次换代，他都是第一任总设计师，制定了导弹技术方案，并做出了影响深远、切实可行的发展规划，成为第二代远程战略导弹技术的领军人。实践证明，这种基本型、系列化的战略思想和切实的组织实施，有力地推动了我国导弹火箭技术的快速发展，在战略上赢得了主动。

敢于担当的战略型改革家

航天是个高技术、高风险的行业，经常让人提心吊胆。但是就在 1986 年底，刚升任中国火箭技术研究院院长不久的王永志，却主动选择去冒一个极大的险。

此时，经济改革已深入国防工业部门，火箭研究院面临事业转企业、实行院长负责制两个转变，国家年度拨款骤降，连员工工资都不够发。院里一边继续开发民品创收养活自己，一边响应部领导号召积极探寻国际市场。

1986 年是世界航天灾难年，美国“挑战者号”航天飞机爆炸，美欧多个火箭发射相继失利。王永志却从中看到了机遇——将研究院的航天产品打入国际市场。经过一番调研，他与院领导商量后，适应市场需求，决定“导弹太大搞小的，火箭太小搞大的”，把目光转向国际军贸市场允许的射程较小的并可内外两用的战术导弹和中国第一枚大推力捆绑式火箭——长二捆。

经部里同意，他代表研究院贷款 4000 万元，亲任总设计师，组织起人马，将战术导弹纳入军品研制渠道。压力变成动力，动力变成创新的智慧，变成成功的希望。研究院用近 18 个月的时间就生产出两发，首发即获圆满成功。“小”产品，“大”市场，它为院里赢得了可观的经济效益。它所采用的捷联惯组、末速修正等技术都是在型号研制上首次采用，号称“十个第一”，后来发展成颇有使用价值的系列。

1988 年 11 月，仍处于纸上谈兵的长二捆，凭着三页草图拉到了第一单买

1990年长二捆首次发射前

卖。美国休斯卫星公司委托中方发射两颗澳大利亚卫星，条件是火箭必须在1990年6月30日前有一次成功的发射试验，否则不仅中止合同，还要罚款100万美元。

按常规，一种新火箭怎么也得四五年才能研制出来，18个月的时间实在太短！一位到中国考察的美国火箭设计师甚至直言：“你们中国人是不是又吃鸦片了？”国内也有认为根本做不到的反对声音。有人暗中劝他：“搞捆绑式火箭，我国没有经验可循，外国技术又保密，何必冒这么大的风险？”是啊，万一失败，不仅他个人将身败名裂，巨额贷款难以偿还，政治上的负面影响更难以估量。但他没有退却，在航空航天部的决策会上，代表火箭研究院郑重表态：“请部里帮我院联系贷款和打通协作关系，我院则保证在1990年6月30日前把火箭立在发射台上！”王永志斩钉截铁地立下军令状。

1988年12月，国务院召开会议研究航空航天部的请示报告，积极支持这一火箭研制，并联系了4亿多元低息贷款。王永志马上向全院传达了国务院决定。背水一战，别无退路。院里高挂着“绝不让研制长二捆的列车在我们这里误点”的巨幅标语，开始了500多个灯火通明之夜、员工两班倒、仪器设备不停歇的工作。18个月的时间层层分解，环环紧扣。一位车间主任接到二级振动箭的总装任务后，算了又算，咬咬牙说：“我争取一个半月赶出来。”王永志笑笑说：“你只有18天。”连车间主任自己都不敢相信的是，最后他真的如期完成了。而类似的事在整个攻关阶段时有发生。

这是一支令人生畏的力量，不可能硬是变成了可能——火箭18个月按时完成研制，发射一举成功，运载能力由2.5吨提高到9.2吨，实现了技术上的巨大突破，成功打入国际卫星发射市场并为随后开展的载人航天工程提供了运载手段。

王永志的管理理念和精辟独到的技术见解为火箭研究院规划了一个影响深远的发展模式。在任期间，他开自筹资金和贷款开发之先河，开初样火箭飞行试验成功之先例，开辟了战术导弹和固体战略导弹两个新战线，使研究院形成了运载火箭、战略导弹、战术导弹和民品四个系列全面发展的战略格局。他的事迹被收入我国宣传改革家的第一套大空系列丛书《企事业改革家列传》之中。

圆梦飞天的技术领军人

从东风二号起，王永志先后参加或参与领导了我国 6 种地地导弹、2 种运载火箭的设计研制工作，每次他都是在首飞试验成功后，很快转入下一个新型号研制工作中，唯独载人航天打破了这一“惯例”。1987 年起他作为“863”航天领域第一届专家委员会成员参与制定了载人航天的发展蓝图，并作为论证组组长参与主持了中国载人航天工程的技术、经济可行性论证。1992 年 11 月，中国载人航天工程立项后，被中央专委任命为首任总设计师，执掌起工程技术的帅旗 14 年!

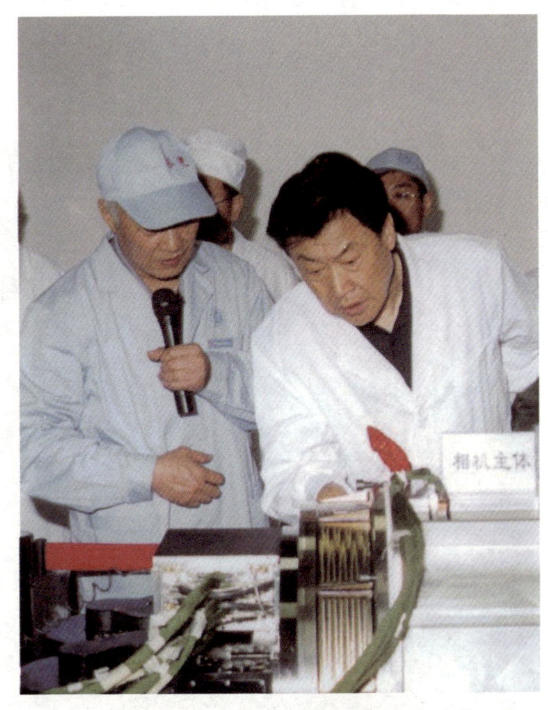

到某所检查工作（右）

如果说王永志一生中，研制长二捆风险最大，载人航天则是他遇到的最大挑战。面对这一当今航天科技的制高点，他几乎每天都处在处理问题、解决问题的状态中，精神高度集中，一刻不敢懈怠，虚怀若谷善于博采众长的胸襟，认真负责勇于担当的精神，使王永志始终展现出卓尔不群的技术领导力。

他力主直接采用三舱飞船、轨道舱留轨应用、不上大动物试验、海上分区定点救生等创新方案，为工程实现高起点、高效益、跨越式可持续发展的战略目标做了大量开创性工作。他紧盯航天员安全性设计的各个环节，坚持“可靠第一、安全至上”的原则，主持设计了满足十大约束条件的飞行轨道，力主将主着陆场从河南黄泛区改为内蒙古草原，对飞船提出落实船箭分离等五大手控分离措施、实现航天员手控排险和制动返回功能的要求，使我国具备了世界上最为完善的航天员全航程安全措施。

他未雨绸缪，神舟三号发射前就主持制定了《首次载人飞行放行准则》，做出“首次载人飞行前必须连续获得两次无人飞行试验圆满成功”的硬性规定。因此，他对神舟三号出现的穿舱插座问题毫不妥协，力主飞船从发射场运回北京更换全部插座。神舟四号飞行任务期间，他在发射场突患急症，这种病只要耽误两天病死率高达 100%。紧急转院后，他把北京的病房当成临时办公室，开“热线电话会”，并梳理出需要工程总体重点检查和督促解决的 34 个

与出征前的航天员在一起

问题及其解决方向，后来专家们在此基础上又补充了几个类似的问题，未统计具体数目，干脆叫 X 个。于是，王永志在病床上的（34+X）个难题成为很长时间人们津津乐道的话题。飞船着陆是载人航天飞行中最后一个关键环节，具有反推发动机、座椅缓冲装置的双重冗余手段。神舟五号出厂前两个月，地面试验结果表明座椅缓冲装置在某种情况下存在致航天员伤亡的风险。尽管出现这种情况的概率极小，王永志绝不掉以轻心，下决心使用安全系数更高的缓冲装置，在发射前作了更换。

高质量的技术方案，实践中建立起的一整套以安全性、可靠性为重点的质量保障体系，从根本上保证了飞行试验的成功率，使我国仅在 4 次无人飞行试验（美国和苏联分别为 21 次和 7 次）后，就取得首次载人航天飞行的圆满成功。当航天英雄杨利伟走出舱门，通过电视影音走进千家万户，向所有关心的人们挥手致意……那一刻，整个华人世界都沸腾了！

2003 年，“中国载人航天工程”获国家科技进步奖特等奖，王永志排名第一位，并荣获 2003 年度国家最高科学技术奖。2005 年 1 月，他被中央军委授予“载人航天功勋科学家”荣誉称号，被誉为 “实现中华民族飞天梦想的开拓者，国防科研战线上的一面旗帜”。

筹策建造中国空间站

2006 年，王永志主持成功完成了神舟六号多人多天的任务后，74 岁的他从“大总师”的岗位上退了下来，任工程高级顾问，可谓退休不离岗，紧接着，他又肩负起了载人空间站工程实施方案编制专家组组长的重担，继续他的创新之旅。早在 1992 年，王永志曾主持提出经领导和专家们研究同意的“三步走”发展战略设想，并得到中央批准实行。第一、第二步都有具体方案和时间进度，第三步没有——那时离第三步还有二三十年时间，看不准。这样，1992 年未做完的事，15 年之后又让他接着做。方案贯彻了他提出的“适应国情、控制规模、自主研制、高效运营”等战略思想，使 “三步走”从战略规划到全面完成迈出了新的坚实步伐。

在王永志的主持下，专家们讨论通过了我国空间站工程的基本方案：将按空间实验室和空间站两个阶段分步实施，以小型空间实验室突破关键技术，降低空间站建造运营的技术风险。空间实验室为 8 吨级，质量不到苏联礼炮号的 1/2。空间站本体由 3 个 20 吨级舱段构成，总质量约是和平号空间站的 1/2，国际空间站的 1/7，建造成本低。货运飞船为 13 吨级，货运能力是俄罗斯进步号（2.6 吨）的两倍多，可减少货运次数，有效控制运营成本。空间站基本实验能力达 17 吨，具备开展较大规模科学技术实验的条件。这样，依靠顶层设计和技术创新，我们既有效控制了建造和运营成本，又达到了独立掌握空间站建造运营和长期载人飞行等基本技术的目的，还保证了空间站的应用价值。

此外，三舱空间站只是最小配置的基本型，具有继续扩展能力，这一点是王永志在实施方案论证期间一直强调的。他还提出三舱之外新增的舱段甚至不必都固联在主体上，可根据有效载荷的特点和需要作为独立的共轨伴飞平台（如光学天文望远镜和微重力实验设施等），只在必要时与主体对接，经检修补给后再继续独立飞行，构成多平台共轨飞行的分布式空间站。推而广之，空间站还可为邻近的预先有准备的其他航天器提供检修补给服务，延长其飞行寿命；若该航天器无法自主与空间站对接，则派出站上的救生船或渡船实施救援……使空间站不再局限于太空的几间实验室，而是成为强大的国家级太空基础设施——“太空港”，服务于多个领域，从而开创出空间站技术的新理念、新模式……

让我们把目光投向 2020 年吧！那时，中国的空间站翱翔天宇，将描绘出中华文明与现代科技交相辉映的绚丽画卷！

真情守望心中的家园

“迈出左脚，是为了给右脚建立一个支点。”这是王永志常说的，也是他事业成功的“法宝”。设想的蓝图就是这样靠一步一个脚印的扎实行动，最终变成现实的。神舟二号到神舟四号，轨道舱如同一颗颗科学实验卫星，在太空展翅遨游，太阳电池阵经过设计改进，寿命从原来的 4 个月提高到神舟五号的 1 年、神舟六号的近 2 年，为把天宫一号打造成长寿命的空间实验平台奠定了基础。他在 1996 年 5 月就主持成立了交会对接总体技术方案论证组，制定出方案，并启动交会对接机构、雷达等关键技术的攻关。紧锣密鼓地准备了十几年，交会对接这么复杂的技术我国也是一举突破，就在情理之中了。

在我国首次交会对接任务指挥大厅

什么是战略家？在担任院长期间，他同院领导为火箭技术研究院创立的产品系列战略格局，为弹道导弹、运载火箭技术发展而做的规划，已持续了20多年！自技术、经济可行性论证开始，他参与主持确立的中国载人航天工程发展技术途径，也已执行了20多年！

50多年来，王永志一直奋战在航天第一线，树立了很高的威信，建立了卓越功勋，同事们都亲切地称他为“王大总师”。光环之后，他仿佛还是那名黑土地上的少年，始终坚守着谦虚、质朴的本色。在国家最高科技奖论坛上，他说的第一句话就是：“荣誉应该属于数万人的科技群体，属于整个航天战线。我是代表他们走上领奖台的……”闲暇时，他喜欢养花，亲近自然；喜欢看球赛，欣赏健儿们为国增光的拼搏精神。对同事，他虚怀若谷，和蔼可亲，关心老一辈的生活和健康，关注干部职工的诉求和困难，激励和培育青年一代的成长。他与妻子相濡以沫、比翼齐飞、互敬互爱六十年；对子女严格要求，注重培养他们的责任感和事业心。对故乡、亲人、母校和老师，他情谊深厚、牵系心头；回家少，他会抽空打电话、写信，用事业的辉煌回报众多期盼。事业上，他是一名实干家，锐意创新，建章立制，狠抓质量。工作中，他既能充分发扬技术民主，又能从国家利益、全局角度考虑问题，从众多观点中把握住关键，集众人之智做出正确决策，引领大家沿着正确方向前进；从而使他将一大批热爱祖国、技术过硬的科技人才团结在一起，形成了一支孕育出“载人航天精神”的优秀航天科技群体。

他的成功更来自勤奋，从上学开始，没有过怠惰的时候。“从小立志，自强不息，持之以恒，始成大器”，这是他给小学母校的题词，也是他一生的写照。青少年时期山河破碎的经历，使他心中始终激荡着一股强国强军的强烈情怀，把事情做好、做快，则顺理成章地成为他抒发这种情怀的方式。正如他说的："把个人的理想与祖国的需要紧密结合在一起，必将得到永不枯竭的前进动力。"

使命因艰巨而光荣，人生因奋斗而精彩，年岁并未使他停止攀登的脚步。神舟七号到神舟十号飞行任务，他仍在坚持工作，为工程重大决策和战略发展殚精竭虑。从论证到实施，从现在到未来，载人航天早已成为他的精神家园。在一篇文章中，他深情地写道："宇宙是无边无际的，因而探索宇宙的航天活动也将是没有尽期的。现在人类只是迈出了一小步，更壮丽的事业还在前头，需要一代又一代的人前赴后继、不断奋斗。"这是他对自己的鞭策，更是对广大青年的殷切期望。

他的双眸，既在守望，又在远望……

（撰稿　李少宁）

2005 年度国家最高科学技术奖获奖者

问天人

——中国气象学泰斗叶笃正

人物简介

叶笃正，男，1916 年 2 月出生于天津，安徽省安庆市人。中国科学院原副院长、中国科学院特邀顾问，中国气象学会原理事长、名誉理事长，中国科学院大气物理研究所原所长、名誉所长，第六届、第七届全国人大常委会常务委员。2013 年 10 月 16 日，叶笃正安然离世，享年 98 岁。

贡　献

叶笃正从事地球科学研究 70 余年，为地球科学事业发展做出巨大贡献。学术界对叶笃正的评价是，他使中国的气象研究变成了一个系统工程。由于他的努力，中国的气象科研始终与世界保持同步。世界气象组织秘书长米歇尔·法罗曾用“广受尊敬、世界闻名”来赞誉叶笃正。

此外，叶笃正还是中国大气科学界科研和教学的重要领导者、组织者和实践者，他为中国气象界培养造就了几代优秀的科研工作者，仅培养大气科学界的中国科学院院士就多达 6 人。如今，叶笃正的学生遍布海内外，堪称桃李满天下。

叶笃正是一位爱国、爱人民的科学家。这不仅表现在他 1950 年离开在一定程度上左右世界气象科学发展的芝加哥学派，毅然回国参加新中国的建设上，也表现在他所从事的东亚季节变化的突变、青藏高原的影响、北方干旱化趋势等科研课题都在为中国人民的生活和社会经济发展服务。

叶笃正在大气科学领域研究成果丰硕，在国内外知名学术刊物上发表论文 200 余篇，与他人合著专著 12 部。

荣 誉

1987 年	国家自然科学奖一等奖
1988 年	国家自然科学奖一等奖、二等奖
1995 年	第一届何梁何利科学与技术成就奖
2003 年	世界气象组织授予第 48 届国际气象组织（IMO）最高奖
2005 年	国家最高科学技术奖 感动中国年度人物
2010 年	国际永久编号第 27895 号小行星被命名为“叶笃正星”
2011 年	首届创新方法成就奖

2013 年 10 月 16 日，我国气象学主要奠基人叶笃正安然离世，享年 98 岁。直至他去世前不久，他还对采访他的媒体说：“总觉得时间不够用。”

叶笃正去世后，他的学生们追忆起老师，不约而同用了同一个词——伟大。在学生眼中，无论是学术造诣，还是人格品行，叶笃正都配得起“伟大”一词。

70 年问天，叶笃正结束了这一段漫长的求索之旅。追风逐云，他在废墟之上建起了一个无人敢轻视的气象大国。

道台之子的革命之路

1916 年 2 月 21 日，天津城里的大户叶崇质的第七子诞生了。叶氏望族，祖上辈出封疆大吏，叶崇质的祖父叶伯英曾在清光绪年间担任陕西巡抚兼钦差阅兵大臣，封一品大员，曾得慈禧所赐头品顶戴，赐“福”字。叶崇质也曾官至清河道道台。刚刚降生的第七个儿子并没有给这个大家族带来多少激动。叶崇质只是依据《礼记·中庸》中“博学之，审问之，慎思之，明辨之，笃行之”一句，为七子命名为笃正，望他成为诚笃之人。

在目睹清廷败落、经历社会混乱与动荡后，叶崇质弃官赴实业，先后在天津参与开办三家颇具规模的工厂，还曾担任华新银行（中国实业银行）的总经理。尽管叶崇质在实业抱负上颇有建树，但他的思想却依然保守。在子女的教育上，他推崇封建社会的传统私塾式教育，对于新学堂并不买账。在 14 岁考入南开中学前，叶笃正与其他兄弟一直接受私塾教育。叶崇质也从没有因商务繁忙而含糊过对儿子功课的考察，每日严格的功课抽查让孩子们读书不敢有丝毫怠慢。

随着学识的增长，年少的叶笃正开始渴望了解高墙之外的世界。1930 年，叶笃正考入南开中学，开始全面认识这个社会。南开中学以理科著称，一直接受私塾教育而以文科见长的叶笃正选择南开，有着自己的打算。“选择学校关键要了解这所学校的治学思想和办学理念。”此前，叶笃正的几位兄长都就读于南开中学，叶笃正常听到兄长们讨论学问、社会时政与校长张伯苓的教育理念。“允公允能，日新月异，群。”张伯苓先生的九字教育思想一直深为叶笃正赞赏与钦佩。“允公允能”即为爱国，为国贡献；“日新月异”即创新；“群”意在群体观念和团队精神。

在张伯苓的教育思想指导下，南开中学在社会联系、能力培养与爱国主义精神建设等方面取得了长足发展。叶笃正正是这种先进教育理念的受益者。就读南开期间，他跟随老师赴山东曲阜追寻中国文化源流，登上泰山感受祖国秀美山川，甚至还在老师带领下拜会了冯玉祥将军，对祖国的热爱与救国的激情逐渐被点燃。

“九一八事变”后，举国激愤，学生尤甚。南开中学的学生群情激昂，想要走出校园参加抗日救国活动。张伯苓出于对学生人身安全的考虑，不希望学生到校外去做无谓的牺牲。因此，他严格限制学生出去游行。年轻气盛的学生们不满学校的做法，集体到校长室去请愿，一开始据理力争的学生们最后一个个都离开了，唯独一个学生仍然对张伯苓义正词严地说个不停，这个学生就是叶笃正。

“我从事教育这么多年，还从没见过你这么不明事理、不知好歹的学生。这样的学生我教不了，也管不了，你就等着被开除吧！”一向温和的张伯苓拍着桌子对眼前让他无可奈何的叶笃正厉声道。当时叶笃正正面临毕业，幸亏因成绩优异，几位老师跟校长力保才免于被开除。

科学救国

1935 年秋，叶笃正以全班榜首的成绩考入清华大学，也正是这一年冬天，举世闻名的“一二·九”学生运动爆发了，叶笃正也在学生游行的队伍中。此后，学生又爆发多次游行，叶笃正甚至曾被军警追捕险些丧命。

此后，学生运动转入低潮，为了宣传抗日，叶笃正加入中国共产党外围组织——中华民族解放先锋队。随后，先锋队并入青年救国会，叶笃正参加了由中共地下党员刘毓衡领导的学生救亡团体，到第二战区司令长官卫立煌的军队里做宣传工作。叶笃正跟随部队辗转于山西、陕西、河南一带，风餐露宿，跋山涉水，常常吃不上饭，几个小伙子只能举行“精神会餐”，说些曾经吃过的最好吃的东西。但无论走到哪，叶笃正都随身背着两本书，时不时拿出来学习。

一次，卫立煌的司令部在垣曲县安营扎寨。一个夏日的拂晓，还在睡梦中的叶笃正被叫醒，命令他立刻赶到王屋镇，把救亡团派到那儿的小分队调回来，因为日本人已经打到离王屋镇 5 里地的地方。

叶笃正所在的垣曲县离王屋镇有 95 里地，叶笃正独自冒险上路。急行 15

里后，见有部队挖工事，叶笃正上前询问，得到的回答是“日本人要打过来了，得保护司令部过河”。又急行 15 里，他看到了同样的情形，得到了同样的答复，同时被告知前面已经没有中国军队了。“前面已经没有中国军队了，而留下来的军队也准备不战而退”，这令年轻的叶笃正心寒不已。

为了保证安全，叶笃正找来一个老乡，弃大路走小路，迂回前进，终于到了王屋镇。他找到小分队负责人传达团长指示，负责人则告诉他：“日本人距此还有 20 多里，且没有继续前进的样子。如果老百姓看到我们走，势必会引起恐慌。”叶笃正被留下来休息了一晚，翌日启程。

这件事改变了叶笃正投身革命的想法，他深刻认识到国民党军队的无能和懦弱，“一个堂堂战区司令部，对四五十里外的敌人竟然如此不知情，又怎么能打胜仗？”此时，又逢当时的女友离开了自己，遭受双重打击的叶笃正离开了卫立煌的部队。得知学校迁至昆明，更名为西南联大并开始复课后，他决定重返校园，完成学业，走科学救国的道路。

中兴业，须人杰

“千秋耻，终当雪；中兴业，须人杰。”这是西南联大校歌中的一句，与重返科学征途的叶笃正的心情不谋而合。1937 年，叶笃正来到西南联大，将物理作为自己的专业。一次偶然的邂逅却让他将气象学作为自己毕生的选择。

叶笃正推崇一个国家的强大不仅要有科学，也需国民有强健的体魄，因此平时他热衷体育锻炼，尤其酷爱乒乓球。一次，经球友介绍，他结识了同系学长钱三强。叶笃正把自己打算研修物理学的想法告诉了钱三强，钱三强沉思片刻后说：“你不要念物理，还是搞点实用的学问吧！气象学对中国来说是一个空白领域，我看你还是学气象比较好，中国的气象科学太落后了。现在，中国最需要的是实实在在的学问。”正是钱三强一番话，让叶笃正放弃了自己喜爱的物理学，转向气象学。

1941 年，大学毕业一年后，叶笃正考入浙江大学研究生院，成为气象学家涂长望和物理学家王淦昌的学生，专攻大气科学。此时，浙大临时校址在贵州遵义，条件艰苦，却会聚了陈建功、苏步青、王淦昌、卢嘉锡、谈家桢等一批名师大家。叶笃正倍加用功。没有电灯，他就用桐油灯夜读，时间长了，

1940 年叶笃正清华大学毕业照

脸上和鼻孔常被熏得墨黑。吃饭常常没有菜，他便就着酱油汤下饭。少爷出身的叶笃正从没叫过苦，倒是乐在其中。

在此，叶笃正完成了“湄潭近地层大气电位的观测研究”，在王淦昌的指导下他亲手修复损坏的电位计，每天记录天气对电位的影响。《湄潭之大气电位》一文受到两位导师的好评。

1945 年，叶笃正收到了美国芝加哥大学的录取通知书。正是祖国战火纷飞之时，叶笃正抱着科学救国的信念，踏上了异国求学的旅途。从重庆飞印度，再乘船经印度洋和澳大利亚，在海上漂泊一个多月后，叶笃正终于踏上美国的土地。在这个原子弹的诞生地，“诺贝尔奖的摇篮”，叶笃正师从著名气象学、海洋学家罗斯贝，潜心大气动力学的研究，并有幸加入最前沿学科“大气环流急流现象”的研究团队。

当时，华人在美国饱受歧视，叶笃正决心用实力赢得尊重，因此在学习上很刻苦，哪怕是近在咫尺的风景区他也没时间游览。在师从罗斯贝期间，他敢于大胆提出自己的想法，很受罗斯贝的器重。他总是随身携带一个小本子，以方便遇到问题随时记录，这个习惯一直保持到晚年。

1948 年，叶笃正以优异成绩获得美国芝加哥大学博士学位。此时，他已在欧美多家权威学术杂志上发表 10 余篇重要论文。其中，博士论文《大气中的能量频散》让他蜚声国际气象学界。文章提出的理论是罗斯贝长波理论的延续，对长波理论具有重要的实质性贡献，为现代大气长波的预报提供了理论基础，为影响天气发展的大槽和大脊预报提供了科学依据。这一理论沿用至今，被誉为动力气象学的三大经典理论之一。叶笃正也成为以罗斯贝为首的芝加哥学派的主要成员之一。

此后，叶笃正深受罗斯贝器重，并负责主持了夏威夷气候研究项目，其团队发表文章 4 篇，再次证明了自己的实力。许多科研机构开始以高薪聘请他，美国气象局甚至在华盛顿为其准备好个人实验室，邀请他加盟。然而此时，一封来自大洋彼岸的邀请信让叶笃正放弃了在美国蒸蒸日上的事业。

“为了气象事业壮大发展，盼你们尽快回国。”这是时任政务院下属中央气象局局长、叶笃正的导师涂长望先生的一封亲笔信。信中的每个字都打动着叶笃正的心——他等这一刻已经很久了。

当时，叶笃正在美国的年薪已高达4300美元，相当于小型大学的教授年薪。而此时，美国气象局为了挽留他愿意给出更高的待遇。但无论对方如何劝说，得到的都是叶笃正同样一句回答：“不，我的祖国更需要我。”

叶笃正想要回去建设祖国的情怀打动了导师罗斯贝。在当时留学生因抗美援朝紧张局势而被禁止回国的情况下，罗斯贝答应叶笃正帮他弄到去瑞典的签证，再从瑞典回国。“叶，好好努力吧！相信总有一天，你会成为世界上最优秀的科学家。”罗斯贝对叶笃正说。

叶笃正没有等到拿到签证这一天，不久，他听说有一条船要在香港靠岸，允许中国学者乘船，他便匆匆辞别恩师，连夜收拾行装。1950年，叶笃正乘坐“威尔逊总统”号，带着妻子冯慧，驶向阔别多年的祖国。

结束“天有不测风云”的时代

刚刚回国，叶笃正便迫不及待找到自己的两位老师——时任中国科学院地球物理研究所所长赵九章、军委气象局局长涂长望，希望立即开始工作。经过两位老师的安排，原本想去清华大学任教的叶笃正，被任命为中国科学院地球物理研究所副研究员。赵九章对他说：“我国气象学事业刚刚起步，底子还太薄，最需要你这样的人才去奠定基础，去开拓发展。”

当时，地球物理研究所在南京，叶笃正被任命为北京工作站主任。说是工作站，实际不过是一处位于西直门内北魏胡同里的破旧房子。在这里，叶笃正和其他十余个工作人员组成了研究组，充满激情地准备开展气象研究。

一直在美国从事研究的叶笃正，其所见的实验室皆是地面图、高空图甚至计算机俱全。而这间狭小的办公室里，除了一张简单的地面图之外什么都没有，连天气预报必备的高空图也没有。一切从零开始，叶笃正没有犹豫，卷起袖子，决定自己画图。画图并不是什么简单的工作，但所幸叶笃正在美国曾亲手绘制过高空图。在他的指导下，所有人一起努力，第一张500百帕的手绘高空天气环流图完成了。

在绘制完最后一笔后，一向气氛严肃的办公室瞬间一片欢呼声，大家相互击掌，晚上还搞了一个庆祝仪式。叶笃正亲手把这张巨幅高空图挂在墙上，激动地对大家说："中国的天气预报要在物理、数学的基础上建立起来。今后，天有不测风云的时代该在中国结束了。"或许因为这段往事，叶笃正有生之年一直重视科研人员的绘图能力，他还曾向中央气象局局长建议，新来的预报员必须首先会画天气图。

以这张天气图为起点，新中国的气象事业开始起步。叶笃正从怎样看天气图开始教起，培养了一大批青年气象工作者。从 1950 年到 1966 年的十余年中，他研究的领域从原有的天气动力学、气候学扩展到大气物理学，并开拓了数值预报、大气探测、云雾降水物理和人工影响天气、大气电学、大气湍流等新的分支学科。

1958 年，叶笃正和顾震潮担任地球物理研究所天气气候研究室主任，使该室成为研究所成长最快、成绩最突出的研究室。到 1965 年，研究室共有 183 人，其中研究员 5 人、副研究员 4 人。在叶笃正的带领下，形成了素有气象界"四大金刚"之称的叶笃正、顾震潮、陶诗言、杨鉴初为核心的优秀研究集体。

在叶笃正众多研究成果中，离人们生活最近的要属数值天气预报。我国的数值天气预报事业起步于 20 世纪 50 年代。1950 年，世界上第一篇数值天气预报论文发表，引起了叶笃正和顾震潮的重视。顾震潮带领一批年轻人立刻开始研究。但做数值天气预报需要计算机，我国当时还没有。大家就用手算图解法试验，同时还就有关科学问题展开研究。有了深厚的学科储备，1958 年，我国第一台计算机问世后，他们立即开始了数值天气预报试验。1969 年，国家气象局正式发布短期天气预报。1975 年，在我国数值天气预报还处于低谷时，叶笃正发表了《近年来大气环流数值试验的进展》，全面介绍了国内外数值天气预报模式的发展，并对一系列问题发表前瞻性意见。

1978 年，原国家计委气象组在一次会议上，做出了建立中国数值天气预报业务系统的决策，决定把气象科学研究所部分人员调到中央气象台。这个动作意味着叶笃正多年的研究成果此刻到了转化成生产力的时刻。中国的数值天气预报相比国外发达国家落后几十年。叶笃正建议，借用国外先进模式，在应用中消化改造，发展中国的模式。

1964 年叶笃正与学生们交流

由于这一技术路线的正确，我国数值天气预报系统只用了两三年时间，就把短期数值天气预报业务系统建立起来。很快，研究人员就把视野放在 3 ～ 10 天的中期数值预报上。又用了 10 年时间，我国中期数值天气预报系统建立起来，与此同时，我国的天气预报大型计算机系统也随之完善。

为了支持气象局的数值天气预报工作，叶笃正指派大气物理研究所一批骨干直接参与气象局数值天气预报系统的建设工作，打破门户界限。1981 年起，他先后在国家气象局、中国科学院、北京大学点将，推荐他们到欧洲中期数值天气预报中心访问、工作、学习，其中很多人成为“七五”期间开展的中期数值预报研究和业务建设骨干。

揭秘西藏风云

在气象界，曾有这样一种说法：青藏高原是中国的，因为它的主体在中国；青藏高原也是世界的，因为它的影响波及世界。这样一个平均海拔在 4000 米以上、面积约250万平方千米的大块头横亘于大气之中，不可能不对大气环流产生巨大影响。但在新中国成立以前，虽然已经有了关于地形对大气环流影响的研究，但青藏高原气象学却还是一块空白。

新中国成立后，为了揭开青藏高原气象之谜，叶笃正带领一众气象工作者开始了对青藏高原上环流、天气和气候以及青藏高原对东亚环流和天气影响的研究，叶笃正也因此成为青藏高原气象学的奠基人。

20世纪50年代，叶笃正与人合著《西藏高原气象学》，就此开辟了青藏高原气象这一新学科领域。1979年，叶笃正、高由禧等人合著《青藏高原气象学》，对青藏高原大气运动的动力和热力作用及其对天气和气候的影响进行了系统研究。其内容涵盖青藏高原上特殊天气和气候规律，高原天气系统的生成、移动和演变特征，提高预报准确率，高原热力和动力特性对东亚大气环流甚至整个北半球大气环流的作用，以及高原对下游地区天气、气候的影响。这些研究为中国天气预报和数值预报提供了物理依据。

20世纪50年代初，在两次科考队收集的数据基础上，叶笃正首先发现围绕青藏高原的南支急流、北支急流及它们汇合成为的北半球最强大的急流，严重影响着东亚天气和气候。他与联邦德国天气学家弗隆各自指出了青藏高原在夏季是大气的一个巨大热源。叶笃正还首先指出青藏高原冬季是冷源；同时深入地研究了夏季青藏高原热源及其对东亚大气环流的影响。直到叶笃正与弗隆提出这一理论时，青藏高原是热源还是冷源的问题才有了答案。由于叶笃正的研究工作，国际上才接受了大地形热力作用的概念，为青藏高原气象学的建立奠定了科学基础。

《青藏高原气象学》如今被国际公认为最权威的奠基性著作，被国际气象界广泛引用。《美国气象学会通报》1991年在介绍美国气象学会荣誉会员叶笃正的科研成就时指出："他在世界上第一个确认西藏高原的热力效应并且用数学方法加以表述，而在此前人们主要是把高原作为动力机械强迫来对待。"2003年《世界气象组织通报》说，叶笃正是提出世界上最大的高原夏季是热源、冬季是冷源的第一人。

视全球见未来

"叶先生之所以伟大，原因之一是他的视野非常开阔。"叶笃正的学生、中科院大气物理研究所研究员黄刚说，“有的学者在某个领域研究得很深，有的学者能够开创新的领域并攻克该领域的难关，叶先生在这两方面都极为出色。”

20 世纪 80 年代末，叶笃正提出要研究全球变化的设想。当时有人反对：中国的事情还没有做好，怎么就开始做全世界的？事实证明了叶笃正的预见性。

1982 年，由世界气象组织秘书长提名，叶笃正担任了由国际科学联盟和世界气象组织共同建立的世界气象研究计划联合科学委员会常务委员，并连任两届。在担任常委期间，他参与了世界气候研究计划的制订。与此同时，叶笃正开始在我国组织与世界气候研究计划有关的研究。1985 年，中国气候研究委员会成立，叶笃正担任委员会主任。

20 世纪 80 年代，国际上兴起全球变化研究，最大特色是把地球的有生命过程和无生命过程有机结合起来，同时强调人类活动对全球环境变化的影响。这是迄今为止地球科学最大、最复杂的一项国际合作研究项目，从一开始，叶笃正便积极参与了研究的规划，并发挥重要作用。如今，叶笃正的名字已与全球变化研究这项世界瞩目的国际合作项目联系在一起，他被世界气象组织评价为“全球气候变化研究的开创者”。

20 世纪 90 年代，叶笃正曾自筹资金开展“中国全球气候变化”预研究，为现在很多研究打下了基础。自从 80 年代开始参与全球气候变化的研究后，叶笃正在这一领域进行了长达 20 年的不辍研究。他的许多预见逐一成为现实，全球气候变化的命题也变成最受关注的科学与经济话题之一。

“我已经快 90 岁了，一直生活在北京。记得年轻时，北京每年都下很厚的雪，可现在很少了。人类的生产生活

向大气中大量排放二氧化碳使全球气候变暖，不但影响中国，也深刻影响着世界。”进入 21 世纪后，在人们沉浸于经济高速发展带来的喜悦时，叶笃正多了一份深深的忧虑。在这种忧虑下，“有序人类活动”的概念应运而生。

“有序人类活动”是叶笃正晚年学术研究的一个重要课题。这是他为应对全球变暖、土地退化等全球变化负面影响开出的一剂药方。2003 年气候变化国际讨论会上，叶笃正作为大会科学指导委员会主席，在开幕式上作了《有序人类活动》的报告。他指出，以往人类活动多是无序的，今后人类应当约束自己，从事有序活动。有序人类活动就是以可持续发展为目标和判断指标，同时也提供可持续发展的方法理论和实际措施。

这一年，叶笃正已 87 岁高龄，仍在为气候变化研究奔走呼号。

大师风骨

1979 年，刚刚经历“文化大革命”非人的摧残，恢复中国科学院大气物理研究所所长职务的叶笃正被派出访问美国。30 年后再度来到美国，叶笃正感慨万千。接风酒宴上，当年曾极力劝阻他回国的好友、美国科学家卡普兰教授问道：“30 年前你放弃了优厚的待遇，义无反顾回到中国。这片赤子之心换来的是什么呢？是折磨、是飞来横祸，你现在一定很后悔当初的决定吧？”叶笃正回答：“我永不后悔。要做的事太多太多了，哪有心思再去计较这些陈年往事呢。如果我不回国，首先对不起国家，第二对不起事业，对不起现在的工作，那才是真正的后悔。我认为，如果一个人能把一个国家的气象科学提高到一定的水平，那么这比他写多少篇论文所做的贡献都要大。”

叶笃正对中国气象事业的贡献，一是体现在对其学术理论的提升，二是体现在为气象事业培养出大量杰出的人才。“文化大革命”前，他培养了 7 名研究生。1978 年以来，他又培养了 11 名硕士、20 名博士。现中国科学院院士曾庆存、周秀骥、巢纪平，中国工程院院士任阵海，都是当年在地球物理研究所天气气候研究室打下的科研功底。黄荣辉、吴国雄、李崇银院士都是叶笃正的学生。

叶笃正对学生要求严格是出了名的。他曾说自己科研的秘诀是：求实求实再求实，认真认真再认真。他对学生的要求也是如此。一次，叶笃正问一个学生数据结果的准确性，学生回答“差不多吧”。叶笃正当时就火了，生

气地问道：“什么叫差不多？到底差多少？”

与自己的导师罗斯贝相似，叶笃正也鼓励学生们大胆提出自己的想法，包括与他不同的意见。他曾说：“我最不喜欢唯唯诺诺，只会照你说的去做，而没有自己想法的学生。我希望自己的学生有独立的学术见解，敢于和我说不。他们的成果比我大，才是我的成功！”

20 世纪 60 年代，国际上流行一种臭氧观测方法。年轻的科技人员魏鼎文写了一篇文章，指出这个方法的结果不是唯一的，被许多人包括一些权威认为是错误的。叶笃正独具慧眼，认为这篇文章有创新，并支持魏发表了这篇文章。后来文章逐渐得到国内外承认，被认为在臭氧观测领域有重大贡献，魏鼎文现在已是赫赫有名的臭氧问题专家。

在中国科学院院士黄荣辉眼中，恩师叶笃正不仅是学问上的大师，也是做人的大师。“他一向治学严谨，写文章从不用大字眼。”一次，黄荣辉起草论文时用了“叶笃正发现”几个字，叶在审改时改成了“叶笃正指出”。“文章里不要用大字眼吓人。我的一个观点，又不是科技上的重大发现。”

2004 年，中国科学院大气物理研究所科研楼装修，办公室进行了调整。研究所给叶笃正安排了单独一间办公室。他不去，非要和同事们挤在一个大办公室里，“这样很好，可以常和大家在一起”。

叶笃正与大家亲近，所以平时也有许多人求助于他，常有人拿着论文请他审阅。有些文章署了他的名字，如果他没有参加研究，他绝不肯署名。凡是署了他名字的文章一定是他参与过研究或修改过的。这种修改常常不止一遍，往往在反复修改后才肯署上他的名字。进入高龄后，叶笃正的视力下降严重，但修改文稿时他还是坚持亲自操刀，趴在纸上一遍遍地修改。

2003 年，叶笃正获得有“气象诺贝尔奖”之称的国际气象组织奖；2005 年获得国家最高科学技术奖。2010 年，经国际天文学联合会小天体命名委员会批准，一颗小行星被以叶笃正的名字命名。一系列令人高山仰止的荣誉似乎已为他的成就做出了定论，而他却依旧坚持每周一、周三、周五去大气所办公，并“总觉得自己的时间不够用”。他一直随身携带的小本子从课题思考到学生建议，被记得满满登登。

“我想做的事情实在太多，如果在离开这个世界的时候，能够完成大部分计划，人生将没有遗憾。”叶笃正在世时，曾对自己提出这样的希望。直至去世，他用不辍的科研姿态与等身的科研成果交出了人生圆满的答卷。

参考文献

[1] 王舒 . 叶笃正传 · 风云人生 [M]. 南京：江苏人民出版社，2009.

[2] 喻思娈，程晨 . 气象学泰斗叶笃正逝世，弟子追忆——坐看风云七十载 [N]. 人民日报，2013-10-18（9）.

[3] 杨维汉 . 叶笃正：耄耋之年仍“笑揽风云动”[N]. 新华每日电讯，2006-01-09（7）.

（撰稿　李白薇）

2005 年度国家最高科学技术奖获奖者

大爱无疆

——“中国肝胆外科之父”吴孟超

人物简介

吴孟超，男，1922 年 8 月出生于福建省闽清县。中国人民解放军第二军医大学东方肝胆外科医院院长、东方肝胆外科研究所所长，主任医师，教授。国际外科学会会员和国际肝胆胰协会会员，兼任中华医学会咨询委员会主任、中德医学协会副理事长、第九届解放军医学科学技术委员会顾问。曾任中华医学会副会长、中国癌症基金会副主席，军队医学科学技术委员会常务委员、中日消化道外科学会中方主席。

贡　献

吴孟超擅长肝胆疾病的各种外科手术治疗，尤其擅长肝癌、肝血管瘤等疾病的外科手术治疗，被誉为“中国肝胆外科之父”。

他首创了“常温下间歇肝门阻断”的肝切除手术方法，在国内率先成功施行右三叶切除、中肝叶切除、左三叶切除等肝脏外科手术，并开展了对术后代谢规律的研究。他率先施行对肝癌转移复发再切除、减少创伤的局部根治性切除和综合治疗。自 20 世纪 70 年代起，成功切除了迄今为止世界上最大的肝血管瘤（18 千克）。他施行了一系列高难度手术，包括对于大肝癌采用“大变小、小再切”的二期切除方法，并进行了临床肝移植的研究。

他指导学生发现了一批用于肝癌早期诊断的标志物，并最早研究揭示了小肝癌的分子生物学特性，结合现代影像学技术提出了中国肝癌早期诊断理论。与此同时率先开展了肝癌非手术微创治疗，即放射介入治疗及 B 超介入治疗等。

在基础研究方面，他进行了与肝癌相关基因的克隆及功能研究、肝癌细胞信号传导、肝癌生物治疗方面的研究，取得多项具有国际重要影响的研究成果。

他从事肝脏外科领域研究 50 余年来，发表学术论文 801 篇，主编《黄家驷外科学》《肝脏外科学》《Primary Liver Cancer》等专著 15 部。

荣 誉

1963 年　解放军总后勤部一等功

1978 年　全国科学大会奖

1985 年　国家科学技术进步奖一等奖

1994 年　何梁何利基金科学与技术进步奖

陈嘉庚医药科学奖

1996 年　被中央军委授予“模范医学专家”荣誉称号

1999 年　“全国百名优秀医生”称号

2004 年　全国高等医药教材特殊贡献奖

国际肝胆胰协会杰出成就金奖

2005 年　国家最高科学技术奖

2010 年　国际永久编号第 17606 号小行星被命名为“吴孟超星”

2011 年　感动中国年度人物

六十年前，他搭建了第一张手术台，到今天也没有离开。
手中一把刀，游刃肝胆，依然精准，
心中一团火，守着誓言，从未熄灭。
他是不知疲倦的老马，要把患者一个一个驮过河。

——“感动中国”吴孟超颁奖词

2011 年，吴孟超已是 89 岁高龄。

他的一天是这样安排的：

7 时 58 分，来到医院上班。

8 时 44 分，在手术室门外洗手，不急不缓，细致认真。

9 时 07 分，第一台手术，为一位原发性肝癌患者施行手术。

9 时 53 分，第一台手术结束，在休息室茶歇。

10 时 07 分，为患者做第二台手术。

11 时 05 分，做完两台手术的他习惯性地到弟子们的手术室看看，像将军检阅部队。

11 时 22 分，小憩片刻，下属拿来一名肝癌患者的片子向他请教。

12 时 57 分，在院长办公室处理院务。随后小憩一会儿。

15 时 48 分，为即将手术的患者做 B 超，这是他坚持了几十年的习惯。

19 时 08 分，吴孟超下班。

医院的工作时间是早上八点到下午五点半，无怪乎夫人吴佩煜曾嗔怪他：“上班总是准时，回家却老是迟到。”

这位身高只有一米六二的小个子军人，创建了世界上规模最大的肝脏疾病研究和诊疗中心，使我国肝病研究和诊治水平跃居国际领先地位，实现了“把肝病大国的帽子扔到太平洋去”的豪言壮语——20 世纪 50 年代，我国肝脏手术的病死率曾经高达 33%，在吴孟超的努力和带动下，这个数字很快就下降到了 60—70 年代的 8.48% 以及 80—90 年代的 0.35%。而同时我国肝脏手术五年生存率也从当初的 10% 左右上升到了今天的 53.2%。

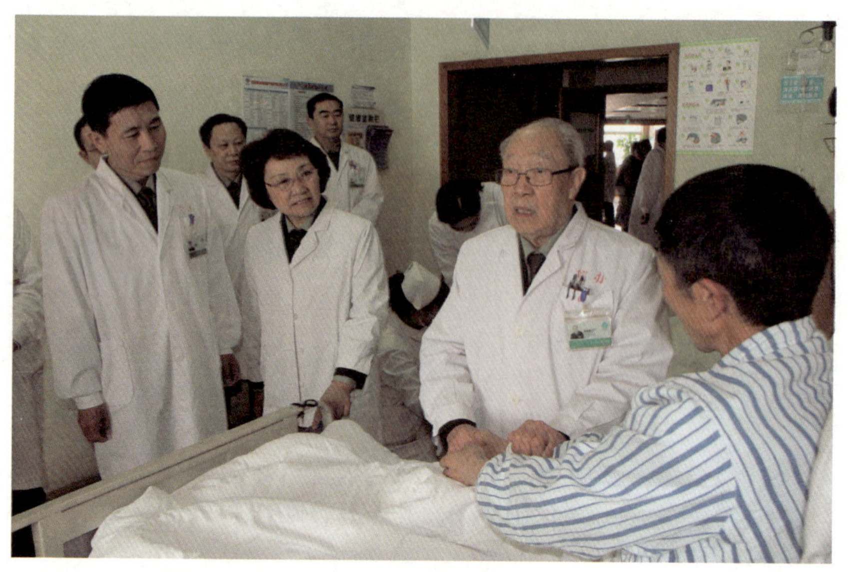

大年初一，吴孟超带领院部领导看望在院患者

博极医源　精勤不倦

翻开吴孟超的履历，“最先”“首创”“第一例”“率先突破”“首先开展”这类字眼构成了他的人生历程。古人云，大医精诚。一名医生如果没有一股对医学的探索精神，没有悬壶济世、救死扶伤的良好医德和境界，又怎能有所成就，被誉为大医？

1958 年，第二军医大学第一附属医院接诊了一名肝癌患者，由吴孟超、张晓华、胡宏楷组成的“三人小组”配合当时已成功实施过切除右半肝手术的徐宝彝，为这名患者实施了手术。尽管手术过程很顺利，但几天后患者却去世了。这个结果使得大家在沉痛之余也感到了震惊和疑惑。吴孟超左思右想，认为是由于对肝脏解剖关系不清楚，导致术中出血问题没有处理好，要想成功进行肝脏手术，必须弄清肝脏各部位管道走向和分布规律。

1959 年 4 月，在当时第二军医大学第一附属医院由几间“狗棚”改成的实验室里，“三人小组”历时 4 个多月、试用了 20 多种灌注材料之后，终于成功做出了一副肝脏标本，这也是我国第一具完整的肝脏血管铸型标本。1960 年元旦到来前，这个简陋的“狗棚”实验室里已经陈列着 108 个肝脏解剖标本，60 个肝脏固定标本。这些美如珊瑚的标本把肝脏内部的隐秘世界袒露在人们面前，使吴孟超对肝脏血管结构得以进行更深入的研究。

在建立人体肝脏灌注腐蚀模型并进行详尽观察研究和外科实践的基础上，吴孟超创造性地提出了“五叶四段”的解剖学理论：人的肝脏分成“左外、左内、右前、右后和尾状”5 个叶，左外叶和右后叶又各分两段，共 4 段。这一理论在 1960 年 6 月第七届全国外科学术会议上正式提出并沿用至今，为肝脏手术提供了关键性的解剖标识，成为探索肝脏新手术的理论依据和技术保障。

“五叶四段”理论提出不久，长海医院外科收治了一名女性患者，经专家会诊确认是肝癌，然而，在手术切除还是保守治疗之间，专家的意见出现了分歧，原因就是当年那台失败的肝癌手术。吴孟超经过反复思考，坚持认为“手术是治疗肝癌的唯一途径，我们应该尝试一下”。在时任外科主任郑宝琦的支持下，吴孟超主刀完成了他人生中第一台肝癌肿瘤切除手术。术后当天，吴孟超抱着被子住进了病房，一天、两天、三天……一直到第七天，患者脱离了危险期，身体各项指标全部正常！这次手术成为长海医院成立以来首例成功的肝癌切除手术。

吴孟超一战成名后，前来求医的患者络绎不绝。此后，吴孟超的肝脏手术成功率达到 85%——20 例肝叶切除手术中，仅有 3 例因术后出现并发症而死亡。

但是吴孟超并不满足。

很少有人知道，吴孟超小时候的名字叫作“孟秋”。他的生日是农历七月初九，中国商周时期就把农历七月定为秋季的第一个月，因此父母称之“孟秋”。升入初中后，吴孟超开始有了自己的想法：“我觉得这个‘秋’字不太好，有一点像女孩子的名字，我有点不太服气。‘秋’跟‘超’在福建口音中有一点音相近，于是我就把这个字改了，是我自己改的……”这是从他内心发出的第一个渴望自强的信号。此后的吴孟超，一生都在努力地超越自己，超越环境对他的束缚，不断创造新的高度。

第一次肝癌手术成功后，吴孟超曾对自己的挚友说：“人的一生好像航行在大海中的船，应该有两盏明灯，一个在船头，另一个在船尾。船尾的灯只能照亮后面的波浪，这就是经验，而船头的灯才能照亮你前进的航程，那就是知识。”

因此，那段时间吴孟超的三人小组将科研重心由解剖转移到生化研究上来，向术后肝昏迷进攻。通过用狗做实验，他们初步掌握了肝叶切除后体内代谢改变的一般规律，摸索出了一套尽快纠正代谢失衡、防治肝昏迷的有效方法，使肝叶切除手术的成功率提高到 90%。

这在当时已经是很高的成功率了，但吴孟超此刻又开始琢磨：剩下那 10% 又是什么原因导致的呢？

肝脏像是一团充满血液的“海绵”，碰一碰就会出血，出血和止血贯穿着整个肝脏外科的发展。多年来，外科医生对此伤透了脑筋。当时手术中普遍采用的方法是世界通用的低温麻醉法，顾名思义，就是麻醉后用冰使体温降低到 32℃以下再进行手术，并在手术过程中持续使用冰水保持低温状态。对于身体虚弱的术中患者来说，这种不得已而为之的方法容易引起多种并发症，从而导致病死率居高不下。

犹如牛顿苹果树下发现万有引力、阿基米德洗澡发现浮力定律的故事，痴迷于术中止血的吴孟超在一次术后例行洗手时，从水龙头开关控制流水的方式获得了灵感，他想到在肝动脉和门静脉出入肝脏的地方装个“开关”，像水龙头那样，阻断通往肝脏的血流，一定时间后打开，恢复供血，在一开一关间切除肿瘤。经过在动物身上多次试验，“三人小组”得到 15 分钟 / 次的最佳阻断实践，随后用于临床，使手术成功率提高到 99%！吴孟超给这项发明取名为“常温下间歇肝门阻断切肝法”，被肝外科手术沿用至今，成为临床上常用的肝切除中控制肝出血的方法。

1963 年，吴孟超 41 岁。进入肝胆外科以来，他提出了“五叶四段”肝脏解剖新理论，完成了长海医院首例成功的肝癌切除手术，发明了用于控制术中肝出血的“常温下间歇肝门阻断切肝法”。在普通人眼里，此时的吴孟超即使称不上功成名就，至少也已经是声名远扬。但是在他自己看来，这些成绩还远远不够，“孟超”这个名字似乎给了他一种源源不断的勇气和永远向前的志向。

就在这一年，一名叫陆小芬的农村妇女来到上海某医院就诊，诊断结果是恶性肿瘤，癌变部位在中肝叶。中肝叶是肝脏血管最丰富的地方，重要管道都经过其中，这里一直被称为手术“禁区中的禁区”，国外也没有成功的先例。参与会诊的吴孟超说：“除了手术，现在没有别的办法。”他把陆小芬带回了长海医院，准备为她施行手术。吴孟超和同事们进行了非常细致的术前准备，也顶着极大的争议和压力：失败了怎么办？多年后的一次采访中，吴孟超谈起陆小芬，他说：“患者已经到这里了，怎么办？既然决定接受这个任务，那就勇敢上前吧。”事后人们才知道，在狗身上进行的中肝叶切除手术其实出师不利，第一条用于实验的狗因出血过多死亡。直到做了 20 多次狗的中肝叶切除手术，掌握了可靠的经验，才将陆小芬的手术排上日程。

运用“常温下间歇肝门阻断切肝法”，吴孟超用了 6 个小时切下了这个中肝叶肿瘤，然后又小心翼翼地把两侧的肝重新缝合起来。他成功地施行了世界上第一例完整的中肝叶切除手术，一举突破了世界肝脏外科史上的重大难题，被媒体誉为“我国肝胆外科史上一个划时代的转折点”。不久他又连续做了 3 例中肝叶切除，而且全部成功，这标志着吴孟超所开创的肝脏外科技术体系已经发展成熟，并带动了全国肝癌切除手术的普遍发展。

1963 年年底，为了表彰吴孟超在肝脏外科领域做出的重大贡献，解放军总后勤部党委给吴孟超记一等功。吴孟超在自己 41 岁这一年，迎来了人生中第一个辉煌的高峰。

人命至重　有贵千金

做肝肿瘤手术时间长了，吴孟超得了个“吴大胆”的绰号。这个称号是怎么来的呢？

1975 年 2 月，一名肚大如十月怀胎的男性患者在亲人的陪同下，千里迢迢慕名找到吴孟超。这个名叫陆本海的患者当时恐怕无论如何也想不到，自己在经历着一个世界之最。

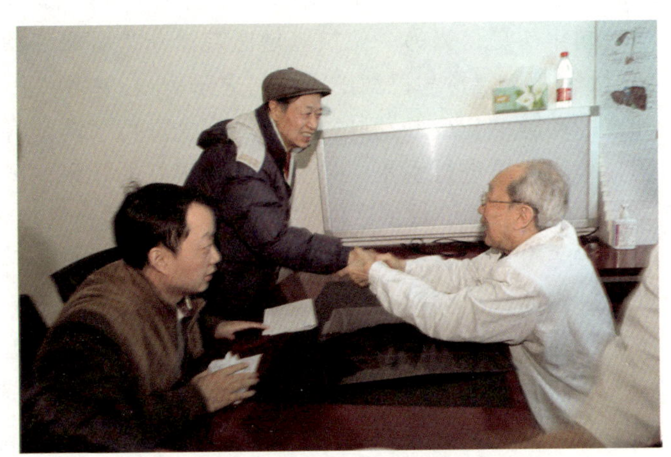

门诊时待每一位患者都像老朋友一样

吴孟超经过仔细地检查，诊断为

巨大肝海绵状血管瘤。这么大的血管瘤，他从未见过。国外把 4cm 以上的血管瘤称为“巨大”，当时美国一家肿瘤研究所遇见的一例最大的血管瘤，也只有 25cm，因怕大出血，不敢切除。陆本海的肿瘤已大大超过美国那个病例。吴孟超很清楚，如果手术，患者可能存活，也可能后果不堪设想；但如果不手术，患者只能等待体内肿瘤日益膨胀，坐以待毙。在风险面前，吴孟超总是认为：若自己所要承担的风险和患者的利益发生冲突时，应当当仁不让地选择后者。因此，他决定：做！有人因此而感慨：吴孟超的胆子也太大了。

吴孟超为陆本海制定了详细的手术方案，并做了应急预案，以保万无一失。院领导更加重视这次手术，成立了 9 个协作组，共 40 多人配合这次手术。患者腹腔被完全打开后，显露出一个巨大的紫红色肿瘤。吴孟超把肿瘤上的众多血管切断结扎，再把肿瘤与肝一点点剥离开来。12 个小时后，肿瘤与肝脏成功剥离。事后一测，肿瘤 63cm × 48.5cm × 40cm，18 千克！

术后，吴孟超又抱着被子住进了病房，花了 7 天时间观察术后的患者。11 天后，陆本海能下床了。一个半月后，陆本海出院了，回家照常务农，一直活到现在。

从此，“吴大胆”的绰号就这么传开了。

这个肿瘤的重量至今保持着世界纪录。有专家说，别说是 30 多年前，就是现在，这个手术的难度也是大得可怕。

这次手术成功后，吴孟超又开始了思索：如果手术之前肿瘤能缩小一些，那么手术中的风险就会减小许多。他萌生了采用捆扎治疗血管瘤的想法。

同年初夏，当另一位被当地医院诊断为肝海绵状血管瘤的患者找到吴孟超时，他将自己深思已久的方法付之于实践，采用“肝血管内抗癌药物的灌注”和“肝动脉结扎或肝动脉栓塞术”，先进行了两个月的综合治疗，使得肿瘤明显缩小，再进行手术，果然收到了很好的效果。此后，吴孟超又连续对几个巨大肿瘤患者进行了这种综合治疗，均获得良好疗效。

1983 年，吴孟超在此基础上提出了一个新概念——肝癌“二期手术”，即将肿瘤治疗分为两个阶段，第一阶段治疗目标是缩小肿瘤，第二阶段才实施手术，故称“二期手术”。以往巨大肝癌的平均生存时间只有 6 个月，这一方法使得患者的五年生存率达到 48.5%。而国外直到 1987 年才出现“二期切除”的报道，相比 1975 年吴孟超就已在手术中尝试实施这种办法，整整晚了十多年。

仔细审视吴孟超做过的一系列高难度肝脏手术，就会发现并不完全由于“艺高人胆大”，而是他心中总会把患者的疾苦放在第一位，而很少考虑自己将承担的风险和责任。

距离陆本海的手术没几年，“吴大胆”又做了一次大胆的决定。

1978 年 3 月的一天，第二军医大学附属长征医院的会议室里，十几名专家聚坐在一起，表情凝重，经过一番会诊，大家都陷入沉默，一时间，屋子里只听得到沉重的呼吸声。这是对时任长征医院院长赵志民的一次会诊，会诊结果使在场所有人心情极为沉痛：肝癌。并且，赵院长的肿瘤长在右面的肝脏，以当时的技术水平，右肝叶肿瘤手术的难度很大，而且肿瘤也很大。现场多数专家建议保守治疗，延长几年寿命。赵院长夫人坚持要等当时在北京出差的吴孟超诊断后再确定治疗方案。从北京开完会回来的吴孟超亲自给老朋友检查后，只说了七个字：“还可以做，有把握。”力排众议，手术困难大，又是时任院长，“心里总是有点紧张”。然而，一旦下定决心，吴孟超就把全部的心思放在了术前准备工作上，“只要能够做手术，管你是不是领导，反正是治病嘛”。

手术成功。赵志民至今仍健在。

随着科技的发展，如今肝病的治疗手段愈加丰富，也由此带来了规范治疗的问题，那就是：针对同一名患者什么样的治疗方案是最佳。有可能发生外科医生主张开刀、介入医生主张介入、放疗医生主张放疗的局面。吴孟超说：“这样可不行，对患

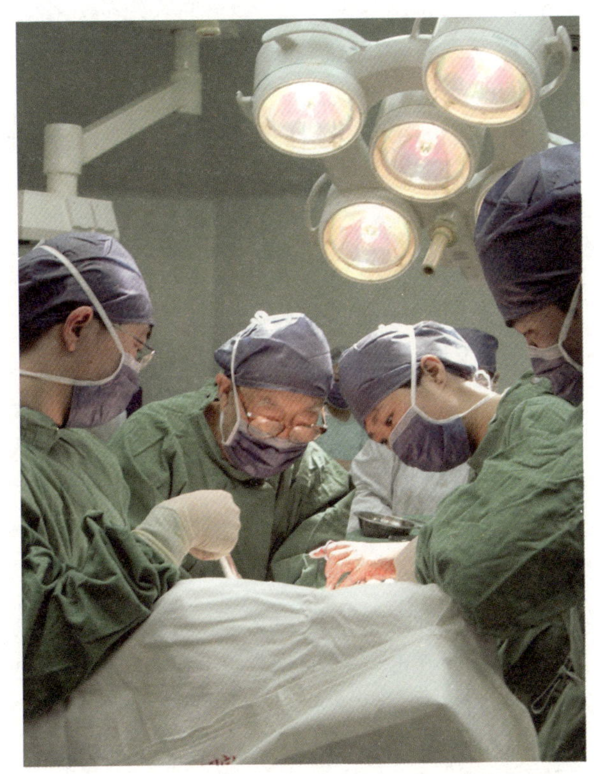
吴孟超在动手术

者不利。医生不能只从自己的立场和能力出发，而是要以患者为中心，按照医疗原则和患者实际制订最合理的治疗方案。”

从医近 70 载，吴孟超始终认为医德比医术重要，“德”是他挑选弟子的首要标准。

吴孟超给弟子们定下规矩：在确保诊疗效果的前提下，尽量用便宜的药，尽量减少重复检查。据说这样每年能给他们所诊治的患者节省 700 多万元。

吴孟超还有一项特殊的本领：只要是他主刀手术的患者，无论什么时候再找到他，他都能想起当年手术的情况。因为他心里始终把患者放在第一位。

几十年来，冬天查房时，吴孟超总是先把手在口袋里捂热，然后再去接触患者的身体。每次为患者做完检查之后，他都顺手为他们拉好衣服、掖好被角，并弯腰把鞋子放到他们最容易穿的地方。吴孟超说，这对医生而言仅是举手之劳，却能带给患者很大的温暖。

吴孟超常对学生说：“一个人生病，全家都痛苦。把患者治好了，全家都高兴。患者没有高低贵贱。作为医生，没有挑选和应付患者的权力，只有为他们解除病痛的义务。”

有人曾劝告吴孟超：“您已经功成名就，别再做手术了。万一碰上失败，毁了一世名声咋办？”吴孟超一听就火了：“我的名声和患者的命放在一起，你说哪个更重要？”

吴孟超曾一度没有坐镇门诊。但陆续有患者拦路求医，看到有这样的患者求医无门，吴孟超觉得是自己失职。他恢复了他的“星期二门诊”。设在星期二，因吴孟超作为东方肝胆外科医院的院长，周一有必要的院务工作，星期二上午安排门诊，可见已非常重视。他还经常外出主持学术会议，参加重大疑难疾病会诊。尽管如此繁忙，他仍坚持看门诊，碰到外出误了“星期二门诊”的，他回来后要补上。他的“星期二门诊”挂号必须实名，而且需要患者过去的病历。这么做是为了杜绝号贩子炒号，否则吴孟超的一个号几千元都有人要。

纵观当前紧张的医患关系，我们更体会到吴孟超与患者之间互相体谅、彼此信任的可贵。医学不是一门纯科学，而是人类情感的表达和延伸。这就意味着，医生要对患者付出真情，患者也要对医生捧出真心。医患之间，信则两利，疑则两伤。唯有相互尊重、相互珍惜、相互信任，才能战胜疾病。

阐发蕴奥　聿著方书

2008 年 6 月，一代医学大家、吴孟超的恩师裘法祖逝世。

恩师留给吴孟超的最后叮嘱是：“保重身体。”这年 86 岁的吴孟超也确实意识到自己到了该“保重身体”的年纪，但是征服肝癌还有很多事情要做，他的内心有着深刻的紧迫感。

2009 年 8 月，经过吴孟超的四处奔波，国家发改委批准了“国家肝癌科学中心”的立项申请，其中包括把东方肝胆外科医院扩大迁建为“安亭新院”。已经 90 岁高龄的吴孟超孜孜不倦地为建设中的安亭新院奔忙，其实是在为自己去世之后的肝癌防治事业深谋远虑、鞠躬尽瘁。他期望通过这个巨大的肝癌研究和防治中心，把中国和世界上有志于这项事业的人才会聚于此，通过 30 ～ 50 年的努力，找到阻止肝癌形成和治疗肝癌的根本途径，最终战胜肝癌！

这样的宏伟目标，仅凭吴孟超一己之力，是不可能完成的。20 世纪 70 年代中后期起，他将发展学科、培养人才列入了自己战胜肝癌的计划表。

吴孟超很早就意识到，攻克肝癌，不能仅靠一把柳叶刀。手术做得好，最多只能一次手术救活一名患者。要想征服肝癌，至少要在基础研究、药物研究和手术治疗这三大领域有足够的实力。若能不动手术，通过药物治疗就生效，那是更优的方法；若能找到阻止癌症发生的办法，无疑最好。1979 年，吴孟超为招收的首批硕士研究生确定的研究方向是“肝癌的早期诊断”。他主导建立了中国第一个肝癌基础研究实验室并以自己的影响力陆续把学生派往欧美国家去留学，构建“哑铃模式”的合作方式，即既保留中国学者在国外的教授职位和实验室，又同时在国内建立实验室，成为中国改革开放中值得效仿的创新模式。

早年，吴孟超利用开办进修班的机会，把“五叶四段”理论和他发明的肝脏手术新方法教给广大外科医生。1978 年，他在长海医院申请成立了全国第一个肝胆外科，在建制上实现了我国肝胆外科从无到有的历史性转变。

1996 年，在吴孟超的推动下，东方肝胆外科医院经批准正式列编，同年进入三级甲等医院行列。

1996 年，他将个人积蓄和奖金 30 万元和社会捐赠共 500 万元捐出，成立“吴孟超肝胆外科医学技术基金”。

2006 年年初，吴孟超获 2005 年度国家最高科学技术奖。他将 500 万奖金全部用于肝胆外科科学研究和人才培养。

从当年的“三人小组”，发展到组建世界上规模最大的肝脏外科专业研究所，吴孟超领导的学科在分子生物学、病理基础、免疫治疗等领域均取得重大突破，为中国肝胆外科的持续、深入发展奠定了坚实的基础。

如今，从学科规模看，肝胆外科已经普及。随着大家对肝胆疾病的认识和重视，全国的肝胆外科人才培养工作得到长足发展，肝胆外科如雨后春笋般建立起来，基本所有县以上医院都开设有肝胆外科，至少成立了肝胆外科医疗组。患者看病可以就近选择医院，这使得我国肝胆疾病的病死率明显降低。

从学术水平看，我国肝胆外科现在居于世界先进水平。从 1960 年吴孟超完成第一例成功的肝癌手术到今天，经过几代人半个多世纪的不断努力，我国肝胆疾病的总体手术成功率和术后复发率等评价指标世界领先，其中，肝癌术后 5 年生存率达到 53.2%，这是一个了不起的进步，而在 20 世纪 70 年代，这个指标还不到 20%。可以算一算，以我国每年新发肝癌患者 40 万例计算，5 年生存率提高 30.2%，每年就延长数以十万计的生命。

从治疗手段看，肝胆疾病综合治疗效果显著。我国的肝癌治疗，从最初无法可施到单纯的手术切除，再到现在的微创、介入、放射、免疫、病毒、靶向治疗等，从巨大肿瘤不能切除到现在的二期手术、复发再切除等，获得了飞跃式的进步。

吴孟超一生以征服癌症为志向。

何谓爱国，此志此举即是。

17 岁那年，怀着对祖国拳拳眷恋之情，少年吴孟超放弃了去英国读书，回到战火纷飞、灾难深重的祖国。是强烈的报国信念，支撑他在党组织的领导和支持下，实现了我国肝脏外科医学从无到有的跨越；是深深的赤子情怀，支撑他将简陋的实验室发展成国家肝癌科学中心，使我国肝胆外科医学进入世界先进行列。

他说，我这一生有三条路走对了：回国、参军、入党。如果不是在自己的祖国，我也许会很有钱，但不会有我的事业；如果不在人民军队，我可能是个医生，但不会有我的今天；如果不是在党组织，我可能会做个好人，但不会成为无产阶级先锋队的一分子。所以，当我的人生价值在自己热爱的祖国和为之奋斗了一生的人民军队中得到实现的时候，我的快乐是不可言表的。

白首之年　未尝释卷

2006 年，笔者曾有幸在手术室观察间亲眼看见吴孟超操刀的一台手术。彼时彼景，终生难忘。

惨白的无影灯，嘀嘀作响的仪器，静穆的环境，忙碌的医护人员……空气中弥漫着紧张的气氛。病床上，一个年轻生命仰面而卧，一只手臂裸露在病床外，毫无知觉的手指上沾着几点已干涸的血迹。胸部以下，腹腔完全打开，手术刀下牵绊着丝丝血肉，使人震惊于生命的脆弱和无力。

执刀的医生，就是当时 84 岁的吴孟超。专注的神情，炯炯的双目，灵巧的手指，简洁的命令——没人能想到这是一位耄耋之年的老者。

而手术台下的吴孟超亲切和蔼。他会在拍照后笑呵呵地拍拍记者的肩膀开玩笑：“原来你在偷拍我啊。”还会体贴地亲自为来访者端上沏好的茶水，甚至会在采访中不易察觉地停顿一下，放慢语速，方便记者的记述。

他当时接受采访时推崇的养生五句话——“心态平衡，脑子常用，手脚常动，管住嘴巴，定期查体”——也是他的保健秘诀，时至今日吴孟超依然敏而不怠。

2014 年，又有记者跟拍吴孟超的一天。与 3 年前相比，他的生活并无大不同。

早晨 6 点半准时起床，一杯牛奶、一个鸡蛋、三四块饼干，就是他再简单不过的早餐。

8 点，来到办公室。

9 点整，他一定会到手术室看看，做完自己的手术，还不舍得走，要在其他手术台转转看看，一旦遇到疑难手术，一定亲自上阵。虽然手术量已经与前些年不能相比，但 92 岁的他仍然每周确保一台手术，有时一天会连开两三台手术。

如果这一天不开刀，他就在办公室里看文件，处理行政事务，期间不停地有人找他谈话处理问题。

中午 12 点，回家吃午饭并休息片刻。就在这短暂的午休时间里，他还会利用一小时将每天的十几份报纸浏览一遍，看到国际国内大事、医疗创新方面的好新闻就仔细阅读。

2 点钟准时上班，下午往往是他接待朋友、记者、患者的时间。

晚上5点半到6点，吴孟超回家吃饭。《新闻联播》是他每日必看的节目。看完电视，吴孟超又会坐到书桌前，研究一会儿医疗业务杂志，把一天没做完的事情继续做完。

他说："我的1分钟，相当于别人的1小时，为什么？因为我现在92岁，马上93岁了，我的时间不会很多了。生老病死是人的自然规律，哪个人都逃不掉。就是活100岁，再过10年也是要走的。所以，我的时间非常宝贵！每1分钟都不能浪费！"

青衿之岁，高尚兹典；白首之年，未尝释卷。

参考文献

[1] 王宏甲，刘标玖 . 吴孟超传 [M]. 北京：华文出版社，2012.

[2] 方鸿辉 . 肝胆相照：吴孟超 [M]. 上海：上海交通大学出版社，2013.

[3] 汪建强 . 医本仁术——吴孟超传 [M]. 南京：江苏人民出版社，2009.

[4] 杨威 . 吴孟超：医学伦理精神的当代楷模 [J]. 医学与哲学，2012（5）：83-85.

[5] 范泽红，师延路 . 悠悠赤子情　肝胆照乾坤——我国著名肝胆专家吴孟超院士专访 [J]. 科学中国人，2006（7）：26-31.

（撰稿　师延路）

2006 年度国家最高科学技术奖获奖者

知难而上不停步

——“中国远缘杂交小麦之父”李振声

人物简介

李振声，男，1931 年 2 月出生，山东淄博人。中国科学院遗传与发育生物学研究所植物细胞与染色体工程国家重点实验室学术委员会名誉主任、研究员。中国科学院院士、第三世界科学院院士。曾任中国科学院陕西省西北植物研究所所长、中国科学院西安分院院长、陕西省科学院院长、陕西省科协主席、中国科学院副院长、中国科协副主席、中国遗传学会理事长等职。

贡 献

李振声是中国小麦远缘杂交育种奠基人、著名小麦遗传育种学家，被誉为“当代后稷”和“中国小麦远缘杂交之父”。

他系统研究了小麦与偃麦草远缘杂交并育成了“小偃”系列品种。其中，小偃 6 号已成为我国小麦育种的重要骨干亲本，开创了小麦远缘杂交品种在生产上大面积推广的先例。

他用远缘杂交获得的“小偃蓝粒”育成了以种子蓝色为遗传标记的蓝粒单体小麦和自花结实的缺体小麦系统，并建立了快速选育小麦异代换系的新方法——缺体回交法，为小麦染色体工程育种开辟了一条新途径。这项原创性成果为他赢得了广泛的国际声誉。

他开创了小麦磷、氮营养高效利用的育种新方向，培育出可高效利用土壤氮、磷营养的小麦新品种，并大面积推广。

他还是我国有重要影响的农业发展战略专家，曾组织实施过“农业黄淮海战役”“渤海粮仓”等项目，为促进我国粮食增产做出了杰出的贡献。

荣誉

1978 年	全国科学大会奖
1985 年	国家技术发明奖一等奖
1989 年	陈嘉庚农业科技奖
1995 年	何梁何利农业科技奖
2006 年	国家最高科学技术奖
2010 年	国际永久编号第 90825 号小行星被命名为“李振声星”
2014 年	中国种业十大功勋人物

“南米北面”是我国传统的饮食习惯。“南米”且不论，单说“北面”就各有千秋。在以面食为主的北方各省中，陕西面食更是个中翘楚，从花样到口味，吃客们皆赞叹不已。就在那片土地上，曾流传着一句民谣：“要吃面，种小偃。”这里被传唱的“小偃”，关系到一个人——我国远缘杂交小麦之父、中国科学院院士李振声。

小麦进化的启示

获得2006年度国家最高科学技术奖之后，李振声的“远缘杂交”概念传播度越来越高。人们知道，所谓远缘杂交其实是通过小麦与草的结合来实现的。

为什么会是草?

这可说来话长了。考古学家曾在中东地区的古墓里发现了人类最早种植的小麦。这种小麦比较特殊，虽然它的整个麦穗上也分布着许多小穗，但每个小穗上只结一粒种子，被称为“一粒小麦”。

“一粒小麦”到底有多早?据考证，种植期可追溯到9000年以前。顾名思义，“一粒小麦”的产量极低，根本无法适应生产力的发展，而远古时代的科技显然也不能做到人工干预产量。这时，大自然仁慈地提供了一次机会。大约公元前7000年前，在“一粒小麦”生长的田间，有一种“拟斯卑尔脱山羊草”常常相伴而生。在大自然的干预下，它们终于从“路人”结合为“夫妻”，完成了天然的远缘杂交与染色体加倍。

通过现代科学科普，人们已经知道染色体是生物遗传物质的载体。“一粒小麦”的染色体有两套，一套来自花粉中的雄核，一套来自雌花中的卵母细胞，也就是说它虽叫“一粒”，却是货真价实的二倍体物种。而“一粒”身旁的“拟斯卑尔脱山羊草”也是个二倍体物种。它们合体后，就升级成了一个四倍体新物种——“二粒小麦”。于是，一个小穗上可以结出两粒种子，产量自然提高了。

“二粒小麦”一直单身到公元前5000年前后，才遇到“命中人”。这一次，对方换成了“节节麦”。别被名字误导，这不是小麦家的近亲，而是山羊草家族的另一个分支，学名叫“粗山羊草”。

二次“联姻”之后，小麦的染色体又从四倍体发展到六倍体，产量打着滚儿地增长。但这次的变化不仅反映在产量上，更重要的是面粉品质，“一粒小麦”与“二粒小麦”的面粉都不能“发面”，而六倍体小麦的面粉可以发面，做馒头和面包了，这个“发面”基因就是节节麦贡献的。这是其他作物都没有的重要特性。一而再、再而三，从物竞天择到人工管理，人们餐桌上的“普通小麦”才慢慢脱颖而出。

这是一个漫长的历史。人们感叹大自然的鬼斧神工，也褒扬人类自身干预的智慧。在人工栽培环境的保驾护航下，普通小麦的成长越来越顺利。然而，就像一枚硬币的两面——普通小麦越来越依赖人工干预，抵抗不良自然灾害的能力逐渐被削弱；野生家族“杂草”却仍能够在寒冷、干旱、病害、虫灾等各种不同的自然环境下生活，那些能抵抗各种自然灾害的个体或物种生存了下来，形成一个庞大的抗性“基因库”。

“了解了这些情况，当然我就产生了一种新的想法，我们能不能通过人工的办法，把那些草的好基因转移到小麦里边来呢？”在李振声看来，对小麦的进化史充分了解之后，做出人工远缘杂交的选择是自然而然的事。

1951 年夏天，李振声马上就要从山东农学院毕业了。拿到分配志愿书后，他郑重写下第一志愿是到山东农业科学研究所做小麦育种工作；在第二志愿栏上，他签下了服从分配。他没有预想到的是，因为“服从分配”，他离开山东到了北京，任职于中国科学院遗传选种实验馆。

20 世纪 50 年代初，遗传选种实验馆设有 3 个课题组，分别是遗传组、生理组和栽培组。李振声被分配到栽培组，导师是我国土壤学家冯兆林教授。当时，冯兆林教授正在主持“草田轮作制研究”。通俗地说，就是同一片田，先种植牧草来改良土壤、积累养分，然后再种植作物。轮换种植最大的好处就是能够把用地和养地相结合，充分发挥土地资源的效用。李振声分到的任务是收集牧草种质资源、种植牧草，并观察研究牧草的生物学特性。对年轻的李振声来说，这是一个扎实基本功的好机会。几年下来，他收集种植的牧草竟然在不知不觉中达到了 800 多种。数年后，当他真正开始研究小麦与牧草远缘杂交研究时，对牧草的了如指掌令他多了不少底气。

就在李振声与牧草培养感情的时候，国家要建设大西北的呼声响彻云霄。当时，国内的小麦条锈病肆虐。小麦条锈病别名黄疸病，小麦染上这种病毒之后，叶片上就会出现一条条黄色的斑痕，乍看上去仿佛生了锈，甚至整株小麦都会“锈迹斑斑”。这种时候，减产是一定的，一般的话也会掉下 20% ～ 30% 的产量，严重的会达到 50% 以上。1950—1951 年，条锈病的流行就导致我国黄淮麦区损失小麦 60 多亿千克。而 1956 年，又是条锈病大流行的一年。杨凌地区是我国小麦的主产区，自然也难逃此劫。

1956 年，李振声和同伴们欣然接受任命，踏上了前往西北的列车。他们的目的地是位于陕西杨凌的中国科学院西北农业生物所。在杨凌，他亲眼看见了这场灾难：“你穿着一条黑裤子到麦田里走一趟，出来后就会变成黄的。”

带着“支援大西北任务”来的他，为此深感不安。条锈病到底是怎么来的？他向植物学家闻洪汉与植物病理学家李振岐教授寻根究底地请教，才发现原因其实也很简单——就是主要是病菌变异速度太快，而小麦的育种速度又相对太慢。20 世纪 50 年代，条锈病不只“欺负”中国，它是无差别攻击的。曾经有 25 个国家对条锈病做了统计，结果显示平均每 5.5 年就会产生一个新的条锈病生理小种，可是小麦品种间的杂交平均 8 年才会育成一个新品种。育种速度赶不上病菌变异的速度，一时间人们只能是束手无策。

兵法上说“知己知彼，百战不殆”。在李振声看来，研究小麦也一样。寻根究底之下，他把小麦抗病性丧失的原因、小麦进化的历史和曾经观察到牧草具有很强的抗病性优点这 3 件事情联系起来，思路也越来越清晰，一个“通过远缘杂交，将牧草中持久性抗病基因转移到小麦中”的设想诞生了。

攻克小麦远缘杂交育种难题

初到杨凌时，饶是李振声和同伴们做好了心理准备，看到那里的环境，也只能说“比较差”。在他们的回忆中，杨凌的小车站只有 3 间平房，道路都是土路，而将要工作的西北农业生物研究所，研究楼只是一个空壳。是真的空壳，从试验台、药品柜，到仪器、设备、图书，全都要靠他们自力更生来置办。这还不算，研究楼里的墙壁都还没粉刷。尤其他们刚从北京的研究所过来，无论实验条件还是生活条件，前后的反差实在太大了。

“有情饮水饱”，这句话对那时的李振声也适用。只不过，他的“情”对的是远缘杂交。到杨凌不久，他的思路得到了闻洪汉、李振岐教授的支持和生物所所长虞宏正学部委员（院士）的同意。这么一来，任多少困难都被他抛在了脑后，他开始集中精力同他的团队开展小麦远缘杂交与染色体工程研究。

远缘杂交自然是相对近缘杂交而来的。在遗传学中，物种内的杂交叫作近缘杂交；那么，不同的物种间或者亲缘关系比较远的生物间的杂交自然就是远缘杂交了。人们都知道“近亲结婚”存在很多潜在的危险，但在小麦杂交上，远缘其实也没有那么安全。

远缘杂交天然具有不亲和性，或者叫“物种间的生殖隔离”。小麦和牧草本是两个不同的物种，不可能随意地相互杂交，它们之间也存在匹配度，只有适合的才能在一起，否则就会产生生殖隔离。

更何况，即便真的能够杂交了，也会出现各种问题。其中之一就是杂种不育，就像驴和马杂交所产生的骡子，它没有生殖能力；另一种可能性是杂交的后代会产生“疯狂的分离”，怎么才能从那些杂七杂八的分离品中找到真正需要的，想想就令人挠头。

远缘杂交实验开始之前，李振声就已经对即将来临的困难有了预期。但真正的勇敢，是明知山有虎，偏向虎山行。当时的杨凌，已经有 4 个课题组在从事小麦品种间杂交育种工作了，也就是近缘杂交。李振声认为没必要再插上一脚，他不乐意把自己的精力花费在重复性劳动上，既然还年轻，就不应该畏惧困难，而应该主动探索一条“培育具有持久性抗病小麦新品种”的新途径。

好奇心是推动年轻人探索事物的动力，前进的道路上究竟会遇到怎样的困难，却常常是心中没数的。事业最终是否能获得成功，那就要看自己的韧性和毅力了，这就是他常说的以“兴趣始，毅力终”。

万事开头难，李振声刚踏入培育新种质阶段就遇到了一个难关。

在北京的几年，李振声胸中藏下了 800 多种牧草，以他了然于心的程度，很快就挑出了 12 种抗病性强的禾本科牧草。然而，让这 12 种牧草真的与小麦杂交后，它们相处得却并不愉快。翻看李振声的观察记录，可以看到小麦开花早，牧草的花期却有早有迟。时间的荒野里，花期相遇倒是挺浪漫，可怎么才能让它们不会早一步，也不会晚一步，真的不容易。为了让小麦和牧草的花期赶在一起，他对开花迟的牧草进行了长光照处理，延长光照时间来“催开”花朵。与此同时，他还采用了多种不同的杂交方法，多管齐下，总算有 3 种牧草和小麦的杂交成功了。

第一关闯过去了，李振声和团队也收获了 3 种杂种小麦，它们是小麦分别与长穗偃麦草、天蓝偃麦草和茸毛偃麦草结合孕育的。范围一下子缩小了 3/4，他们的精气神也更盛了。随后，他们对这 3 种杂交的各种特性指标一一观察比较，发现小麦与长穗偃麦草杂种的表现最好。范围再次缩小，他们攻关的问题也变成了解决小麦与长穗偃麦草的杂种不育问题。到了这个时候，他们的方式也变成了以固定的长穗偃麦草来与几十种不同的小麦品种杂交。第一次收获，他们得到了 9 种不同的第一代杂种（F_1）种子。再播种下去，到了次年抽穗时节，他们有些凌乱了，这 9 种不同杂种的穗子，几乎都与长穗偃麦草外貌相似。

李振声观察长穗偃麦草

原因在于长穗偃麦草的特性遗传力太强，将小麦品种间特性的差异掩盖了，雪上加霜的是多数花器发育不正常，包括雄花雌性化、雄花花药不开裂、花粉败育等。问题找到了，他们开始对每一个单株的花朵逐一检查，总算发现了少数雌、雄花比较正常的杂种。这一回，他们采取正反回交的方法，用小麦正常花粉授到杂种雌花上，或者用比较正常的杂种花粉授到小麦的雌花上，其中有 3 种杂种获得了第一次回交的后代（B_1F_1），彻底告别了杂种不育的时代。

李振声和他的同伴们松了一口气，但并非高枕无忧。事实上，他们已经在面对杂种后代的“疯狂分离”了。在第一次回交之后，值得欣喜的自然是长出的植株开始向小麦方向发展，令他们担心的是分离的情况很乱。之后，他们选择性状比较倾向小麦的植株，用它的花粉对小麦进行了第二次回交，获得了二次回交杂种（B_2F_1），其后代分离情况仍然很乱。他们又尝试了第三次回交，这一回，获得三次回交杂种（B_3F_1）后，小麦与偃麦草双亲的特性才基本平衡，回交即到此为止。然后，他们开始让杂种自交，自交杂种长出的植株，又出现了形形色色的分离，其中有倾向双亲的、中间型的和超双亲的等，这就是所谓的“疯狂分离”。

忆及当时，有时候明明选到一株看起来形状优良的杂种，到了下一代却面目全非了。李振声意识到单凭表观的性状观察，已经不能解决问题了。他向细胞遗传学家请教后，及时地开展了对杂种的大规模染色体观察与鉴定，结果发现凡是分离无序、性状异常的杂种其染色体都是非整倍性的（简称“非整倍体”）；只有染色体呈整倍性的（简称“整倍体”），其性状才能逐步稳定下来。“疯狂分离”的谜团解开之后，他们通过染色体的观察与鉴定，选出了“八倍体”“异附加系”“异代换系”和“易位系”4种不同类型的新种质。

然而，创造远缘杂种新种质，只是完成了小麦远缘杂交育种的第一步，还有第二步工作——新种质在育种中的应用，或者说还要对新种质做进一步改良，才能选出生产上需要的小麦新品种。

其实，在完成上述新种质系统研究之前的1964年，李振声就从极少数杂种的表观上看到了成功的预兆。那一年的麦熟之前，杨凌连续40天都是阴雨天气，之后天气突然暴晴，仅仅经过一天的高温和暴晒，他们选出的1000多份杂种小麦几乎都变得青干了，但是有一个杂种株系却保持着正常的“落黄”颜色，叶片上没有任何感染病害的痕迹。

李振声认为这可能就是他们所需要的抗病和抗逆新种质，并给它编号为“小偃55-6”。以后的细胞学鉴定证明“小偃55-6”是一个“易位系”，它在“小偃麦”家谱中是“小偃6号”的祖父。当然，李振声那时还没有明确这一点，只是见到这个杂种株系的其他农艺性状并不理想，就开始继续想法子。第二年，李振声以“小偃55-6”为主要亲本，又与其他小麦品种经过两轮杂交与系统选择后，育成了一个新品种。它集持久抗病性、高产、稳产、优质等性状于一身，特别是在抗病性上，可以同时抵抗8个不同的条锈病生理小种，这就是“小偃6号”。

“小偃6号”进入陕西省小麦区域试验后，连续两年获得第一名，通过审定后，很快成为陕西小麦主产区的主宰品种。此后长达16年以上的时光中，陕西关中地区的农村流传着一句民谣——“要吃面，种小偃”。农民对“小偃麦”赞誉，是李振声最大的骄傲。

1978年3月，李振声还在杨凌忙碌，而千里之外的北京，“小麦与偃麦草的远缘杂交研究”被授予全国科学大会奖。因为消息不畅，作为课题组组长的李振声事先根本没想到能够获奖，也没有亲往领奖。但能够被国家认可，还是让他感觉到科学的春天真的来了。1986 年，“小偃 6 号”又获得了国家技术发明奖一等奖。

后来，“小偃 6 号”被其他邻省广泛引种，成为“国审品种”，同时被选作小麦育种的重要骨干亲本，由它衍生出 50 多个品种，如“小偃 22”“郑麦 9023”“陕优 225”“小偃 503”等，累计推广 3 亿多亩，增产小麦超过 75 亿千克。

停不下来的小麦科学之旅

“小偃 6 号”的整个育种过程耗费了李振声近 20 年的时光，也把李振声推到了“中国远缘杂交小麦之父”的高峰上。可以说，“小偃 6 号”为他推开了一扇窗，但他也清醒地知道这种成功很难被复制，他开始寻找缩短远缘杂交育种时间的新途径。1978 年以后，李振声将主要精力转移到小麦染色体工程的系统研究上。

“我们工作的创新点，是运用从偃麦草中得来的蓝粒基因创造了一套蓝粒单体小麦。”在李振声之前，利用缺体的小麦育种方法大多缺乏实用价值。

普通小麦一般有 21 对染色体，当其中一对染色体缺失 1 条后，剩下的就只有 20 对加 1 个“单帮”染色体了，这种小麦叫“单体”；而当染色体缺失 1 对时，只剩下 20 对染色体，被称为“缺体”。在染色体工程育种中最有用的是“缺体”。“缺体”从“单体”中分离出来，但分离频率只有 3%。小麦染色体工程的奠基人、美国遗传学主席西尔斯（E · R · Sears），创造了“中国春”小麦的“单体系统”和“缺体系统”。但“中国春”小麦染色体没有特殊遗传标记，全靠在显微镜下进行鉴定，极大地限制了这套材料在育种中的应用。

李振声课题组则提出了著名的缺体回交法——当一种小麦的某个染色体或染色体片段被截除时，就成为缺体小麦，即缺少了部分染色体的小麦，利用小麦缺体与远缘植物进行回交，可以更容易将外源染色体转移到小麦里，从而获得新的品种。

这种“减法”模式，是国际上的首创成果。李振声运用从偃麦草中得来的蓝粒基因创造了一套“蓝粒单体小麦”。它在一个麦穗上可以产生出 4 种颜色的种子（深蓝、中蓝、浅蓝和白粒），分别具有 3 种染色体数目：深蓝

（20 对小麦染色体 +1 对带蓝粒基因的偃麦草染色体）、中蓝和浅蓝（20 对小麦染色体 +1 条带条蓝粒基因的偃麦草染色体）、白粒（20 对小麦染色体）。这样，不用显微镜，看看种子颜色就可以知道它的染色体数目了。蓝粒单体小麦的发现使大规模生产缺体小麦成为可能，“缺体回交育种法”也得到了西尔斯的赞扬。在西尔斯的建议和国际、国内资助下，第一届国际植物染色体工程学术会议于 1986 年在西安召开，“缺体回交育种法”走向了国际舞台。

第一届国际植物染色体工程学术会议后的第二年，已经在西北工作了 31 年的李振声又被调回北京，担任中国科学院副院长。时任院长的周光召分配他负责农业和生物两方面的管理工作。

当时，我国粮食生产出现了自 1984 年以来的 3 年“徘徊”。其间，粮食产量只有 4000 亿千克左右，产量没增加，人口却涨了 5000 多万。怎么办？李振声二话没说，带领中国科学院农业专家组直接奔赴黄淮海地区，3 个月后，他们提出了一个大胆的设想——在黄淮海地区进行中低产田治理。按照他们的预测，假如全国粮食在 4000 亿千克基础上要增加 500 亿千克的话，黄淮海地区有 250 亿千克的潜力。

敢这么说，当然是有根据的。早在 1965 年前后，中国科学院就在河南封丘县和山东禹城县（现为禹城市）创设了两个 10 万亩以上的旱涝碱综合治理实验区。李振声调查时，封丘县已经从原来每年吃国家返销粮 3500 万千克，变成了给国家贡献粮食 6500 万千克。如果把经验因地制宜地推广下去，李振声想想就觉得前景无限。

李振声（左一）、西尔斯（左二）在第一届国际植物染色体工程学术会议上合影

他们的建议最终得到了中央的支持，一场“农业黄淮海战役”拉开了

帷幕。这场战役划分为山东、河南、河北沧州和安徽淮北 4 片战场。在周光召的全力推动下，李振声带领中国科学院 25 个研究所的 400 名科技人员，投入其中，与地方政府联合，与兄弟单位合作，开展了大规模的中低产田治理工作。经过 6 年的艰苦治理，到 1993 年，终于实现了全国粮食从 4000 亿千克增加到 4500 亿千克的目标，黄淮海地区的增长数是 252.4 亿千克，与最初预测的 250 亿千克增产潜力十分吻合。

“农业黄淮海战役”之后，李振声回到中国科学院遗传研究所继续从事他的小麦远缘杂交与染色体工程研究，同时继续关注中科院黄淮海地区各试验站的工作，特别是环渤海地区盐碱地治理问题。

李振声第一时间就把盐碱地和小麦的耐盐性联系到了一起，盘算过后，他将注意力锁定在他研究的小麦远缘杂交野生亲本长穗偃麦草上。这种原产于美国犹他州盐湖城的长穗偃麦草，恰好就具有很强的耐盐性。考虑到这一点，他推测，在“小偃麦”杂种后代中有可能出现耐盐的新品种。

果然，中国科学院山东禹城试验站在 2007 年发现“小偃 81”具有良好的耐盐特性；而后，中国科学院河北南皮试验站和沧州海兴县又找到了耐盐性更好的“小偃 60”。经过连续两年的测产后，他们发现“小偃 60”比当地小麦品种“冀麦 32”增产 20% 左右。

“跟盐碱地要粮”，李振声明白这不只是小麦品种的问题。在小麦品种试验的过程中，他发现山东禹城试验站有长期改良盐碱土的经验，而河北南皮试验站在利用“微咸水”灌溉农作物增产方面颇有心得。李振声将三者合一，抛出了在环渤海地区建立“渤海粮仓”的构想。

“在环渤海低平原 60 个县 4000 万亩中低产田再加上 1000 万亩可开垦的盐碱荒地（合计 5000 万亩）上，到 2020 年增产

1989 年，李振声（左一）在河南封丘考察“黄淮海农业开发”进展

50 亿千克粮食。”这个计划背后凝聚着一个团队的智慧，名单上还包括山东禹城站站长欧阳竹、河北南皮站站长刘小京、河北栾城站站长胡春胜等人。2012 年，经科技部与中科院联合考察，他们的计划被批准立项。2013 年，“渤海粮仓”重大项目正式启动。那一年，他 82 岁。

什么时候停下来？李振声没有想过。60 多年的科学生涯中，李振声的工作精神一直很明确，就是要“知难而上不停步”。“老骥伏枥”，再没有哪个词更适合他此时的状态。“渤海粮仓”进行到 2015 年，山东、河北、天津、辽宁等地都递出了橄榄枝，站成了一条和谐的统一战线，自然是进展顺利。李振声也一直惦记着他的田间地头，那里有他的壮心，也有他的责任。

参考文献

[1] 刘永谋 . 育种大师：袁隆平 李振声 [M]. 北京：中国科学技术出版社，2012.

[2] 余玮，吴志菲 . 中国高端访问 3：推动中国科技进程的 20 人 [M]. 北京：经济日报出版社，2007.

[3] 董峻 . 与小麦结缘一辈子——记中国小麦远缘杂交育种奠基人李振声 [EB/OL]. 新华网 .（2014-05-12）[2015-03-22]. http://news. xinhuanet. com/local/2014-05/12/c_1110651757. htm.

（撰稿　张方方）

2007年度国家最高科学技术奖获奖者

国之所需　吾之所向

——中国炼油催化应用科学的奠基者、绿色化学的开拓者闵恩泽

人物简介

闵恩泽，男，1924年2月出生于四川成都。中国石油化工股份有限公司石油化工科学研究院高级顾问。曾任中国石油化工股份有限公司石油化工科学研究院研究室主任、主任工程师、副总工程师、总工程师、副院长、首席总工程师、学术委员会主任等职。曾连任第三、第四、第五、第六、第七、第八届全国人大代表。

贡　献

闵恩泽主要从事石油炼制催化剂制造技术领域研究，是我国炼油催化应用科学的奠基者、石油化工技术自主创新的先行者、绿色化学的开拓者，在国内外石油化工界享有崇高的声誉。

20世纪60年代初，他参加并指导完成了移动床催化裂化小球硅铝催化剂、流化床催化裂化微球硅铝催化剂、铂重整催化剂和烯烃叠合磷酸硅藻土催化剂制备技术的消化吸收再创新和产业化，打

破了国外技术封锁，满足了国家的急需，为我国炼油催化剂制造技术奠定了基础。70 年代，他指导开发成功的 Y–7 型低成本半合成分子筛催化剂，还开发成功了渣油催化裂化催化剂及其重要活性组分超稳 Y 型分子筛、稀土 Y 型分子筛，以及钼镍磷加氢精制催化剂，使我国炼油催化剂迎头赶上世界先进水平。80 年代以来，他从战略高度出发，重视基础研究，亲自组织指导了多项催化新材料、新反应工程和新反应的导向性基础研究工作。在国内外共申请发明专利 205 件，已授权 140 件（国外授权 32 件）；出版专著 6 部，发表论文 233 篇。

荣 誉

1978 年	获“在我国科学技术工作中做出重大贡献的先进工作者”称号，同时 6 项成果获全国科学大会奖
1985 年	国家科技进步奖二等奖
1989 年	被美国俄亥俄州立大学授予“杰出校友奖”
1995 年	被授予全国先进工作者称号
1998 年	中日科学技术协会桥口隆吉基金奖——材料科学奖
2006 年	2005 年度国家技术发明奖一等奖
2007 年	国家最高科学技术奖 感动中国年度人物
2011 年	国际永久编号第 30991 号小行星被命名为“闵恩泽星” 首届中国创新方法研究会创新方法成就奖

爱因斯坦曾经说过，兴趣是最好的老师。这句话已经被教育家、学者奉为圭臬。然而，在新中国成立之初，国家的需要却成为千百万中华儿女选择专业、职业，甚至事业最重要的考量。他们并非没有个人兴趣，而是在国家、民族大义面前，他们毫不犹豫地选择了天平上较重的一端。

闵恩泽就是他们中间最为杰出的代表之一。1955 年，他放弃国外优越的条件辗转回国。尔后的六十年间，始终秉持“国家需要什么，就做什么”的信念，为了满足国家需要，数易研究方向，在催化剂研究、石油化工、化纤、生物柴油等领域均卓有建树，被公认为我国炼油催化应用科学的奠基人，石油化工技术自主创新的先行者和绿色化学的开拓者。

回首往事，他无怨无悔，说：“能把一生的科研工作同国家的建设、人民的需要结合，这是我最大的幸福。”

战乱年代：艰难求学志在报国

1924 年，中华大地军阀混战，民不聊生，终于挨到了年下，各路军阀都忙着过年，百姓也可以松口气，过个平安年了。

大年三十这晚，四川成都飘下了经年不见的飞雪，为除夕之夜增添了些许祥和的气氛。更让成都红照壁街深宅中一户人家高兴的是，在接连有了三个女孩后，终于一个男婴降生了。远在重庆工作的闵建侯早已为这名男婴拟好了名字：闵恩泽——承天地之恩，泽苍生万民。

“小公爷”（四川人把男孩叫“小公爷”）的出生让闵家欣喜不已，可知书达理的父母却并没有溺爱他。因父亲工作调动，闵恩泽错失了小学入学的时间，父亲便请来家教，上午习文，下午学理。那时，闵恩泽最开心的便是有很多时间可以玩耍，他斗蟋蟀、养鸽子，每天最惬意的就是看着鸽子在天空呼哨飞过，还经常在成都的名胜古迹：杜甫草堂、武侯祠、望江亭等处怀古伤今，流连忘返。就这样，在悠闲的时光中，闵恩泽完成了小学学业。

然而到了 1937 年 7 月 7 日，“卢沟桥事变”发生后，抗日战争全面爆发。川军喊出“抗战到底”“誓不还乡”的口号，澎湃的爱国之情深深地感染了 13 岁的闵恩泽，他和同学一起游行，举行各种集会，走街串巷，宣传抗日。在少年稚嫩的心里，爱国的种子已深深扎下了根。

随着日军侵华的不断升级，重庆、成都等地遭到了日军战机的狂轰滥炸，

“跑警报”成了那一时期闵恩泽印象最深的事情。日军经常搞“疲劳轰炸”，经常一两周不停歇，甚至持续一个多月，使百姓们回不了家，一直在野外躲警报，吃不好饭，睡不好觉。

为了学生的安全，闵恩泽所在的省立成都中学举校外迁，在郊外开辟了战时临时校址。几间临时搭建的草房便是教室、宿舍和食堂。草房既漏风又漏雨，虽简陋却是一个难得的相对较安全、安静的学习之所。在那里，闵恩泽如饥似渴地学习知识，不仅学习成绩名列前茅，还积极参加体育活动，担任校排球队的主力队员，锻炼了身体，也不知不觉中培养了他的团队精神。

1942 年，凭借优异的综合成绩，闵恩泽被保送进了当时陪都重庆的中央大学，怀着科学救国的理想，他学习更加勤奋刻苦。在大学里，他深受“诚、朴、雄、伟”学风的熏陶，立志为人类贡献聪明才智。这也是闵恩泽在大学里最大的收获，并影响了他的一生。也正是在这里，他结识了一生的伴侣——我国分析技术领域的学术带头人、中国科学院院士陆婉珍。

1946 年，闵恩泽大学毕业，他一心希望大展才华，可是在做过成都自来水公司化验员、重庆肥皂厂实习生，后来又去上海，在印染厂当技术员后，看到当时物价飞涨，民不聊生，他更加迷茫和惆怅，在人生的路上难觅方向。

好在 1945 年他考取了自费公派留学资格，在先期到达美国的陆婉珍的帮助下，1948 年，他登上了前往美国的“哥顿”号邮轮，准备去美国镀一镀金，待个半年就回来。可是谁也没想到，这一待就是 8 年。

闵恩泽、陆婉珍离美时留念

中国留学生到美国要过的第一关便是语言关。为了学好英语，他一有时间就听收音机，周末去电影院看电影，还主动要求与美国人住一间宿舍，主动用英语交流，就这样，他磕磕巴巴的英语口语慢慢流利起来。和快速熟练的口语一样让众人吃惊的是：到第一学期结束，闵恩泽的成绩在班上名列前茅。当年底，他便以优异的成绩取得了俄亥俄州立大学的硕士学位。

俄亥俄州立大学的化工系非常注重理论学习与生产实践的结合。在系里的组织下，闵恩泽参观了美国的炼油厂。当他登上几十米高的流态化催化裂化装置时，心中暗想：中国不知何时才能有这样规模的炼油厂和这样的装置？12 年后，当他组织研制这类装置所用的微球硅铝催化剂时，常常想起这一幕。

到了美国，闵恩泽与陆婉珍的关系日益亲密，1950 年，在一间教堂里，两人举行了简单又热闹的婚礼。执子之手，与子偕老。直到一个多甲子后的今天，人们还经常能够看到两位老人互相搀扶着在石科院里散步、闲聊。

这对连理双双取得博士学位后，回国的念头愈加强烈。然而，新中国成立后，朝鲜战争爆发，美国国会通过法案：禁止中国学习理工农医的留学生离开美国国境。不得已，两人只得先找工作安顿下来，再做打算。

在导师的帮助下，闵恩泽在美国纳尔科化学公司谋到了一份工作，之后的 4 年里，他先后在物化室、工程开发部、有机化学室工作。这不仅让他在美国站稳了脚跟，更让他有机会了解一家工业公司如何从市场、用户处发现课题，然后再实验研究，解决后回馈用户，开拓市场，获得了宝贵的工业开发经验。

虽然闵恩泽夫妇在美国的工作生活都渐渐步入正轨，但祖国始终是他们魂牵梦萦的地方。他们先是通过波士顿的留学生组织，试图绕过限制法案，回国与家人团聚。在迟迟没有任何消息的情况下，归心似箭的两人决定另辟蹊径。闵恩泽写信给俄亥俄州立大学的校友、时任香港中国印染厂厂长的潘其迪求助，在他的帮助下，两人顺利拿到了香港居留证。

当闵恩泽拿着证件到移民局时，还不知道当时日内瓦谈判已有结果，他在美国放行的名单中。而移民局官员知道他是要借道回国，便对他说：“中国共产党是不会信任美国留学生的，我真不明白你们为什么要把脑袋向花岗岩上碰？”但闵恩泽决心已定。

终于，闵恩泽拿到了允许轮船公司出售去香港的船票证明。他激动得心都要跳出来了——阔别八载的游子，终于可以回到母亲的怀抱了！

十年摸索：奠基炼油催化应用科学

1955 年，两人来到北京谋职。当时，国家的政策是留学生回国后，由国家统一分配，他们被安排住在位于前门的教育部留学生招待所内。当时从美国回国的留学生很少，国内没有单位敢接收闵恩泽夫妇，在北京“找了三四个地方，没人敢要”。

后来，甘肃的兰州大学邀请他们去任教，正当他们准备前往兰州时，原石油工业部北京石油设计局工艺室主任武宝琛来到教育部留学生招待所延揽人才，在简陋的靠煤炉取暖的平房里，他惊喜地遇到了大学时的师弟、师妹——闵恩泽夫妇。

武宝琛立即向原石油工业部部长助理徐今强做了汇报，徐今强拍板决定接收闵恩泽夫妇，并安排他们到原北京石油设计局工艺室研究组工作。闵恩泽夫妇欣然加入研究组，闵恩泽被安排负责铂重整催化剂中型试验工作，从此，走上了催化剂研发之路。这一年，他 31 岁，刚过而立之年，也是他科技报国事业的起点。

什么是催化剂？

“日本称之触媒，也就是说它是反应的媒人，它能加速反应的进行，多生产产品；同时又引领反应的方向，能多生产一些所需要的产品。”跟催化剂打了半辈子交道的闵恩泽深入浅出地解释。

1949 年，美国环球油品公司研发成功 Pt/Al_2O_3 催化剂，并建成第一套工业装置，命名为铂重整。这种催化剂活性高、选择性好、液收高、稳定性好、运转周期长。国防上制作炸药所用的原料硝基苯，就是从铂重整生产的甲苯制造的，因而研发铂重整催化剂具有重要的国防战略意义。

接下这副重担时，闵恩泽深感惶恐。因为这与他之前所学的专业相差甚远；但同时，他又深感国家的信任。“没想到国家把研发铂重整催化剂的重任，交给刚刚回国的我。”他没有别的选择，只能全力以赴。

闵恩泽和一群科研人员从北京石油学院借来旧板房，当作研究的“大本营”，购置了陶瓷缸、板框压滤机，又借来球磨机、压片机，再加上两台大连石油研究所支援的铂重整催化剂评价装置，实验室初具雏形。

闵恩泽和他的同事们工作热情很高，只恨时间太短，只恨自己做得少。他们凭着有限的资料和拼凑而来的设备反复地做实验，不断地摸索，逐步修改完善。当时，闵恩泽的家就在实验室附近，每晚睡觉前，他总要从窗口看看实验室。如果实验室灯火通明，他就可以安心睡觉；如果实验室灯熄灭了，他就知道催化剂“死”了，操作工都走了，整晚都会辗转反侧。

每一个问题的解决都将研究向前推进一步，每向前一步，又将面临更加困难的问题及其不可预知的危险。一次，在铂重整催化剂的中试装置上试制催化时，“酸蛋”（输送液体酸的装置）因工人操作不当突然爆炸，炸裂的碎片擦着一个工人的头发飞过，而闵恩泽也在不远处。这次事件后，他加强了对操控人员的安全培训。终于，跨过重重难关，在中试装置上取得数据。1965 年在抚顺石油三厂建成了铂重整催化剂生产车间，同年在大庆建成了我国第一套产量达 10 万吨 / 年铂重整装置。

兰州炼油厂是苏联援建的 100 万吨 / 年炼厂，是当时最大的炼油厂。当时民用客机和军用运输机都需要兰州炼油厂生产的航空汽油。原石油工业部前瞻中苏关系恶化，苏联会停止供应生产航空汽油必需的小球硅铝裂化催化剂，决定建厂生产。

紧要关头，闵恩泽毅然接下了紧急开发小球硅铝催化剂的重任。他全身心投入，发明表面张力控制方法，设计控温控湿干燥箱，使催化剂完整率达

回国后即投入石化科研工作

闵恩泽（右一）参加铂重整催化剂中型试验

到92%，高于进口剂的86%；其后，又参加催化剂工厂的设计和试运转，制订开工方案、操作规程，并解决了油柱成型柱冒泡、干燥带上湿胶球干燥不均匀、小球漏入焙烧炉进气管等难题。

1964年5月工厂投产时，原库存小球硅铝裂化催化剂仅够维持两个月，国防和民用航空汽油供应终得及时保障。这座工厂年产催化剂2400吨，催化剂完整率、抗磨强度和杂质含量等技术指标均优于苏联进口催化剂，而价格只有进口催化剂的一半，每年节省移动床催化裂化装置运转费用上千万元。

就在此时，因过敏性鼻炎发作，闵恩泽到北京看病。令人意外的是，医生发现他肺下有一个阴影，经过一段时间反复检查后，告诉他患上了良性结核瘤需要做手术。切除了两片肺叶及一根肋骨，从此，闵恩泽的健康大不如前，有时上下楼都要喘气。直到10年后，他意外看到病历，才知道自己当时患的是腺癌。

虽然身体状况大不如前，闵恩泽却并未放慢攻关的脚步，又接连研制出了微球硅铝裂化催化剂，供大庆建设一套250万吨/年的炼油厂最核心的流态化催化裂化装置使用。还研制成功磷酸硅藻土叠合催化剂，发明了一种“混捏—浸渍”新制造方法。这种催化剂在1962年实现工业化生产，1964年获得国家创造发明奖。

其实，研发铂重整催化剂、小球硅铝裂化催化剂、微球硅铝裂化催化剂、磷酸硅藻土叠合催化剂等任务在时间上是交叉重叠的，常常是这项任务刚有眉目，另一项任务便接踵而至，闵恩泽的工作也经常是交叉进行，既要顾这头，又要顾那头。对此，闵恩泽毫无怨言，在任务面前，他总是不计个人得失，以国家大局利益为重，哪里需要他，他就出现在哪里。

到 1965 年，我国先后建成了锦州石油六厂的磷酸硅藻土叠合催化剂车间，抚顺石油三厂铂重整催化剂车间，兰州炼油厂中的小球硅铝裂化催化剂、微球硅铝裂化催化剂厂，我国的催化剂产业已初具规模。以闵恩泽为首的一批石油炼制催化剂科研人才成长了起来，设计、施工、生产、分析化验队伍也具有规模，为催化剂产业的发展奠定了坚实的基础。

砥砺前行："文化大革命"纷乱中矢志科研

1966 年，"文化大革命"爆发，处在北京的石科院，不可避免地被卷入运动。

此时，已身为石科院总工程师的闵恩泽，先是被安排"到锅炉房体验工人们的艰辛"，每天运煤、掏煤灰，后是被造反派罗织了"三大罪名"：一包庇重用坏人；二打击工农干部；三没有学问，是个草包。为了找出第三条罪状的根据，造反派想了一个办法：把折光仪的零件拆除，让他测折光率。从此，闵恩泽的工作变成打扫卫生。即使如此，他还是保持着科学家一丝不苟的态度，将卫生打扫得干干净净。

三个月后，闵恩泽被关进"牛棚"，上午要参加劳动改造，下午要写思想汇报，交代"罪行"，且不得与家人见面。一次，他正在推水泥车，看见唯一的女儿趴在窗口看他，心里非常不是滋味。之前造反派给闵恩泽罗织的"三大罪行"多是莫须有的。而这次要自己交代"罪行"，闵恩泽实在不知道怎么写，又知道不能随便写，于是便开始写作催化剂研究时的教训。阴差阳错间，倒成了对之前研究的一次梳理和总结。

1969 年，对闵恩泽的严厉管制放松到参加"思想教育"，而陆婉珍却并不好过，被下放到"五七"干校劳动。家里只剩下闵恩泽、女儿和保姆李大娘了。李大娘是贫农出身，"文化大革命"后，她便开始在家发号施令，甚至说"我一个贫下中农开会都要坐主席台的，我不能再在这里伺候你们"，提出要带"三大件"（缝纫机、自行车、手表）辞职回乡，闵恩泽一一照办。保姆离开后，照顾女儿和做家务就都落在了闵恩泽身上，他开始照着菜谱学习做饭，久而久之，竟烧得一手好菜。他做的番茄烘蛋饼，颇受女儿喜欢。

1970 年，闵恩泽被分到"抓革命"连队，参加各种政治学习和批判。突然有一天，他被安排去抚顺参加"三氢会战"（包括沸腾床渣加氢裂化、降温降压重油加氢裂化催化剂、重油储热制氢和气体烷烃脱碳制氢 3 个项目）。闵恩泽很高兴：终于可以下厂做一些业务工作了。安顿好女儿，闵恩泽第二天便去了抚顺。

在“三氢会战”中，重油储热炉水蒸气裂解制氢装置的建设让闵恩泽印象深刻。这套装置分为加热炉、反应器、气体分离等部分，先设计后制造。到了装置安装那天，地上画好各个设备与装置的位置，各个车间将自己负责的设备放置到位，然后施工队伍连接管线，一套装置就这样快速地建好了！当时现场红旗招展，口号声不断，至今，闵恩泽依然记忆犹新。

“三氢会战”期间，闵恩泽回北京汇报工作，他又被领导安排参加扶余“浸没燃烧”攻关。此后，闵恩泽还被指派参加长岭会战、主持裂解焦油制苯项目等。面对任务，他仍然以国家利益为重，在多个任务中，他都能以积极的态度贡献聪明才智、建言献策，并促使项目朝着良好的方向发展，取得较好的效益。

拿长岭会战来说，当时的目标是研制新型加氢催化剂，对长岭炼油厂加氢精制催化剂车间进行技术改造。作为技术负责人，为了尽快解决问题，闵恩泽与会战组成员一起加班加点，盯在现场。由于住处离现场较远，厂方考虑到他身体不好，要给他配专车，他坚决不肯，坚持与大家步行上下班。晚上，还把工人们带到招待所，给大家讲课。职工们都说：“闵总和咱们像一家人！”

两年后，长岭会战胜利结束。这次会战使我国加氢精制催化剂产品质量和制备技术一步跨越 20 年，迎头赶上了世界先进水平，生产的柴油质量大大提高，进入了香港市场，并获得了国家金质奖。此外，这还是一个催化剂新产品开发和生产技术的创新，并且形成了一个产学研相结合、多学科联动的协作模式，为加速科研成果转化开辟了一条新途径。

在长期的实践中，闵恩泽逐渐成长为一名优秀的石油炼制催化剂专家。在 1978 年的全国科学大会上，闵恩泽被评为“在我国科学技术工作中做出重大贡献的先进工作者”，主持研发的“流化催化裂化的工艺、设备、催化剂”“稀土分子筛裂化微球催化剂”“铂重整和芳烃抽提工艺”“双、多金属重整工艺、设备及仪表”“尿素脱蜡”和“废铂催化剂铂的回收”6 项科研成果获全国科学大会奖，是这次大会上得奖最多的个人。

艰难困苦，玉汝于成。在纷乱的岁月中，闵恩泽忍辱负重，不计个人得失，在运动的夹缝中仍执着地钻研催化剂技术，为国家和人民献上了一份厚礼。他本人也被任命为石科院副院长兼总工程师。1980 年，他当选中国科学院学部委员，1994 年，又被推荐为首届工程院院士，是我国“两院”院士之一。

调查为先：走上自主创新之路

20 世纪 80 年代初，我国石油炼制催化剂已赶上世界先进水平，并面临与国外催化剂在国内市场的竞争，因此迫切需要开展基础研究，走上自主创新之路。59 岁的闵恩泽高瞻远瞩，不辞劳苦，负责筹建基础研究部。

“迈开腿，走自己调查的路子”是闵恩泽做科研的习惯。为了筹建石油化工科学研究院基础研究部，他调查了埃克森石油公司、阿莫科石油公司、联合碳化物等国外石化巨头有关基础研究的情况。他认识到石油化工科学研究开展的基础研究应该是导向性基础研究，但是如何在具体科研中实践这些指导原则，仍是闵恩泽需要解决的问题。

1980 年，石油化工科学研究院邀请美国莫比尔研究和发展公司中心实验室主任 P・B・万斯夫妇在参加东京国际催化会议后来访，目的是了解该中心实验室在莫比尔石油公司的科技创新中所发挥的作用。

在当时，莫比尔石油公司堪称国际石化领域的巨头。旗下的莫比尔中心实验室更是一直在世界分子筛研究领域独领风骚，不仅在技术上领先，而且在学术上也领先。

时任石油化工科学研究院院长的任向文十分重视万斯的这次来访，七天的晚宴，他都亲自作陪。闵恩泽一直陪着万斯夫妇，带他们品尝了前门全聚德的烤鸭、北海的仿膳宫廷宴、绒线胡同四川饭店的川菜和荣乐园的鲁菜等，游览了长城、颐和园、故宫、人民大会堂、天坛等名胜古迹。利用作陪的机会，闵恩泽尽可能多地了解他们开展基础研究的情况。

随后，万斯在石油化工科学研究院做了一场“沸石催化作用”的学术报告。万斯讲到他们是把分子筛作为一种新催化材料来研究的，有了新分子筛的催化材料做基础，就能开发炼油催化和石油化工新催化剂和新工艺。

此前闵恩泽只有催化剂的概念，没有新催化材料的概念。他领悟后，形象地比喻说：“新催化材料好比做时装的布料，有了优秀特色的布料，时装设计师才能设计出丰富多彩的时装来。”万斯还强调，要用纯烃反应来评价新催化材料，以探索其应用领域，认为纯烃反应结果比物化表征数据更接近石油炼制和石油化工反应的实际。

与万斯交流后，闵恩泽就下决心组织开展了非晶态镍合金、钛硅分子筛、层柱分子筛、高稳定型ZSM-5分子筛、纳米β-分子筛等新催化材料的研究。后来闵恩泽发现一个新催化材料出现后，要充分发展它的作用，还需要开发新型反应器。于是，配合非晶态镍合金开发了磁稳定流化床反应器，配合钛硅分子筛原粉的利用，开发了单釜微孔膜过程反应器。此外，还在不需制造、安装复杂催化剂捆包的催化蒸馏新工艺中，发明了具有特色的悬浮催化蒸馏新工艺。

在闵恩泽的领导下，我国有关新催化材料的研究走在了世界前列，多项研究成果均达到世界先进水平或领先水平。其中，“非晶态骨架镍合金催化剂和磁稳定床反应工程的创新与集成”项目，获2005年度唯一的国家技术发明奖一等奖。2010年1月“环己酮氨肟化路线己内酰胺生产工艺成套技术”获2009年度国家科技进步奖二等奖。除国家奖外，还有多项成果获中国石化集团奖。这充分说明闵恩泽在石化技术自主创新方面，在研发、产业化过程中已积累了宝贵的经验。

此外，他还非常重视创新人才的培养，尤其是对青年创新人才的培养。每年基础部进新人，作为院领导，他总会通过多种方式了解新人的特长，帮助他们选择合适的课题，关心他们日常的研究工作，还会帮助优秀的年轻人联系出国深造，在闵恩泽的感召下，他们中的大部分人学成后都选择回国工作。在基础部，每年都会召开年度学术报告会，闵恩泽总会亲自参加，与部门主任一起评出优秀报告。当时，青年科研人员每月工资不过80多元，但一篇优秀报告可以获得100元的奖励。当时的年轻人，现在都已经能够独当一面，成为中国石油科学领域的技术骨干和中坚力量。

闵恩泽在实验室指导宗保宁等研究生

20世纪90年代后，闵恩泽退居二线。

但在科研工作中，却还是冲在一线，他在国内率先展开绿色化学的研究，担任“环境友好石油化工催化化学和化学反应工程”项目负责人；参加中国石化集团组织的技术服务小分队，为化纤单体己内酰胺厂排忧解难；剑指地沟油、废弃油脂，指导开展生物柴油的导向性基础研究，形成了亚临界甲醇醇解的生物柴油生产工艺，这些在国际上都有较强的竞争力。

志在千里：九旬高龄躬耕不辍

“老骥伏枥，志在千里；烈士暮年，壮心不已。”53 岁的曹操在大败乌桓、统一北方后，想到南方孙权、刘表割据一方，国家统一大业尚未完成，豪情满怀，挥笔写下这首《龟虽寿》。

2008 年，闵恩泽从国家领导人手中接过国家最高科学技术奖荣誉证书。当人们问他得奖之后的打算时，84 岁的他说：“我还想再为国家多做一点事。”

作为一名与时俱进的科学家，闵恩泽时刻关注石化科学领域的最新研究进展。乙烯、丙烯作为基本的有机化工原料，其用途十分广泛，在国民经济中扮演着非常重要的角色，它的发展带动着其他基本有机化工产品的发展。鉴于石油资源的不可再生性及传统石油路线生产乙烯带来的环境问题，他意识到，非传统石油路线生产乙烯将有很大的市场前景。

于是，他从国家化学工业可持续发展战略出发，不顾九旬高龄，以国家需要为重，亲自指导他已毕业的博士研究生姚志龙研究员开发了以废弃动植物油脂资源为原料生产生物基烯烃技术，并证实与传统石脑油原料相比，在相对较低的裂解温度下，乙烯、丙烯与丁二烯收率均提高 30% 以上，操作周期大幅度延长，受到

与温朗友讨论试验方案

同行专家的高度认可。目前，生物基烯烃正建设工业示范装置。

谈起创新，很多人都会觉得无从下手，虚无缥缈。从 20 世纪 90 年代起，闵恩泽就一直关注创新方法的研究，并逐渐形成了一套创新原理。通过数十载的学术积淀，近年来，他已经出版了《石油化工——从案例探寻自主创新之路》《博览 实践 创新》《闵恩泽文集——自主创新之路的探索》等聚焦创新的著作，再版了《工业催化剂的研制与开发——我的实践与探索》，其中增加了关于创新方法的内容。2012 年，他获得首届创新方法研究会创新方法成就奖。2014 年 12 月 26 日，年已九旬的他，仍与学术秘书谢文华到中国石化经济技术研究院做了题为《寻路——从自主创新到引领社会经济结构优化升级》的讲座。在场观众既为他深入浅出、独到的见解所折服，更为他躬耕不辍、严谨治学的态度所感染。

闵恩泽一直十分重视奖励对激励原始创新的作用，他说："现在的奖励政策，都是科研成果工业化后才给奖。"他总是举 3 个馒头的说法：一个人，吃第一个馒头不饱，吃第二个馒头也不饱，吃第三个馒头才饱。在科研成果工业化后给的奖，就是最后一个馒头。在现实中，往往把第一个馒头忘掉了。我觉得现在需要激励原始创新，有必要设一个奖，给的奖就是第一个馒头。

因此，2011 年 8 月，为了推动我国生物能源事业的发展，闵恩泽决定捐资 400 万元，中国石油化工集团公司捐资 800 万元，于 2013 年 2 月 1 日，由中国工程院周济院长代表中国工程院和中国石油化工集团公司宣布联合设立"闵恩泽能源化工奖"基金。

中法博士论文答辩会上

经过紧张筹备、严格评审，2013 年 12 月 26 日，首届"闵恩泽能源化工奖"在京颁发。闵恩泽鼓励获奖者发明创新最重要，"要敢于想前人所未想，善于做前人所未做，坚持不懈，终将创造奇迹"。

“老小孩”：生活中的闵恩泽

在工作中，闵恩泽始终把国家放在首位，始终是国家需要什么，他就做什么，就学什么，就请教什么，后来就组织研发什么，困难不能让他退缩，病痛不能令他止步。

在生活中，闵恩泽却是另外一个模样，他常说：“知我者，我女儿也！”那么，在女儿的眼中，闵恩泽在生活中是个怎样的人呢？

采访中，闵恩泽的女儿是这样评价的：

父亲在生活中就是一个快乐、颇具幽默感的老小孩。我常听父亲说：“要管住嘴，迈开腿，保持心态平和。”但父亲又常说：“自己既管不住嘴，又迈不开腿，但能做到心态平和！”我想，这就是父亲虽经几次病魔折磨，而在九十多岁仍能保持健康状态的关键！

爸爸不是那类工作时工作、休息时就休息的人，而是工作与休息不分。他的头脑很单纯，满脑子想的都是催化剂。因为催化剂对他不仅是工作，也带来了快乐，所以对他来说，也是一种休息。同时，他也整天在想如何去创新，有了新想法，他也高兴！

当然，爸爸也不是整天都在想催化剂和创新。他喜欢听京剧，特别是京剧大师言菊朋唱的《卧龙吊孝》，唱腔的宽窄高低、抑扬顿挫，他听得津津有味。他还喜欢看网球，特别是瑞士天王费德勒的比赛，成了他的忠实粉丝。只要有网球公开赛，如澳网、法网、美网、温网4个大满贯赛事，他一定坐在电视机旁，从第一轮、第二轮，直到最后决赛。谁打入八强，谁进入四强，最后，谁与谁决赛，他都清清楚楚！女子网球公开赛他也看，关心中国几朵

2007年10月19日，闵恩泽在成都北京师范大学附属成都实验中学

金花的进展！

爸爸还是一位“歌唱家”。在石油化工科学研究院的春节联欢会上，他唱《上海滩》，很有自己的特点，广东话与四川话、新老《上海滩》歌词混唱。他在做报告时，讲到科技上要有成就，需要《西游记》主题歌词中的“你挑着担，我牵着马，迎来日出，送走晚霞，踏平坎坷成大道，斗罢艰险又出发”各尽所能的团队精神和坚持到底的精神，他会在讲台上带领大家一起唱《西游记》主题歌。

爸爸由于“管不住嘴”，也就成了一位美食家，北京的川菜、粤菜、鲁菜、湘菜，法国、意大利、俄罗斯西餐馆等的招牌菜，特别是每家好吃且价廉的菜是什么，他都清楚！正是这种对生活的每一份乐趣的热爱，对工作的每一点进展的兴奋，爸爸永远像一个年轻人。

（撰稿　宋春悦）

2007 年度国家最高科学技术奖获奖者

百兼天下　一生爱好是天然

——著名植物学家**吴征镒**

人物简介

吴征镒，男，1916 年 6 月出生于江西九江，江苏扬州人。我国著名的具有国际声誉的植物学家，植物区系研究的权威学者。曾任中国科学院昆明植物研究所研究员、所长。先后担任云南省科学技术委员会副主任、全国人大代表、中国科学院昆明分院院长、中国科学院主席团成员、中国科学院昆明植物研究所名誉所长等职。2013 年 6 月 20 日，这位有着“植物电脑”之称的老人作别人世，享年 97 岁。

贡　献

吴征镒从事植物科学研究 70 余年，在植物分类、植物系统、植物区系地理、植物资源、生态系统与生态可持续发展，以及生物多样性保育等领域研究取得一批自主创新的重大成果，发表 140 多篇各类论文，主编《中国经济植物志》《新华本草纲要》《中国植被》《中国植物志》（1987—2004）、《西藏植物志》《云南植物志》，编撰出版《中国自然地理——植物地理（上）》《中国被子植物科属综论》《种子植物分布区类型及其起源和分化》《中国被子植物区系地理》等20余部学术专著。发表和参与发表的植物分类类群达1766个，是中国植物学家发现和命名植物种类最多的一位。

荣 誉

1983年　任美国植物学会终身外籍会员

1985年　任瑞典植物地理学会终身会员

1987年　任苏联植物学会外籍会员

1995年　何梁何利基金科学与技术进步奖

1996年　香港求是基金杰出科技成就团体奖

1999年　COSMOS奖

2001年　云南省科学技术突出贡献奖

2003年　何梁何利基金科学与技术成就奖

2007年　国家最高科学技术奖

2011年　国际永久编号为175718的小行星被命名为“吴征镒星”

“朴学耻居王后，虚名愧在卢前。
一生爱好是天然。
淡云邀月夜，细雨酿花天。
向晚驱车无处！终期运甓何年？
梦回鸡唱漫俄延。
三星当户牖，一雁警愁眠。”

这是吴征镒院士在写给五哥吴征铠信中的一首自作诗，一句“一生爱好是天然”让人颇感唏嘘。2013 年 6 月 20 日，这位有着“植物电脑”之称的老人在 97 岁的年纪作别人世，他对于华夏大地山川植物的记忆和情感，留在了文章里、论文中，以及每一种他观察研究过的植物里。

“原本山川，极命草木。”吴征镒书写的八个大字仍然静静守候在他为之奋斗了大半个世纪的中科院昆明植物所里，静静守候着后辈们。很多人曾经问过他这八个字的意思，他也总是一遍又一遍地以此阐释着身为一名植物学家的责任与担当。

尽管事实上这八个字的作者、西汉时著名辞赋家枚乘在写作《七发》时并没有要阐述植物学工作的意思①，但却偶发性地为植物学者们的志向做出了极佳的解释。

宋人秦观在《韩愈论》中解说“托词之文”时，也曾引用过这八个字，他说：“原本山川，极命草木，比物属事，骇耳目，变心意，此托词之文，如屈原、宋玉之作是也。”②

与屈、宋二人不同，吴征镒的身份并非文学家；但身为一名植物学家，他又与二人一样，游历山川、极命草木，用科学的语言描述记录着自己所钟爱的自然。那些得到过吴征镒先生温柔注视的植物们，无一例外地蕴藏着他的人生故事和缱绻深情。

① 本意是提醒当时的贵族不要贪图安逸、穷奢极侈，要注意养生。

② 秦观认为，屈原和宋玉作为伟大的爱国文学家，通过探求山川本原，给植物以名称，将山川和植物排列归纳起来，然后按照类型相连，编成秀丽隽永的文辞赋，并且在其中寄托自己所思所想。

神奇的孟宗竹

在很多采访中,吴征镒都提到,自己对于植物的兴趣萌发于故乡的“芜园”。相较于一般用来形容孩童时代的形容词“金色”,“灰色”对于吴征镒的童年来说更为恰当,而芜园则给他灰色的童年镶上一个绿色的边框。

吴征镒 1916 年出生在一个旧官僚家庭里,祖父吴筠孙当时在江西九江做浔阳道尹,衙门里的一株蕙兰盛开,祖父抱着小孙子在盛开的蕙兰边拍了一张照片,笑得颇为开心。年底祖父因脑溢血去世,大家族里也接连有人去世,在祖母眼里,吴征镒变成了这一切的起源,将他看作花妖临世,不得喜爱。

回到扬州,几易居所之后,6 岁的吴征镒搬进了祖上传下来的大宅子,一住就是十几年。这座大房子正是如今修缮一新的“吴道台宅第”,位列晚清江南三大民宅之一。大门斜对面就是童年吴征镒的“天堂”——芜园,不能轻易出门的他总是趁着母亲和老妈妈不注意,溜到“大院子”里去玩耍。

晚年回忆这段童年时,吴征镒形容当时的自己是孤独的,因为这份孤独,他只能从田野自然中寻找乐趣;若是非要追寻与植物结缘的原因,那或许应该感激幼时的这份孤独。

芜园进门右拐,便是一片一亩见方的孟宗竹林。春雨一下,吴征镒就忙不迭地往竹林里跑,蹲在里面一待就是半天,看刚露尖头的春笋扑簌簌地抽节到和自己一样高,四五岁的他实在是惊奇得很。

竹林之外,对于识字前的吴征镒来说,园子的另一个吸引力是,可以吃到不少美味。春天帮老妈妈们掐“黄黄仔”,实际上就是苜蓿嫩芽,回来炒着吃,比豌豆苗更嫩;嫩笋煮豌豆,当作茶食来吃,吃不完的笋还可以晒干,消食效果一流……还有能捉来玩儿的各种鸣虫,金铃子、纺织娘、蛐蛐儿,捉来放进盒子养在床头,也成了玩伴。

6 岁开始识字之后,吴征镒能去芜园玩儿的时间只有午饭后和下午的点心时间。再大一点儿能读懂文言文之后,他便开始往父亲的小书房里跑,首先开始阅读的便是和植物相关的书。凭借着 1919 年商务版的《植物名实图考》和牧野富太郎的《日本植物图鉴》,吴征镒看图认识了芜园里各种野生和栽培的花草树木,“溜园子”又有了新的乐趣。

尽管记忆里的童年并不是金色,但芜园里的吴征镒却如那片孟宗竹林般迅速地拔节生长。13 岁前他便熟记四书,《神州国光集》《三国志》《水浒》

《红楼梦》之类的闲书也看了不少，平日也读诗写字，完成了最初的知识积累。更重要的是，芜园帮助他体味到了植物世界的乐趣，尽管当时的他并不知晓，和植物之间的缘分会延续终生。①

扬州中学里的金冠柏

2002 年 8 月，扬州中学百年校庆前夕，抱恙住院的吴征镒在医院接待了前来拜访的母校后辈们。他还亲自从昆明植物园挑选了一棵金冠柏赠送母校。金冠柏树冠呈卵圆形，小且有香气，常绿针叶树种，有醒目的金黄色的叶子。之所以挑选金冠柏作为庆祝母校百年的礼物，吴征镒也有特别的考虑：一是金冠柏树种珍稀；二是提倡中国人看重的松柏精神；三是赞誉母校百年树人。这株金冠柏被种植在扬州中学的树人堂前，当年一米不到的小树，现在已经超过一层楼的高度。

生在九江，长在扬州。吴征镒对于扬州的感情无须赘言，而母校扬州中学，正是青少年时代的他开启植物学家梦想的地方。

1931 年，15 岁的吴征镒从江都县中跳考到扬州中学 22 级普通科，和五哥吴征铠一起就读于这所全国名校。当时的扬州中学校长周厚枢颇有建树，扬州中学的数理化师资雄厚，文史地的老师也很齐全。遇到了好的生物老师，对于兴趣萌发之初的吴征镒来说，更是难能可贵。

记忆力出众的吴征镒始终记得初中一年级生物老师的名字——唐寿，在课堂教学之外，唐老师经常带着学生进行野外观察。扬州附近的平山堂、禅智寺、东乡、西乡、北乡无不留下他们的踪迹，采集植物、制作标本，而后进行解剖画图。之前完全靠自学的吴征镒可谓如鱼得水，有了唐老师的指导，他的专业知识进步迅速，对于植物学的兴趣也愈发浓厚，经常把周末和假日花在观察植物上面。如果说童年时代的吴征镒是被动孤独，中学时代的他则算是主动选择孤独——相较周末成群结队出去玩，他宁肯和几个志趣相投的同学走上十几里路去采集标本。

① 《二十四孝》中有这样一个故事，三国时江夏人孟宗，少年亡父，母子俩相依为命。孟宗读书勤恳，极为孝顺。一天老母病重，想吃竹笋煮羹，但当时正是冬天，无处寻笋。孟宗在竹林里抱竹痛哭，直至冰雪消融、草木转青，竹笋也长了出来。孟母吃了竹笋，病愈。后有诗颂曰：泪滴朔风寒，萧萧竹数竿；须臾冬笋出，天意招平安。其实，“孟宗竹”是我国南方盛产的毛竹。

到了高中时，吴征镒采集的标本已经有两百多件，自己参考着《植物名实图考》和《日本植物图鉴》做鉴定还不够，后来还在二哥吴征鉴的帮助下请金陵大学植物学助教来帮助审定。高中生物老师唐耀很快注意到了吴征镒在植物学上的积累，专门帮他举办了植物标本展览会，二哥看了展览后表扬他能吃苦、将来必有大出息，这些肯定都让吴征镒大受鼓舞。值得一提的是，虽然只跟随唐耀读书一年，吴征镒却十分感激恩师的赏识。新中国成立后吴征镒了解到恩师因受“反右运动”打击、受到不公平待遇而才华无处施展的情况后，力邀其到昆明植物所工作，配备助手和实验室，再续师生缘分。

“风入寒松声自古，水归沧海意皆深。”尽享耳听松风之乐的同时，处于乱世的吴征镒也在扬州中学萌发了爱国情感。当时的他并不明白政治到底为何物，不是国民党，也没有加入进步组织，只是被唤起了一股正义感。“九一八”事变时，刚满16岁的吴征镒和两位好友下乡宣传反对内战、一致抗日，写作一首古风《救亡歌》发表在校刊杂志《文艺》上，发出了“各尽其天职，莫为袖手人”的呼喊。这次经历也成为他后来参加反饥饿、反内战等运动的思想来源和基础。

松柏坚贞，遗世独立。性格愈发独立的吴征镒在报考大学时，并没有像大多数人一样，就读“数理化”或者立志成为工程师，而是决心将童年稚趣变为今生志向。立志报考清华大学生物系的他，位列全榜第13名，顺利步入清华园。

煮豆燃豆萁，漉豉以为汁

“本是同根生，相煎何太急。”大多数人都很熟悉曹植《七步诗》中的最后两句。开头的“煮豆持作羹，漉豉以为汁。萁在釜下燃，豆在釜中泣”则鲜少有人注意。吴征镒曾在一篇文章中从植物学家的角度分析这首诗，非常有意思，特别是开头四句，实际上是罗列出了4个有着相关用途的同一物：豆、豆萁、豆豉和豆汁。“煮豆燃豆萁，漉豉以为汁”，寥寥10字便几乎可以把豆的用途说尽了。从成诗年代推算，豆豉和豆汁甚至要远早于后来变成“开门七件事”的第五件——酱油。

说到做学问，吴征镒的风格正如他条分缕析地剖析这首古诗一样，刨根究底而又不乏趣味。他主持编写的《中国植物志》，犹如植物学版的“七步诗”，用最精简的语言和结构，总结梳理了中国维管束植物系统分类，堪称经典。

中国植物分类学的奠基人、云南农林植物研究所创建者胡先骕先生，早在 1934 年中国植物学会第二届会议上就曾倡导过要编纂《中国植物志》；吴征镒在清华就读时期的恩师、植物学教授吴韫珍也一心想实现西方植物学的中国化，将搞清楚中国的植物分类并培养出一批人才来完成这项工作定为自己的终生理想。吴征镒正是其中的佼佼者。

吴征镒的毕业论文是华北莎草科薹属，翻山越岭地野外调查、标本采集只是第一步，吴韫珍要求他将每一种的苞片、囊果按照同样比例画成精细的鉴别特征图，每种都要详细考证定名。严苛地训练之下，青年吴征镒被练出了一身硬功夫。

后来吴征镒在清华生物系担任助教，1942 年吴韫珍病逝后，他继承恩师遗愿，从事植物分类学的教学与研究，之后的 10 年时间里，做成 30000 余张植物卡片，依据国际著名标本室的模式标本照片，详尽记录了植物的采集人、采集地、地理分布、主要文献、生长环境等，对后来各类植物志的编纂极具参考价值。

1950 年 8 月，中国科学院在全国植物分类学工作会议上提出了编纂《中国植物志》的任务。1958 年正式启动《中国植物志》的编研工作，次年 10 月编委会成立，吴征镒任编委之一。初期主要担任《中国种子植物科属检索表》的组织编撰工作，编撰了唇形科、虎耳草科、蓼科和爵床科等科的检索表。

“文化大革命”期间，《中国植物志》的编研也未能幸免于难，一度中断。到 1973 年，中科院生物学部在广州召开“三志”（《中国植物志》《中国动物志》《中国孢子植物志》）会议时，最初挑大梁的一批生物分类学家有的年迈体衰，有的已经仙逝。补充优秀的中青年力量进入编委会，成为重启“三志”编纂工作的首要任务。

47 岁的吴征镒在此次会议上被任命为副主编，他和其他专家一道，带领昆明植物所的科研力量承担了《中国植物志》唇形科的编研工作，1977 年正式出版《中国植物志》第 65 卷第 2 分册和第 66 卷（即唇形科）。

编志工作顺利恢复，但很快便再次面临人才短缺、经费不足的问题，未出版的图书因没有出版经费而积压、奋斗在一线的老同志面临退休……这些问题让已经接替《中国植物志》主编职位的吴征镒倍感焦灼。1991 年 2 月，他和另外“两志”的主编朱弘复、曾呈奎一道，在中科院院刊《科学家论坛》

1975 年，在西藏希夏邦马峰考察，海拔 5000 米

上发表联名呼吁，提出了增加经费、放宽退休年龄、补充青年研究队伍这三项建议，受到了国家有关领导部门的高度重视，国家科委、国家基金委、中国科学院联合对“三志”给予了支持，编纂工作得以稳步推进。

担任主编的 17 年时间里，吴征镒对于每一卷册都会花费大量的时间，到标本室对照标本进行审阅，对一些大科、难科（唇形科、天南星科、罂粟科、秋海棠科等）的编审更是亲力亲为，他还专门组织了协作小组对禾本科的竹类进行攻关。在他的任期内，完成了全套著作 2/3 以上卷册的编研任务。

历经 45 年的漫长征程，凝聚着四代学者心血的《中国植物志》终于在 2004 年完成 80 卷 126 册的编纂任务，共记载中国植物 3 万余种，附有 9000 多幅图版，是世界上卷册最多的植物志之一。2009 年，《中国植物志》荣获国家自然科学奖一等奖，作为集大成的见证者，吴征镒感慨：既感如释重负，又有欣慰之幸。

《西藏植物志》《云南植物志》《新华本草纲要》《中国经济植物志》《中国植物志》《中国植被》《云南植被》《中国自然地理·植物地理》……这一系列著作的问世，不单是吴征镒取得的丰硕成果，更是中国植物界的一座座里程碑。江南芜园里蹲看春笋拔地的少年，成长为中国最权威的植物学大家。资料统计，截至2005年，由吴征镒定名和参与定名的植物分类群达1758个，是中国植物学家中发现和命名植物最多的一位，以他为代表的三代中国植物学家改变了中国植物主要由国外学者命名的历史。

笔耕不辍的吴征镒晚年也从未离开心爱的植物。从1998—2008年的10年时间里，他推掉一切行政事务，完成了430多万字的学术专著，提出的东亚植物区作为一个独立植物区的观点，为世界植物分区系统做出了重大贡献。甚至在2006年，已过米寿之年的吴征镒，毅然接下了《中华大典·生物学典》主编职务。后来视力不济无法亲眼审稿，抱憾之余，他还是坚持听审，过耳不忘的记忆力，让周围人无不备感钦佩。

2008年1月，92岁的吴征镒坐在轮椅上，从时任中共中央总书记、国家主席胡锦涛手中接过了“2007年度国家最高科学技术奖”的证书。完全没有想到会获得中国科技界最高奖项的吴征镒接受采访时说，自己的工作只是尽了一个植物学家、一个中国公民应尽的责任——“我没有辜负国家和民族，为中国人在世界植物史上占据一席之地”。

水边溪荪胜房顶鸢尾

细数吴征镒的一生，可以发现他与许多中国当代名家大师都有交往：郭沫若是吴征镒的婚礼证婚人，竺可桢在他青年阶段给予了很多帮助，和梅贻琦校长“过招儿”索薪，跟随朱自清上国文课、与朱夫人一起唱戏，在闻一多的带队下从长沙步行到昆明……

得益于过人的记忆力，以及植物学研究的训练，吴征镒对于和恩师朋友们交往细节的记忆都十分清晰，字字句句都感怀着前辈们留给自己的宝贵财富。君子之交或许平淡如水，但高山流水的知音之情却可以啖水若甘饮。

和日本植物学家北村四郎的故事正是这其中的一个代表。身为日本当代植物学奠基人之一的北村四郎，对于菊科植物的研究颇有建树，从20世纪30年代读到他的论文开始，吴征镒便对他敬佩三分。从1979年吴征镒第一次访日算起，吴征镒和北村四郎这对忘年交从相识到相知，足足超过了1/4个世纪。

20世纪80年代初，吴征镒第一次访问日本京都时，北村四郎已退休，但仍笔耕不辍。虽然接待吴征镒的任务由学生们承担，北村四郎仍然亲自背着老式的标本夹和采集箱赶到吴征镒的住处，亲自陪他一起去京都北山采集。视力已经出现退化的吴征镒走起山路来已经不如年轻时矫健，加上平脚板，受苦不少，甚至在山道上不小心摔了一跤；而再观身边长自己整 10 岁的北村四郎，却是健步如飞。幼时已经熟读《日本植物图鉴》的吴征镒，这趟出门仍然见到了许多自己未知的种属，对于日本植物的兴趣愈发浓厚。更遑论北村老当益壮、孜孜以求的学术精神，甚至古文造诣都让国学基础深厚的吴征镒深感佩服。

此次登山正是玉蝉花盛开之际，参观神社时，吴征镒心生感慨：水边的溪荪的确要比屋瓦上的鸢尾漂亮的多。

三次拜访北村家的吴征镒对于其简朴以及同自然和谐相生的生活也多生感慨。屋子虽小，却是曲径通幽。其实吴征镒本人的居所又何尝不是如此，虽然不种一花一木，却是藏尽了花木们的秘密。

1999 年，83 岁的吴征镒获得日本 COSMOS 大奖。在授奖词中，COSMOS 组委会除了高度肯定吴征镒在植物学上的贡献之外，更是着重指出了他在阐释植物与其生长环境之间的关系上所作出的努力，特别是对人口迅速增长的情况下如何保持植被、保护与食物需求之间的平衡提出了许多科学建议，评价吴征镒为中国保护生物学研究的奠基人之一。

在获奖感言中，吴征镒回顾了在植物研究上的心路历程，更结合自己在全球多个国家和大洲考察的经历谈到，天然森林与生物多样性正在急剧减少——“我越来越清楚地认识到人类无法离开其他生物而独自存在”。

领取大奖后，吴征镒特别挑选了一个有着不少外来品种鲜花的花篮拜访北村四郎。北村 90 岁以后搁笔，也不再参加学术活动，吴征镒 80 岁时邀请北村参加一次带有纪念性质的国际学术讨论会，北村也未能成行昆明，这让吴征镒略感遗憾。再见故人，言少情深。北村很喜欢吴征镒带来的花篮，从书架底层抽出几大本厚厚的相册，找出若干张两人合影，回忆过往。

“我见他精神很好，耳聪目明，也就宽心告别，老夫妇并送我到门口。却想不到这竟然是我们最后一次会晤，是我们的诀别，哀哉！”

不知今日，京都西山神社水边的玉蝉花，开成了何种模样。

这一答是牡丹亭畔

佛曲、古琴、昆曲和京戏——在吴征镒看来，是除了做学问之外，对自己人生影响最大的东西。究其原因，与他青年时期抱着“以出世精神行入世行业”“中学为体，西学为用”的人生观息息相关。

事实上，他接触音乐戏曲的时间要比科学早。6 岁时，母亲在他梳头时就会在旁边教他认字，认完字就教唱歌。吴征镒的父辈三弟兄后来全都闲居在家，且都是戏迷，家里存的精选唱片就有上百张，“生、旦、净、末、丑”各派俱全。从 8 岁进家塾到高中毕业，1924—1933 年将近 10 年间，耳濡目染的戏曲音乐教育启蒙下，戏曲音乐成了吴征镒陪伴终身的第一业余爱好。无论是深处困境，还是身患痛疾，吴征镒的耳边总有戏曲相陪，在他自己看来，这对于自己安定情绪、健康长寿、怡养性情方面都大有裨益。

这之中吴征镒尤爱昆曲。父亲训练有素的“小堂音”的歌声，童年吴征镒就觉得特别好听，有味道。父亲带回来的唱片他也是觉得文雅好听，对昆曲的喜爱一发而不可收。后来他则慢慢定下了昆曲中偏向“阔口”角色的爱好，相较小时候单纯觉得“好听”，成年以后的吴征镒觉得昆曲的很多声腔或慷慨激昂，或悲壮苍凉，能够抒发自己对经历世道的感情。

在清华读书的前两年，虽然身在理学院生物系，吴征镒仍不忘学习昆曲。1931 年俞平伯定居清华，组织“谷音社”，朱自清夫人陈竹隐、汪健君、韬光地等都在其中，加上中文系学生多达 30 人。而生性腼腆的吴征镒，虽然已在中学时期拍过和听会不下 30 出昆曲，却始终没有正式加入，

1984 年，在贵州梵净山考察

而是以旁听的身份参加。当时还靠五哥津贴生活的吴征镒不太舍得看戏，却也看了杨小楼、孟小冬、程砚秋和梅兰芳等。虽然看梅兰芳的《凤还巢》只看见了头顶，还是“算看了”。

吴征镒一直收藏着自己的戏单，无论时局多么混乱，都保存着这些珍贵的记忆。只可惜大学四年的积累，连同中学时所拍的将近30出昆曲简谱，和这期间积累的实验报告、作业、衣物、书籍一道，在日寇占领清华后被一扫而空。

辗转昆明，无法安家立业，能够一解愁思的，唯有昆曲。后来西南联大重组曲社，吴征镒和陈竹隐、朱德熙、汪曾祺等一起活动多次。此时，大家都已知道吴征镒会唱昆曲了。1941年陶光第离开昆明，送吴征镒一副对联：“为有才华翻蕴藉，每从朴实见风流”，这副对联后来一直挂在吴征镒的书房里。除了知音相识之外，这副对联的另外一个珍贵之处是——陶光第所盖圆印乃是闻一多先生亲刻赠送。当时闻一多在昆明帮人刻石糊口，见吴征镒和陶光第均无钱无石，就从粗圆藤杖上锯下两端，刻了两枚印章送给二人。陶光第的那枚无处可寻，吴征镒自己的“白兼”丢失，只有这副对联上的圆印聊以慰藉了。

2000年，吴征镒在上海拜见老友、文艺评论家王元化，借机邀请上海的昆曲票友举行了一次活动，所有人都激扬放唱，吴征镒自己也是开怀唱了一曲《长生殿·弹词》，唱得尽情尽兴，而这也是他最后一次放唱昆曲。

可敬、可亲、可爱，这是吴征镒作为一名植物学泰斗留给世人的印象。他一生将志趣和应用相结合，为中国植物学的发展做出了重要的贡献。他终生以“博学之、审问之、慎思之、明辨之、笃行之”为奋斗目标，用自己的生命为华夏大地上生长的植物抒写了他们的故事。笃信今日，他已经分身于“征镒麻”“吴征镒星”① 中，于故土下托根给养，温柔守候着这个星球。

参考文献

[1] 吴征镒述，吕春朝记录整理.吴征镒自传[M].北京：科学出版社，2014.

[2] 吴征镒.百兼杂感随忆[M].北京：科学出版社，2008.

（撰稿　张晶晶）

① 征镒麻，属征镒麻属，是荨麻科的新属。

2008 年度国家最高科学技术奖获奖者

万颅之魂

——著名神经外科专家**王忠诚**

人物简介

王忠诚，男，1925 年 12 月出生于山东烟台。世界著名神经外科专家，中国神经外科事业的开拓者和创始人之一，中国工程院院士。历任北京市神经外科研究所所长、北京宣武医院院长、北京天坛医院院长、中华医学会神经外科科学会主任委员、全国脑血管病防治研究领导组组长等职。2012 年 9 月 30 日，王忠诚因病在北京逝世，享年 87 岁。

贡　献

在临床技术方面，王忠诚出版了我国第一部《脑血管造影术》专著，使我国神经外科诊断的危险性由 2% ～ 3% 降至 0.2% ～ 0.3%。在国内他首先采用显微神经外科手术，使颅内动脉瘤病死率由 10% 降至 2%，脑血管畸形病死率由 15% 降至 1%。他攻克了神经外科手术禁区，解决了脑干肿瘤、脊髓内肿瘤、丘脑肿瘤、颅底中线肿瘤等一系列世界性难题。

在医学理论方面，他率先发现了脑干和脊髓具有可塑性的特点，对脑干和脊髓等手术禁区的突破起到了决定性作用。他率先提出了血管母细胞瘤正常灌注压突破的观点，为降低术后病死率提供了重要理论依据。他率先提出了脊髓缺血预适应的观点，对防止脊髓内肿瘤手术后瘫痪起到了关键性作用。

他牵头组建了中华医学会神经外科分会，创办了《中华神经外科杂志》，统一了全国神经外科的病历和疾病的诊断标准。他创建了北京天坛医院，扩建了北京市神经外科研究所，并使之成为世界三大神经外科研究中心之一。

荣 誉

1978 年	全国科技大会先进工作者
1979 年	全国科学技术大会奖
1990 年	英国剑桥国际人物传记中心授予“国际名人”证书
	美国传记研究所授予“世界名人”证书
1997 年	何梁何利基金科学与技术成就奖
2000 年	全国卫生系统最高奖“白求恩奖章”
2008 年	国家最高科学技术奖

王忠诚被称为“万颅之魂”，是世界上做神经外科手术唯一超过万例的人，也是全球仅有的几位成功实施脑动脉瘤手术超过1000例的神经外科专家之一。他是中国神经外科的开创者之一，也是国家最高科学技术奖的获得者，是唯一获得世界神经外科联合会“最高荣誉奖章”的中国人。

在87年的生命长河中，出生于山东烟台的王忠诚，拾过大粪、扛过麻袋，由于家庭贫困不得不中断学业做了小学老师。最后，是汇文中学校长的一封长信改变了王忠诚的生命轨迹，让他顺利考入北京大学医学院。从抗美援朝的前线回来，王忠诚开始醉心于神经外科事业，这一做就是半个多世纪。

从医60多年，他只想当个好医生。

小时候拾大粪扛麻袋

出生于山东省烟台市福山镇门楼沟村的王忠诚，差点就成了一名小学教师。事情还得从1940年说起，那年王忠诚从烟台一中毕业。这是一所由军队、政府、商家和社会团体共同创办的学校，目的是“为国家培养栋梁人才”。这所学校的校址就在北洋海军学堂附近，学校将教育的重点放在“教学生如何做人”上。在这样一个学习环境中成长起来的王忠诚，希望找到更宽广的天地发展自己，于是他考学到了北平。

1940年夏天，王忠诚告别双亲、离开故乡，登上了去天津的小火轮。然后，在天津火车站换乘蒸汽火车，到了北平前门箭楼东边的正阳门火车站。在学校传达室，他跟老大爷打听起了汇文的情况。当听说汇文是一所贵族学校，学生多是官宦富家子弟时，他开始后悔当初的选择。于是，又打听有没有别的学校？老大爷告诉他，在汇文中学同一条胡同的东头，还有一所慕贞中学，是一所教会学校。但是，只招收女生。转学的念头，就此打消了。

始建于1871年的汇文中学也是一所教会学校，击落61架敌机的王牌飞行员彭仁忭烈士，新四军第四师师长兼淮北军区司令员的彭雪枫、梁思成、贾兰坡等都是从这里走出来的。学校的第一任校长是高凤山博士，他提倡“增进身体健康、涵养审美情感、培养职业技能、预备升学基础、练习善用闲暇、学做良好公民、养成高尚品格”的“全人教育”理念。

高一、高二，王忠诚按部就班在这里读书。高三的时候，王忠诚突然收到父亲托人从烟台寄来的信，说家里已经揭不开锅，要他赶紧回家。他被迫向学校提出退学申请。回到烟台，在熟悉的街道上，他见到了父亲摆的地摊，弟弟妹妹正在帮助父亲兜售日用品。王忠诚的泪水，瞬间夺眶而出。

紧接着，他开始在道恕小学代课，每月的薪水仅够全家 6 口人吃饭。白天忙完教学，夜里就躲进一间柴房，点亮一盏油灯复习功课。他希望重回汇文学习。为了省钱，无论离开学校时间多晚，他都不在学校吃饭，而是回家吃高粱面掺榆树皮做的窝窝头。

在回到烟台的两三个月时间里，王忠诚见父亲每天早出晚归，母亲日夜操劳，便不想再提回汇文读书的事。王忠诚在家排行老六，他的两个弟弟初中没有毕业，就随学校外迁到了台湾，一个妹妹就跟在他屁股后面形影不离。十四五岁，已经在父亲的米店里扛麻袋、装卸车辆。看着这个家，他决定就在烟台当一名小学教师，把养家糊口的重担，从父亲肩上接过来。

但是，就在王忠诚准备留下来的时候，收到了校长高凤山的来信。这份以汇文中学校长的名义写的信，实际上是一份免费复学通知书。这样，王忠诚又回到了学校，继续高三课程的学习。复学成为王忠诚人生路上的一个重大转折点。一年后的高考，他选择了悬壶济世的职业，顺利考入了原国立北京医科大学。

从普通外科转入脑系科

进入这所“中国自己办的医学高等院校”，王忠诚对一切都是新奇的。汤尔和在国立北京医科大学举行的第一届开学典礼上的致辞——“实在是希望诸位负起促进文明，用学术来和列强竞争的责任”，让王忠诚以新的眼光来观察周围的一切。为患者、为国家，成为王忠诚做人做事的首要出发点。

1950 年，朝鲜战争爆发。当时，王忠诚刚刚从北京大学医学院毕业进入天津总医院普通外科，他积极报名参加了抗美援朝医疗队。但是，当走进吉林省兆南县城郊志愿军野战医院的那一刻，王忠诚傻眼了。从前线运送到东北的伤员中，有很大一部分是头部有外伤的战士。由于医疗条件跟不上，大部分伤员的头部外伤转运到后方的时候，就已经出现了慢性并发症，有的甚至出现了伤口化脓的现象。

第一次站到脑外伤伤员的面前，王忠诚不知道该怎么办。他将听诊器放到伤员胸前，听到了心脏微弱的跳动。王忠诚知道，必须立即展开抢救。但是，到了手术台前，王忠诚才发现战士的脑外伤已经造成脑疝，医生回天乏术。在野战医院病房，一名神志昏迷的青年战士，突然间高呼“冲啊”，然后就在床上不停地挣扎。王忠诚赶到病床前，所做的只能是给这个青年战士注射吗啡或服用安眠药。在王忠诚所在的吉林省兆南县城郊志愿军野战医院，对“前线接送回来的重度脑外伤、脑出血和脑损伤伤员，几乎束手无策，伤员没有一例得到抢救”。当时的王忠诚，是毕业不久缺乏临床经验的大学生，对于神经外科的认识，局限于医科大学教科书上薄薄两页纸的内容，和课堂上老师不到 10 课时的讲解。

在整个中国的事实也是这样的：1950 年以前，中国会做神经外科手术的临床医生很少，即使像上海中山医院院长兼外科主任沈克非这样的大夫，在面对大脑中的一个肿瘤时，也是没什么办法。从德国学成归国的裘法祖是一位外科大师，其著作——《脑部外科手术学》对推动中国神经外科学的发展做出了突出贡献。但是，裘法祖最终选择了别的专业，没有在神经外科方面继续开展研究。

面对精神病患者的时候，医生只能在患者的前额部位，用手摇钻先钻一个孔，然后将手术刀伸入孔内，把前额叶的神经纤维切断。前额叶神经纤维切断以后，人就变成了傻子，但精神病患者从此就安静下来了。就是这样的手术，也只有西安医学院的张同和与天津总医院的万福恩能做。

而在世界上，1879 年第一例开颅手术就已经在英国获得成功。神经外科在美国、加拿大、英国、法国、德国和荷兰等地获得了飞速发展，一些相应的医疗机构也建起了独立的神经外科并做到科研与临床并重。中国的神经外科，基本上还是一片荒漠。

1952 年，从朝鲜战争野战医院回到后方，王忠诚立即向已改名的天津医科大学附属总院递交申请，要求进入脑系科，从事神经外科的专业工作。

建立神经外科事业

20世纪40年代末，中国还没有一所医学高等院校招收神经外科专业的研究生，也没有专门的神经外科门诊。新中国成立以前，国内会做神经外科手术的临床医生只有关颂韬、赵以成、沈克非、张查理、裘法祖、张同和等几个人。这个时候，大部分神经外科疾病患者在私人诊所就诊，他们一次诊断和治疗的费用，差不多是一个五口之家半年的饭费。

由李鸿章倡导建立起来的中国第一所完整的私立西医医院在天津开始接诊的日期，与世界上最早的两例神经外科手术的日期，大致仅差一两年。但是，中国出现神经外科的时间，与许多西方国家相比，却要晚半个世纪左右。1951年，卫生部派人到苏联学习神经外科；1952年，以神经外科专家赵以成为首在天津市总医院成立脑系科。就是在1952年，王忠诚加入脑系科，来到赵以成身边工作。

在这里，王忠诚参与的第一例神经外科手术，是协助赵以成做垂体瘤切除手术。一台手术下来，王忠诚的感觉是，“太神秘了，什么也没看着”。之后没隔多久，他在急诊室值班时遇到了一位神经外科疾病患者。一番仔细检查后，王忠诚判断，“患者的脑膜处长了一个肿瘤”。由于病情严重，时间已经不容王忠诚通知别的大夫。硬着头皮，王忠诚一个人完成了脑膜瘤切除术。最终，患者生还了。这也成为进入神经外科以来，王忠诚单独完成的首例手术。

1953年，天津市总医院创办全国神经外科医生进修班。1955年，北京医学院附属医院神经外科与全国神经外科医生进修班，同时迁入北京同仁医院。1959年，全国神经外科医生进修班从同仁医院迁入北京宣武医院，1980年又迁入北京天坛医院。全国神经外科进修班成为中国神经外科专业的“黄埔军校”。从进修班出来的医生，回到各自的工作岗位以后，几乎全部成为各省市自治区医院、国家重点行业医院、医科大学附属医院的神经外科创始人及学术带头人。

全国神经外科进修班的时间跨度长达41年。王忠诚在这个岗位上坚守了41年，保证了进修班能够按照赵以成的学术思想持续不断地运作——在手术时，赵以成操作精细、技巧娴熟，以防在此过程中，对患者的神经功能造成伤害；在讲课中，赵以成一再要求学员，“必须牢牢记住，以后在手术中，一定要认真考虑手术的后果，千万不能给患者增添生活的不便”。从 1952 年加入脑系科来到赵以成身边工作算起，到 1974 年 9 月赵以成不幸逝世，王忠诚在赵以成教授身边，连续学习和工作了 22 年，也在一张白纸上建立了中国自己的神经外科事业。

60 年坚守一线

“穿上白大褂，成为神经外科的大夫，悬壶济世”，这是王忠诚最初的想法。可是，在神经外科待久了，他就感觉到神经外科的医生不是这么回事。从患者的痛苦反应中，王忠诚感受到的是作为手术大夫的苦痛。

“脑室空气造影”，是神经外科患者确诊病变位置必需的一步。它要求患者面对椅子的靠背坐下，双手扶住座椅的靠背，接受医生对他进行的腰椎穿刺。即由医生将检查室内的空气，从纱布细小的空格中穿过去，制造过滤空气。然后，将过滤空气用针管注入患者的蛛网膜下腔，并在注入的同时，缓缓地往外抽出针栓。在抽出针栓的过程中，由于空气的比重比脑脊液轻，空气会沿着脊椎管向上走，而脑脊液会顺着针管向外流。空气自然地进入人脑后，就可以拍片了。在 X 线机前，人脑是白色的，空气是黑色的，从黑白对比的显影中，医生可以观察出脑室是否变形、移位，从而确定病变位置。

空气具有受热膨胀的物理特性，注入患者蛛网膜下腔 20mL 空气，会受热膨胀，体积迅速增大一倍以上，超过 40mL，在组织结果严密的人脑中，空气的侵扰会使患者出现恶心、呕吐、头痛等症状。反应强烈的甚至会难受到用头猛烈地撞击墙壁。而且，它只能查出脑肿瘤、颅内出血等问题，对于比较复杂隐蔽的病变无法判断。

怎么办？王忠诚开始自己研究，他晚上读《神经解剖学讲义》，白天邀集青年医生护士朋友，一人一辆自行车，到郊外寻找无主尸骨，然后将找到的尸骨放在自行车后座载回医院。回来后，先用一口大锅，将尸骨煮沸消毒，然后晾干，再进行漂白，最后用铁丝把骨架串起来制作成标本。

有了标本，王忠诚开始对照颅骨标本研读《神经解剖学讲义》，他能做到的是合上讲义，在颅骨标本上，把大脑的构造、血管和每条神经的名称、位置和走向，说得一清二楚。然后，与同事一起到解剖室解剖尸体。20 世纪 50 年代，人们还不能普遍接受解剖这个概念，他的尸体解剖只能在十分隐蔽的条件下进行。二十来平方米的低矮平房，用有色的旧布料，将解剖室的门窗遮得严严实实。屋外，是 30℃的高温，王忠诚却要在这样的解剖室内呆五六个小时。最初，两三个小时就到室外透会儿气，慢慢地，他精力高度集中就连续七八个小时不出门了。

10 年时间，“脑血管造影术，进行颈部动脉血管穿刺，将显影剂从颈部动脉注入颅内血管，代颅内血管充盈以后，显影剂就会布满颅内动脉血管，然后进入毛细血管，最后进入静脉血管。这时，颅内病变的部位，形态与周边的关系，就会立体地呈现出来。如果患者颅内长有肿瘤，正面和侧面都会显现出来。”

1963 年，王忠诚完成了《脑血管造影术》初稿。几经修改完善，这部学术著作于 1965 年出版。

脊髓内肿瘤、显微外科新技术、脑干……在他行医 60 多年的人生历程中，自觉面对尚未攻克的神经外科疾病难题，是王忠诚始终不变的人生轨迹。

为神经外科界立标准

一边是巨大动脉瘤造成脑功能障碍，随时可能破裂大出血导致死亡的赵栓柱；一边是带着倾家荡产凑来的医药费，凌晨敲开房门跪下求情的老父亲。如果一定要为了挽救这个濒临死亡的患者，继续进行手术，一旦手术失败，患者死在手术台上，将影响主刀大夫的声誉。

手术台边，王忠诚抬头看了一眼主刀大夫和护士，压低声音说，“开颅”。刚掀开赵栓柱的颅骨，颅内的鲜血马上喷射而出，手术台上顿时一片鲜红。

这是王忠诚没有预料到的，他预料到了颅内会出血，但是没料到会出这么多血。

按照常规止血，已经不可能见效。王忠诚脑子里闪过这个念头，将手指伸进了患者的颅内。他想用手指止血，而神秘的出血点根本看不见。时间在一分一秒地过去，他的额头上渗出一滴一滴的汗珠，终于他发现了隐藏的出血点，迅速用手指堵住，接下来，他手指轻轻地深入颅内，将脑瘤一点一点地从脑组织上剥离下来。最后确认，这是一个直径 9 厘米的动脉瘤，在 1985 年已经是全世界最大的一个。

只要患者有一点点生还的希望，王忠诚就会尽最大的努力。更难得的是，几十年来，他每一次手术都是从零开始，从来不因为自己是著名的神经外科专家，而忽略手术前期的基础工作。对每一个患者拍的片子、入颅切口、肿瘤位置、切除方式、术后护理，事先都要认真研究透彻，然后他才会上手术台。

如果手术单上写 8：30 分开始手术，王忠诚在 8 点就会出现在现场。他进手术室做的第一件事，就是打开病历，问一遍患者的姓名，然后看片子。根据片子完成定位后，他就去刷手。8：30 分前，他就做好上手术台的一切准备。8：30 一到，王忠诚的手术刀会分秒不差地做到“刀碰皮”。以后，8：30 分“刀碰皮”，成为天坛医院神经外科医生人人遵守的一条黄金律。王忠诚的一言一行，已经自觉地形成了人人遵守的规章制度。

1986 年 3 月 31 日，中国医学会神经外科分会选举产生学会常委会组成成员，王忠诚当选主任委员。他当选后的第一件事，就是结束各地神经外科病例五花八门的混乱状况，在全国统一神经外科病历。第二件事，结束各地自作主张、自立疾病诊断标准的混乱状况，在全国统一神经外科系统各种疾病的诊断标准。第三件事，结束各地各行其是、自定疾病判断标准的混乱状况，统一神经外科系统各种疾病的疗效判断标准。

后来，神经外科界流行起了“脑组织移植”，即将患者的大脑打一个洞，再将胎儿的脑组织吸出几毫克，注射进入患者的大脑。但是，国际医学界对于这种方法的实际效果还不能肯定，对于胎儿的脑组织移植到患者的大脑后，患者是否可以存活，也没有做出准确的判断。王忠诚专门派罗世祺到美国学习实验研究，当时，美国的研究工作也是刚刚起步，对开展脑组织移植实验的研究态度十分严谨，要求每一个步骤都建立在严格的科学基础上。在 1990 年的“全国脑移植研讨会”上，王忠诚提议“将脑移植方法严格限制在基础实验研究范围内，将实验研究的重点，限定在恒河猴身上进行。现阶段的主要任务，是观察实验结果，严格防止蔓延”。而就是这个项目，王忠诚和他的科研小组持续不断地进行了长达10年的跟踪，并在第10年拿出了具有充分说服力的《实验研究结论报告》，该报告认为，“脑移植远期疗效并不理想”。

带出2000多名专业骨干

一直到20世纪40年代末，中国还没有一所医学高等院校招收过神经外科专业的研究生。医学高等院校提供不出神经外科专门人才，全国的医疗机构就不可能开设神经外科门诊。

作为一名神经外科的大夫，王忠诚越来越感觉到神经外科是一个系统工程。就一台手术而言，它都需要一个团队的共同努力。如果面对的是学科发展，仅有一个团队还不够，它需要建设起一支研究与临床两手抓两手硬的队伍，才有可能在满足神经外科疾病患者需要的同时，不断揭开大脑中的一个个谜。

培养人才，王忠诚从管理全国神经外科进修班就已经开始。1979年，国家批准在北京天坛医院设立神经外科硕士点，王忠诚开始招收研究生。为神经外科事业建立人才梯队，成为王忠诚的新目标。他的第一个硕士生是李世绰。提起当时的报名申请，身在甘肃的李世绰并没有抱很大希望，他觉得自己有很多不利因素，“一是考前与王教授并不相识，二是有些考生与王教授在同一个单位工作，三是他的考试成绩并不拔尖。而且，名额只有一个，报名的人员却不少”。结果，王忠诚偏偏录取了他，接到录取通知书后，他就四面八方打听原因。最后，他得到的答案是，王教授招收研究生，是在为国家选拔培养人才。

吴中学是王忠诚招收的第一个博士研究生。1985年，脑血管病血管内治疗是一种不用手术治疗的新方法，但是“全世界只有法国和苏联等少数国家的研究机构对神经外科介入治疗有零星的报道。而且，所有的报告病例都是个案”。王忠诚希望吴中学能突破这个难题。但是，在研究的过程中吴中学发现，“脑血管病血管治疗研究，一个巨大的挑战是材料问题。因为在全世界范围内，只有法国和美国各有一家公司，在研制生产介入治疗所需的栓塞材料。而且，这两家外国公司生产的栓塞材料都不销往中国。因为中国没有医生开展介入治疗，国内没有栓塞材料销售市场。”王忠诚就从所长专项经费中，特批了6000美元外汇来进口国外栓塞材料——微型导管样品。师生约

好一周见一次面，讨论和解决问题。就这样坚持到最后，设计出了 7 种栓塞材料，成本从一根导管 2000 ～ 4000 美元的进口价格，降到了 15 ～ 40 美元（按照 1987 年的汇率计算），为介入治疗在全国范围普及铺平了道路。吴中学在王忠诚的带领下，培养出了一支神经外科科研团队。

随着专业分工越来越细，王忠诚第二批博士研究生的培养方向转向了临床。王忠诚分析认为，每一个方面都应有一个人负责，否则在战略布局上就不能成为赢家。在方法步骤上，他采取巩固已有的专业，建立新的专业，齐头并进，向前发展，把学科逐步带到国内外前沿。人才培养为此必须做到，研究与临床两手抓、两手硬。在医院临床方面，按照一个专业一个病区，划分为 12 个病区。在研究所方面，开设 5 个基础研究室、8 个临床研究室、9 个博士站、15 个硕士点、3 个博士后流动站，将神经外科临床与研究的各个方面全面覆盖。王忠诚的第一个博士后是张亚卓，他带出了一个组，把神经内科内镜做起来了，制造商甚至将他设计并在临床上广泛应用的内镜命名为“亚卓镜”。

目前，全国近 7000 名神经外科人才中，2000 多名大夫是通过王忠诚的计划培养出来的。

艰难时世中坚守天职

王忠诚的一生，并不是一帆风顺的。

1966年，“文化大革命”开始，王忠诚被剥夺了行医的权利，戴上“臭老九”的帽子，下放进行劳动改造。反动学术权威是王忠诚的罪名，挨批斗、打扫卫生、刷厕所则是他每天的“工作”。在颠倒黑白的日子里，王忠诚仍然以一个医生的天职坚守着。在他眼里，“患者无贫富和贵贱之分，只要他是患者，这个人就是自己的亲人”。

有一次，一个工人患听神经瘤入院治疗。进行手术的时候，由于主刀医生的失误，造成了出血不止，患者的生命危在旦夕。然而，那名医生竟然冒出了一句骂人的话，甩手就走了！听到这种情况，王忠诚十分气愤。在一个真正的医生心里，患者的生命高于一切。于是，王忠诚走上前去，用那双已经被剥夺了拿手术刀权利的手继续手术。患者最终脱险！

还有一位患者，由于是全国总工会被打倒的干部，当时主持科里工作的“无产阶级革命派”就把他撵出了医院。王忠诚看到这种情况，心里很焦急。他十分清楚，在这种情况下，患者刀口化脓感染继续蔓延，就等于是“判了死刑”。但是，当时的王忠诚已经被剥夺了主持工作的权利。怎么办？王忠诚想了个法子，他偷偷地查看到患者病历上的地址，找到患者的家。然后，利用每天下班休息的时间，骑自行车到患者家里给患者换药。这个患者的家离王忠诚住的地方有20多里地，骑车得1个多小时的时间，一趟下来汗流浃背，背上的衣服全湿透了。但是，不管刮风下雨，王忠诚一天也没中断过。就这样，坚持了两个多月，患者的刀口愈合了。

作为一名潜心研究专业的知识分子，王忠诚看到，论文没人写，学术会议没人开，疑难重症手术没人做，新业务不开展……刚刚起步的中国神经外科再次处于停滞状态。然而，祸不单行。就在王忠诚内心深处最为痛苦、最为苦闷的时候，他最敬爱的老师，中国神经外科事业的开创人赵以成教授因得不到及时治疗而不幸逝世。霎时，那些与恩师朝夕相处的时光一下子全都浮现在了王忠诚的眼前，无声的眼泪在这个坚强的人脸上止不住地流下来。

一直到1972年，王忠诚才恢复正常工作。回想往事，他觉得“我们的荣誉与威信是党和人民给的，我们没有理由不努力工作”，他还觉得对不起妻子韩一方，也对不起3个孩子。1950年秋天结婚，夫妻本来在一家医院工作，却因为王忠诚参加全国神经外科医师进修班到了北京而两地生活。大女儿出生时，朝鲜战争爆发，王忠诚在前线；二女儿出生时，王忠诚在北京；儿子出生时，王忠诚又从同仁医院搬到了市郊的宣武医院。一个周末，妻子忙完一天的工作，已经是深夜十点。她怀里抱着儿子，肩上挎一个包，从天津回北京，看望两个女儿。在北京站下了火车，换乘两次公共汽车，来到北京宣武医院职工宿舍，用钥匙打开房门，两个女儿却不在家。她不敢在家里多耽搁一分钟，就锁上房门，抱着儿子满世界找人，找遍了整个宿舍区、医院，却在途经一个沙坑时，看见两个女儿坐在沙堆上，小手小脸全是泥土，姐妹二人紧紧地搂在一起，哭得像泪人。

白细胞下降、肺炎、前列腺炎、腰椎间盘突出……王忠诚一次次生病住院，都是妻子悉心照料。而王忠诚也常怀感恩，当了院士依然一有时间就洗衣服、擦地板、搞卫生，家里总是充满温馨。

站在神经外科最前沿

年过八旬，王忠诚依然按时上下班，参与各种疑难杂症的诊断。他说："人的中枢神经系统太复杂，我们目前所知道的仍是微乎其微。"

从 1952 年进入神经外科专业到出版《脑血管造影》学术专著，王忠诚用了 13 年。3 年后，《神经外科学》第一卷《颅脑分册》与读者见面。同年，"重型颅脑外伤抢救治疗"和"大脑中动脉扎结同时进行颞浅动脉——大脑中动脉吻合术"两项研究完成，并获得"全国科学大会奖"。《神经外科学》第二卷《颅内肿瘤分册》和《神经外科学》第三卷《脊髓疾病分册》分别于 1979 年和 1983 年出版发行。1982 年，中国神经外科规模最大的北京天坛医院建成，它与北京市神经外科研究所一道，实现科研与临床结合，成为全世界最著名的三大神经外科中心之一。1985 年，"脑动脉瘤的纤维外科手术"研究成果获得"国家科技进步二等奖"。

1988 年 11 月 25 日，美国神经外科学会理事会给王忠诚邮寄来一份"通知书"，告诉王忠诚被授予"名誉会员"。"美国神经外科学会名誉会员，是我们这一组织的一种特殊的奖励，只授予极少数在教育、临床及科研方面对神经外科学做出突出贡献的人士……您近年来做的重要贡献是得到部分委员建议的一个重要因素。对您的提名得到了全体理事的赞同，并得到了美国

神经外科学会全体会员的一致通过。”

第一次出国，王忠诚不到40岁，是作为保健大夫，于1964年随周恩来率领的中共中央代表团前往苏联。又于1974年国家点名抽调他前往阿尔及利亚，为阿尔及利亚总统布迈丁治病。他得了一种怪病，全身多处出血，当地医生认为，布迈丁是患上了地中海地区少见的巨球蛋白血症。先是送他前往苏联莫斯科治疗，结果病情越来越重。回国后，改为请美国、英国、法国等国的专家为他治疗。美国专门从国内运了一台CT到阿尔及尔，为他诊断检查，发现他存在颅内出血。当时是否要为布迈丁总统作颅内血肿清除术，是会诊讨论的中心议题。以王忠诚为首的中国专家团会诊患者后明确表态，“总统的身体状况，已不适合做手术”。但会诊中还有一些不同意见，而就在当天晚上，布迈丁就因为呼吸道大出血而逝世。这一无情的结果以无言的事实证明中国专家的诊断意见是正确的。

行医60多年来，作为中国神经外科事业的奠基人之一，创建中国规模最大的神经外科临床机构，创刊影响全国的《中华神经外科》杂志，举办有利于与世界接轨的中华医学会神经外科分会，王忠诚都办成了。1994年，王忠诚当选为中国工程院院士；2009年，他站在了北京人民大会堂国家最高科学技术奖颁奖台上。

参考文献

[1] 王喆 . 王忠诚 [M]. 贵阳：贵州人民出版社，2012.

（撰稿　张晓敏）

2008 年度国家最高科学技术奖获奖者

国之所幸

——“中国稀土之父”徐光宪

人物简介

徐光宪，男，1920 年 11 月出生于浙江上虞。北京大学化学系教授、博士生导师。历任北京大学原子能系（后改为技术物理系）副主任、稀土化学研究中心主任，国家自然科学基金委员会化学科学部主任，中国化学学会理事长，中国稀土学会副理事长，全国人大代表，全国政协委员等职。2015 年 4 月 28 日逝世，享年 95 岁。

贡献

徐光宪的研究领域较宽，涵盖物理化学和无机化学，在量子化学和化学键理论、配位化学、萃取化学、核燃料化学、稀土化学、串级萃取理论及其应用等方面都有突出的成就，被誉为中国“稀土之父”。

他在我国较早开设物质结构和量子化学课程。1954 年受教育部委托，他和卢嘉锡、唐敖庆、吴征铠一起在北京举办物质结构暑期进修班，培养了我国第一批物质结构课的师资。20 世纪 50 年代末，他从事核燃料萃取化学研究，提出萃取机理的分类法，准确测定大量溶液化合物的稳定常数和两相萃取平衡常数，为国际手册收录。

1976 年，他提出串级萃取理论，并在全国推广，把我国稀土萃取分离工艺提高到国际先进水平。在量子化学领域中，他对化学键理论做了深入研究，提出了原子价的新概念、nxcπ 结构规则和分子片的周期律。一生著述颇丰，发表学术论文 400 余篇，出版专著和教科书 8 种。

荣誉

1978 年	全国科学大会奖
1987 年	国家自然科学奖二等奖、三等奖
1988 年	全国高等学校优秀教材特等奖
1991 年	国家科学技术进步奖三等奖
1995 年	首届何梁何利基金科学与技术进步奖
2005 年	何梁何利基金科学与技术成就奖
2008 年	国家最高科学技术奖

“如果把科学家分为几类，有举重若轻的，有举轻若重的，那么我都不是，我属于‘举重若重’的一类人。”徐光宪一生挚爱的只有两件事——教书和科研，而这两件事都与“稀土”有关。

他是化学家，让中国从稀土的资源大国变成生产应用大国，由此掀起“中国冲击”，奇迹般改写了国际稀土产业格局；他也是当之无愧的教育家，他撰写的教材哺育了中国几代化学工作者，仅在北京大学培养出的学生中就涌现了3名院士、3名长江学者特聘教授。

与人相处，徐光宪有自己的信条——推己及人。“儒家说：己欲立则立人，己欲达则达人，己所不欲，勿施于人。”徐光宪提到，季羡林先生曾说过，考虑别人比考虑自己稍多一些，就叫好人。“后来，王选讲，标准还可以降低一点，考虑别人和自己一样多，就是好人。”徐光宪就是大家眼里不折不扣的好人。

改变世界稀土格局

邓小平同志曾说：“中东有石油，中国有稀土，中国的稀土资源占世界已知储量的80%，其地位可与中东的石油相比，具有极其重要的战略意义，一定要把稀土的事情办好，把我国的稀土优势发挥出来。”虽因国家需要，徐光宪多次变更研究方向，先后致力于量子化学、放射化学、配位化学和萃取化学等方面的研究，并在这些方面都有所成就，但令他轰动世界的事业巅峰，还属由他缔造的“稀土王国”。

“稀土包含17种元素，其中有15种叫镧系元素，在元素周期表这个位置。”徐光宪对外行人解释稀土是什么，会随手指出他们在元素周期表中的位置，“比如我们在石油炼制时，希望汽油产出多一些，就要用到稀土的催化剂，可以使生产的汽油产率变大。手机、计算机，包括激光通讯，都要用到稀土。”

从1787年开始，稀土逐渐被人们发现并利用，由于有特殊光电磁和催化功能，只需一点就能化腐朽为神奇，稀土成为发展电子、航天等高新科技不可或缺的原材料，被人们称为“工业的维生素”。它在军事方面的重要用途更是不言而喻。

1972年，北大化学系接到紧急任务——分离稀土元素中性质最相近的“孪生兄弟”镨和钕，而且纯度要求很高。徐光宪和同事们接下了这项任务。

20世纪70年代的中国稀土业正处于起步阶段，对外只出口稀土精矿和混合稀土。当时世界最大的稀土厂是法国的罗地亚公司，中国曾经考虑过买他们的技术，但他们要价很高，并要求中国的稀土产品只能卖给罗地亚公司，由他们在全世界销售。“我们要自己研究开发，而且要比他们做得更好，给国家争口气！”然而，要萃取分离镨、钕是国内外都没有解决的难题。15种镧系元素犹如15个孪生兄弟，化学性质几乎一致，要将它们一一分离十分困难，而镨、钕的分离更是难中之难。

当时，国际上稀土分离的主流是离子交换法和分级结晶法。两种方法在过程上不连续，成本很高，提炼出的稀土元素纯度也较低，不能适应大规模的工业生产。徐光宪思索再三，决定还是采用自己曾经研究过多年的萃取法来完成这项艰巨的任务。

“萃取法”是在煤油中加入萃取剂，通过摇晃震荡的方法将其一次次分离，最终得到纯度大于99.9%的镨和钕分离产品。当然，这个实验的设想在开展前还只能说是一次尝试，因为在他之前，还没有人将萃取法真正运用到分离稀土元素的实际生产过程中去，很多人都不相信萃取法能够适用于实际工业生产。这不仅是因为当时萃取化学这一学科分支尚未成熟，而且也因稀土元素本身的特性决定，要想在17种元素中提纯任何一种，都是极大的挑战。徐光宪估算，这个试验要花去很长时间，要经过小试、中试，最后才能投入实际生产。

一般萃取体系的镨钕分离系数只能达到1.4～1.5。徐光宪却通过改进稀土萃取分离工艺，出色地完成了这项紧急军工任务，而且使镨钕分离系数打破了当时的世界纪录。

此后，徐光宪开始寻求新的办法，试图在理论上确定萃取剂、料液和洗涤剂的流量比例及萃取段和洗涤段的级数等工艺参数。经过试验，他发现在几百级萃取槽中，萃取段和洗涤段两相的金属离子总浓度比是一个常数。这就是他发现的“恒定混合萃取比规律”。

在这一规律的基础上，徐光宪建立了“串级萃取理论”，带领团队共同创建了“一步放大法”，革除了“摇漏斗”的小试和中试、扩大试验等国内外传统的新工艺研究开发的流程，并在上海跃龙化工厂试验成功。

一时间，该理论广泛应用于我国稀土分离工业，彻底改变了稀土分离工艺从研制到应用的试验放大模式，实现了设计参数到工业生产的“一步放大”，引导了我国稀土分离科技和产业的全面革新，使我国实现了从稀土资源大国到生产和应用大国的飞跃，为稀土功能材料和器件的发展提供了物质保证，大大地提高了我国稀土产业的国际竞争力。

整整 30 年，徐光宪创立并不断改进的稀土“串级萃取理论”及其工艺，令高纯度稀土产品的生产成本下降了 3/4，使如今中国生产的单一高纯度稀土产品占世界产量的九成以上，每年为国家增收数亿元，国际稀土界纷纷惊呼“China Impact（中国冲击）”。为此，徐光宪又被誉为“稀土界的袁隆平”。

稀土贸易纠纷

2009 年 1 月 9 日上午，徐光宪走上国家最高科学技术奖领奖台。据他回忆：“那天在颁奖大会上，当胡锦涛主席把获奖证书放在我的手上时，还说了四五句话，可惜我听力不太好，没有全部听清。”

颁完奖，徐光宪听到温家宝总理叫他：“祝贺您，徐院士！我记得曾批示过您的报告。”徐光宪一阵感动，他没有想到总理日理万机，还记得曾给两年多前给自己批示的事。

2005 年 9 月，徐光宪、师昌绪、王淀佐、李东英、王乃彦、何祚庥等 15 位院士联名写了一份《关于保护白云鄂博矿钍和稀土资源，避免黄河和包头受放射性污染的紧急呼吁》的院士建议，上报国务院。很快，这份紧急呼吁便得到温家宝总理的亲笔批示：这个建议很重要，请国家发改委阅办。

这一场知识产权引起的稀土贸易纠纷曾让徐光宪这一辈科学家揪心不已。

如果稀土矿浸提和串级萃取技术一直为少数人掌握，那么稀土产品价格可能一直居高不下。因为在我国稀土原矿的成本很低，像最大产地白云鄂博，本来稀土矿就是钢铁生产的废渣，几乎没有成本，稀土产品的成本主要就是分离提纯的工艺成本。

当徐光宪独辟蹊径地用萃取法攻克了国际稀土分离的难题后，一排排看似貌不惊人的萃取槽像流水线一样连接起来，一端放入原料，流水线的另一端就会源源不断地输出各种高纯度的稀土元素。很快，徐光宪改进后的串级萃取方法被我国大江南北的稀土生产企业掌握。

“我们的科研经费是国家给的，科研成果能在国营厂里应用我们就很高兴，根本没有想到要知识产权、专利费等”，徐光宪带领大家去推广，先后到上海跃龙厂、珠江冶炼厂、包头稀土厂三大国营大厂办学习班。因为技术先进且成本低，地方企业、私营厂也想分一杯羹，他们高薪从国营厂“挖”走工程师、技术人员，十多个稀土厂相继成立。

中国工厂可以以无法想象的成本生产高纯度单一稀土产品。20 世纪 90 年代初，我国拥有了“稀土原矿—粗加工产品—高纯度单一稀土—稀土应用产品”完整的产业链条，基本垄断了国际稀土市场。中国价格就是世界价格。

然而，事情总有两面性。当全国稀土年产高达 12 万～ 15 万吨时，超出全世界每年 10 万吨的需求量，造成供大于求，稀土价格一落千丈。国外大量购买我国廉价的高质量单一稀土，坐享我国科技进步带来的果实，而我国稀土工厂的利润却很低。1995—2005 年，我国每年因出口稀土造成几亿美元白白流失。最关键的是，如果稀土这种不可再生的宝贵资源用完，不再有替代，子孙后代将无法享用。

徐光宪为此痛心不已，“我就拼命呼吁，希望成立像 OPEC 那样的行业协会，自觉控制产量，提升价格”“我建议限制在 10 万吨以下，但是办不成功”。多次的呼吁却并没有得到一致的意见，于是就有了徐光宪和其他科学家给温家宝总理写信一事。

2006 年 6 月 19 日，徐光宪将落实总理批示的进展再度报告总理。一周内便得到温家宝总理的再次批示：“请培炎同志阅转发改委研究，发改委可邀请徐光宪同志谈一次。”

在总理批示后，国土资源部从 2007 年起实施限产计划，限制我国稀土矿开采，从原来的 12 万吨减少到 8 万吨，小于全世界的需求量 10 万吨。日本得知消息后，拼命收购稀土，稀土价格在 2006 年开始回升，最高价格达到 2005 年的 3 倍。

科技实力决定国家命运。在推动科技进步的进程中，徐光宪的声音一直在呼喊，“稀土用完了，没有替代品，我们要为子孙后代着想”，他倡导建立稀土资源储备制度。在不同场合，他也一再提出知识产权保护问题，“这个问题如果不重视，企业就不愿意对科学研发投资，因为他搞出来了，别人就仿造，他不能回收研发所花费的资金”。

“霞光”普照

1980 年，徐光宪、高小霞夫妇均当选中国科学院院士（当时称为学部委员）。这一年，他们 60 岁。

徐光宪和高小霞都是浙江人，是老乡，又在 1940 年同时考取上海交通大学化学系。徐光宪的大学生活是在抗战中度过的，但他说：“（大学时期）受到了非常好的训练，打下了很好的基础。”整整 4 年，他始终是班级第一名。而他最大的幸运则是，找到了自己的终身伴侣、班级中唯一坚持到毕业并获得学位的女生——高小霞。

1947 年的那次留美考试，公费生有三四十个名额，考生有四五千人。因为所学和所考不太一致，徐光宪和高小霞与以公费生身份留美的机会失之交臂，双双被自费公派生录取。自费就意味着自己要出 1/10 的费用，可当时 180 美元他们都出不起。徐光宪向三姐借了 10 两黄金，价值 350 美元，仅够支付一个人的留学费用和一张三等舱船票。于是他们商定，徐光宪先出发。

两年后，徐光宪因成绩优异，获得了一份每年 1800 美元的助教工作，他首先考虑的就是将高小霞接到美国留学。

1951 年，朝鲜战争爆发。徐光宪取得博士学位，高小霞正面临读博的机会。“科学没有国界，但科学家有自己的祖国。”高小霞毅然放弃了继续攻读博士学位。4 月 15 日，徐光宪夫妇以华侨探亲的名义获得签证，登上了“戈登将军号”邮轮。这是后来“禁止中国留美学生归国”法案正式生效前，驶往中国的倒数第三艘邮轮。在好友唐敖庆的介绍下，两人来到北京大学落脚扎根，从此专心教书、科研，再未离开。

两人之间有着传奇的“十同”故事：1940 年一同进入上海交通大学化学系，成为同学；1951 年一同从美国回来参加祖国建设；1964 年一同当选为第三届全国人大代表；1968 年一同去江西“五七干校”；1971 年一同回北京大学继续任教；1978 年一同当选为第五届全国政协委员和连任第六、第七届全国政协委员；1980 年一同当选为中科院学部委员（现称院士）；1981 年一同被批准为全国首批博士生导师，并担任国务院学位委员会理科评审组成员；1989 年一同赴澳大利亚参加第三届亚洲太平洋化学大会；1992 年一同被邀请去香港讲学，同时获得国家自然科学奖……

高小霞心灵手巧，又受到过严格的实验训练，动手能力很强。在几十年的教学科研中，她经常根据实验需要自己组装仪器设备。徐光宪回忆起自己当时转换科研方向，对高小霞肯定有加：“记得刘若庄教授曾说佩服我能快速转变科研方向，但他不知道我得益于高小霞的启发和帮助。”

最开始，徐光宪主修量子化学，1952 年院系调整后，徐光宪的任务要改变，不仅要指导量子化学的研究生，还要指导本科生的毕业论文。为了开展相应的实验研究，他从高小霞那里学到怎么用 k 式电位计组装极谱仪等各种仪器。用这些仪器研究溶液络合物，徐光宪又有了收获，他发现通常认为没有络合作用的碱金属和碱土金属也有络合作用。在他的启发下，同事吴瑾光开创了溶液碱金属配位化学的新方向，给 30 年后研究钾离子和钠离子在生物膜中的通道打开了一扇门。

徐光宪说：“如果没有高小霞的帮助，我要从理论研究转向实验研究，恐怕很不容易。”可高小霞说：“我们俩是同行，在家里也经常探讨学术问题。他的基础好，我有些问题还要向他请教，我让他帮我查资料，他总是很高兴地答应；他说我的字写得好，让我帮他抄点什么，我也很乐意。”她说：“虽然自己记性好，不像他那样总是随时做笔记，可是，真要一些确切的材料时，还得找他才有。”

徐光宪既体贴又细心，日常生活的点点滴滴在高小霞心里留下深深的印记。“他很幽默，我有时想问题太专心了，他就会问我‘你在那里发什么傻呀？’年轻时，我经常工作到午夜，现在年纪大了，有时工作到11点还不休息，他就会提醒我：‘哎，黄牌警告啦。’”徐光宪从小喜欢下围棋，高小霞有时间的时候会陪他下上一局。两人出去散步的时候，高小霞坐在轮椅上，徐光宪推着。

“能够跟他在一块儿我很幸福。”高小霞说。

“我一生中最满意、最幸福的事就是和高小霞相濡以沫度过了52年，就是无论在什么时候，我都能牵着她的手，一起为了共同的理想奋斗，不舍不弃。最大的遗憾是没有照顾好她，让她先我而去。”说这句话的时候，高小霞已因病去世，那是1998年9月9日。她的离去曾让徐光宪伤痛欲绝。

死生契阔，与子成说。执子之手，与子偕老。虽然没有一起相伴到终点，但“逝者长已矣，生者如斯夫。”耄耋之年的徐光宪深藏哀思，化悲痛为力量，将精力再投入到教学科研事业中。

在北大的时光

1951年，北京大学红楼前的老槐树郁郁葱葱。

经在哥伦比亚大学的好友唐敖庆（后任吉林大学校长，有“中国量子化学之父”之称）介绍，徐光宪和高小霞双双到北大化学系执教，这一教就是半个多世纪。

“那时，人心很团结，能在工作中体会到共同的乐趣。”尽管国内的科研条件与美国相比可谓天壤之别，但大家的工作热情很高。

应曾昭抡的要求，徐光宪开授了“物理化学”“核物理导论”等课程。物理化学在化学系中被认为是最重要的基础理论课，这门课程的好坏，甚至一定程度上决定化学系毕业生今后独立工作的能力。接到任务后，徐光宪用不到两个多月的时间备课写讲义，又借鉴在哥伦比亚大学当物理化学助教的经验开展教学。徐光宪主张大学化学教学要“授人以渔”，方法比知识更重要。他要求学生要把学到的知识纳入自己头脑中的化学知识框架，经过消化、

徐光宪与弟子们在实验室

吸收、分析、整理，变成自己的东西。他讲课思路清楚，逻辑性强，深入浅出，易学易懂，学生反馈很好。他后来提道：“开好物理化学课是我在北大克服的第一道难关。”

在当时那个年代，我国各类科学人才极度匮乏，徐光宪为新中国培养了第一批放射化学人才。“先生教学几十年，从未迟到过一分钟。”“先生平时很平易近人，使我们这些比较接近他的人，敢于提出自己的意见，而且所提的合理意见，先生一定采纳。”“我因为病假扣工资，又需要自费买药，先生亲自拿来他的工资，要我用来治病。”“先生在‘文化大革命’中‘自身难保’，却在学生上台挨批时挺身而出，向造反派力保‘他们绝不是特务’。”这是学生们眼中的“徐先生”，各自感受不同，但却又出奇地一致。

1989年除夕，徐光宪的学生黎健和妻子无法回老家过年，在北大西北角的一间小屋里，小两口儿望着年仅1岁却患脑瘫的孩子，在悲苦和无奈中熬过了一个通宵，也没有吃年夜饭。初一大清早，天还没有大亮，黎健突然听见楼道中有人喊他的名字。他匆匆披上衣服，打开门一看，发现老师徐光宪竟披着一身寒气站在门口。原来，老师心里一直牵挂着他们小两口儿，趁早晨拜年的人还没来，他让老伴儿高小霞烹了烧鸡和八宝饭放在保暖饭盒里，骑着自行车亲自送到了黎健夫妇住的地方。在昏暗的楼道里，不知道黎健房门号的徐光宪只好一层楼一层楼地喊“黎健，黎健”，这才找到他们家。徐光宪临走时还从兜里掏出 400 元钱塞给黎健。此时，夫妇俩的眼眶中早已噙满了泪水。

他待学生亲如子女、爱如家人，潜移默化地感染着周围的人，通过自己的言行举止向学生们阐释着什么是“学为人师、行为世范”。“绣取鸳鸯从君看，莫把金针度与人”，在科学界，也充满了竞争，可徐光宪经常把自己行之有效的科学方法公开、毫无保留地介绍给大家。他总结出的“科学研究的创新思维和方法”“成功的十大要素”“科研创新十六法”等启迪了众多学子。

“善歌者使人继其声，善教者使人继其志”，在北京大学执教 50 多年后，徐光宪说“感觉到幸福”的是：北大有一批聪明勤奋的好学生。如今，他的不少门生也已成为院士、长江学者或学科带头人。得意门生严纯华，如今已经接过徐先生的接力棒，担任北京大学稀土材料化学及应用国家重点实验室主任、“973”计划的项目首席科学家。他在串级萃取理论方面，不断改进，提出了“联动萃取”的新概念。“我认为，一位有成就的教授的标志之一，就是培育出超过他本人的创新型人才。”徐光宪认为，严纯华已经超越了自己，对此十分满意，并称这是自己的心愿。严纯华评价恩师：“科学家中有两种人：一种是‘工匠’，还有一种是‘大师’。前者的目光局限在具体的研究中，而后者则研究科学的哲学层面，徐先生已经达到了后者的境界。”

人生的幸福

徐光宪是在美国遇到唐敖庆的，这个数学奇才和记忆天才考试总是得满分或第一名，曾获得哥伦比亚大学最高奖学金，令美国师生刮目相看。当年，唐敖庆、徐光宪等 4 人一同住在一个叫“日落”的公寓，共用餐厅和厨房，4 个人轮流做饭吃，互相帮助，结下深厚的友谊。

“认识唐敖庆是我人生中很大的机遇”，不仅是因为在哥伦比亚大学唐敖庆给了自己很多帮助，回国工作也是他帮助推荐的，而且在学术、思想甚至政治方向上，他都对自己影响至深。

“学校新开‘物质结构’课，没教材，教育部指定了 4 个人编写——唐敖庆、吴征铠、卢嘉锡，还有我。那时，同行们都管他们3个叫‘糖葫芦’（谐音），所以我也常常说，我最好的朋友就是这串‘糖葫芦’。”徐光宪每次想起都忍俊不禁。4个好朋友暑假“隐居”青岛，从山东大学图书馆借了一大堆书，夜以继日，每人每天写1万余字。结果一碰头，总字数超过了100万，却才写完原计划的一半。“教育部说，你们人多智慧多，教材装不下，这本只能作为参考书了。那时我讲物质结构已经5年了，有讲义，所以后来就把我的讲义整理修订，作为教材出版了。”这本“讲义”，就是至今在学界仍享有盛誉的《物质结构》。它于1988年获“全国优秀教材特等奖”，是半个世纪以来，在化学一级学科领域获此殊荣的唯一教材，发行20余万册，在全国沿用了近1/4个世纪，影响了几代“化学人”。

“一德立而百善从之”，徐光宪用亲身经验来教导学生，以自己的行为潜移默化地影响身边的人。对自己的生活却要求很低，他一生简朴，衣柜里没有几件好衣服，袖口、领口常有磨损。到人民大会堂领奖时，徐光宪特意穿上了新衣服，这让他的小女儿徐放大感意外。徐放说，颁奖前几天，父亲还曾为这几件新衣与她怄气。原来，从美国回来的她特意为父亲添置了几件新衣，“不过几百元”，可徐光宪心疼她花钱，“别买了，这么贵”。

“所谓幸福，是有一颗感恩的心，一个健康的身体，一份称心的工作，一个深爱你的爱人和孩子们，一帮可以信赖的朋友，一批聪明勤奋的好学生，获得超越自己的好成就。”在晚年，徐光宪谈起自己对幸福的理解。这几条标准，徐光宪的人生都逐次达到了。

身为父亲，徐光宪很少直接耳提面命地去给孩子们灌输做人的大道理。因为除了吃饭睡觉等必要的时间，他几乎所有的时间都在教学和研究，但是顾得了工作就顾不上照顾孩子。徐光宪和高小霞的孩子们从小“散养”长大：放学回家，父母都趴在桌上，各干各的，很少和女儿们聊聊天，很少管她们的事，她们也很少享受和父母一起玩游戏的快乐。

但父母又是孩子最好的老师，父母的言行早已潜移默化地映射到孩子身上。如今，4个女儿中的3个都在国外有各自的家庭和事业，生活幸福，徐光宪为此十分欣慰。然而，也有遗憾，大女儿徐红因下放到云南生产建设兵团时曾受刺激，性格孤僻，更在几年前离家出走，至今音信全无。“作为父亲，我始终觉得对不起她，没有及时做好她的思想工作。”这成为徐光宪至今无法释怀的痛。

晚年后，除了听力不太好，徐光宪的身体还算硬朗，不像他小时候那样体弱多病，需要经常看中医。天气好的时候，他会在楼下的草坪旁边散步半小时左右，这是他在闲暇时光里最喜欢的活动，就算去办公室也一直是步行前往。

徐光宪打字不快，但在他那一代老教授里，他是最早学电脑的。有时间上网了解到各种信息，他经常会把有用的东西“打包”转发给大家，连书信、论文和 PPT 都是他自己一个字一个字敲进电脑的。90 岁以后，徐光宪已不在一线工作，但却从来没有闲下来过。每天会有一大沓的书报信函送到他家，书桌上也总是有处理不完的书稿。“A clean desk is a sign of a sick mind. 真的没有什么工作了，社会不需要你了，就会产生老年人的空虚失落感。”徐光宪说：“现在有做不完的工作，说明社会还需要我，使我能体会到自己存在的价值，这是人生很大的安慰。”

面对荣誉和称赞，徐光宪很淡然：“要说工作成绩，那是团队集体努力的心血结晶，我只是其中的一分子而已。他们青出于蓝而胜于蓝，工作能力和成绩大大超过了我，这点是我最大的欣慰和骄傲。”《诗经》上说：“乐只君子，邦家之光。”国家最高科学技术奖，不仅是他个人的最高荣誉，也让祖国因为他而自豪。

中国科学院院士黄春辉说："中国科学史上不能没有徐光宪的名字，中国近代化学发展史上会有徐光宪的专页。他的精神直接教育和鼓励了我们整整一代人，并将成为我们民族的精神财富。"

2015 年 4 月 28 日，95 岁的徐光宪因病永远离开了他所牵挂的祖国和稀土事业。"中国稀土之父"留给世人的，是一颗跃动半生的赤子报国心和让科学界深感幸福的事业。

参考文献

[1] 郭建荣 . 徐光宪传 [M]. 北京：中国科学技术出版社，2014.

[2] 岳岳 . 惊动温总理的徐光宪院士 [J]. 中华儿女，2009（5）：74-77.

[3] 孟兰英 . 徐光宪的稀土人生 [J/OL]. 大地周刊，2009（3），http://paper. people. com.cn/dd/html/2009-02/01/content-200597.htm.

（撰稿　肖　丹）

2009年度国家最高科学技术奖获奖者

跨界者

——著名数学家谷超豪

人物简介

谷超豪，男，1926年5月出生，浙江温州人。中国科学院院士。1953年起在复旦大学任教，曾任中国科学技术大学校长、温州大学校长、国家科委攀登计划非线性科学科研项目首席科学家，兼任中国数学会副理事长、国务院学位委员会学科评议组数学组召集人。2012年6月24日，谷超豪在上海逝世，享年87岁。

贡 献

谷超豪步入数学领域以来，以国家需求为己任，适时调整研究方向，在“数学金三角”——微分几何、偏微分方程和数学物理上取得重要的建树。

他被看作是继20世纪伟大的几何学家E·嘉当之后，第一个对变换拟群理论做出实质性重要推进的人。他与杨振宁合作，在国际上最早证明了杨－米尔斯方程的初始问题的局部解的存在性。从20世纪80年代后期至今，谷超豪在当前数学最前沿领域，特别是数学的交叉研究和边缘化上，获得了一系列富有开创性的成果，处于国际领先地位，为我国的尖端技术，特别是航天工程的基础研究做出了杰出的贡献。

荣 誉

1978年	全国科学大会奖
1982年	国家自然科学奖二等奖1项、三等奖1项
1985年	国家教委科技进步奖一等奖
1987年	国家教委科技进步奖一等奖
2005年	何梁何利基金科学与技术成就奖
2009年	国家最高科学技术奖
	国际永久编号为171448的小行星被命名为“谷超豪星”

“谷超豪：在当今核心数学前沿最活跃的三个分支——微分几何、偏微分方程和数学物理及其交会点上均做出了重要贡献。”国家科学技术奖励委员会这样评价他。

这条评语成为谷超豪“跨界者”身份的客观凭证，尽管他一再声称自己“就是一个普通的、平凡的搞数学的人”。

用数学阐述物理

1951年，25岁的谷超豪在《中国科学》上发表了《隐函数方程式表示下的K展空间理论》。8年后，他通过了莫斯科大学物理数学科学博士学位的答辩，其论文是《论变换拟群的某些通性及其在微分几何的应用》。

第一篇论文，使他成为国际古典微分几何界的一匹黑马。第二篇论文，被认为继国际几何学权威、法国数学家E·嘉当之后，在无限变换拟群理论方面第一次取得实质性的进展。同时，用数学去阐述空气动力学等物理学领域的基础问题，使谷超豪开始成为一个真正意义上的“跨界者”。

谷超豪的研究要从数学说起。1943年，他考入浙江大学工学院，后转至理学院数学系。当时，受到抗日战争影响，浙江大学被迫西迁至贵州湄潭，谷超豪升学时，浙江大学已经在浙南地区的龙泉建立了分校，他最初进入的就是这个龙泉分校。原本，大学二年级时，谷超豪就可以前往湄潭总部学习。数学家苏步青就在那里。想到可以师从自己的偶像，谷超豪很兴奋，然而战争的升级令交通受阻，他未能成行。直到抗战结束后，湄潭总部和龙泉分校一同迁回杭州，谷超豪才等到了这个机会，受教于苏步青和陈建功。也正是因为他们，谷超豪在数学上的天分才充分发挥了出来。

1951年，第一篇论文发表之后，中国科学院想派遣谷超豪留学苏联，谷超豪却因为感染肺病错失机会。1953年，事情再次被提起，谷超豪前往北京俄专留苏预备部培训一年，结果又被政审绊住了脚步。他有点沮丧，却并未灰心。果然，机会又一次来了。

1956年初，中共中央在北京召开知识分子会议，谷超豪的导师苏步青和陈建功都应邀参加。会议期间，毛泽东接见了科学家代表，他对苏步青说：“我们欢迎数学，社会主义需要数学。”而后，在国家《1956—1967年科学技术发展远景规划纲要（草案）》（简称“十二年科技规划”）的制定过程中，核子物理、半导体物理、无线电电子学、自动化、计算技术、气体动力学等新学科被提上重点发展的日程。这些重点发展学科无一不是以数学为基础，它们是“需要数学”的佐证，也在无形中为谷超豪走上数学物理之路点亮了灵感。

在这一大背景下，已经是复旦大学副教授的谷超豪被列入了留苏名单。1957 年 8 月，他踏上了开往莫斯科的列车。

莫斯科大学力学数学系是当时全世界最大的数学研究中心之一，就连 E·嘉当也曾 3 次前往讲学。因此，无论是苏步青先生，还是谷超豪自己，都希望既能在微分几何上继续深入，又能利用莫斯科大学在数学物理学上的优势，跨出微分几何的局限，投入到偏微分方程的研究中。

到莫斯科不久，苏联发生了一件大事——第一颗人造卫星上天。谷超豪敏锐地意识到了偏微分方程作为数学和物理科学、工程科学沟通的桥梁对于国防建设的重要意义。此后的学习中，他不仅选读了非线性偏微分方程，还旁听了关于物理场论和流体力学的课程。不过那时，他的主攻方向还是“无限连续变换拟群”。

“无限连续变换拟群”由挪威数学家索菲斯·李首先提出，E·嘉当对其做了重大发展。但由于难度较高，之后的数学家们都没能做出实质性的突破。早在跟随苏步青先生学习《黎曼几何》（E·嘉当著）时，谷超豪就对 E·嘉当的数学思想产生了浓厚的兴趣。来苏联之前，《黎曼几何》的法文版早已被他精读过数次，心底也有了一些模糊的感悟。在莫斯科大学优越的学术条件下，谷超豪的灵感被激活了。他抓住“无限连续变换拟群”这个课题，一鼓作气地钻研了进去。

那时候，他的研究进展迅速，每隔两三周就在讨论班上做一次学术报告，深得同行赞赏。仅一年，他就写出了好几篇论文，公开发表在苏联和国内的杂志上。这些论文，就是那篇博士论文的前身。后来的博士论文答辩中，他被认为是继 E·嘉当之后建构无限变换拟群领域做出重要贡献的第一人，“成为该领域其他研究的开端”。

1958 年 6 月，导师认为他的科研成果已经达到了“博士水平”，建议他申请莫斯科大学的数学物理学博士学位之后再回国。这不是一件小事，在苏联，研究生毕业只能拿到副博士学位，只有在副博士毕业多年后并取得卓越成就的，才能申请博士学位。博士学位在当时的苏联可以说是奇货可居。而对谷超豪来说，这个建议不仅超出了他的进修计划，还可能会牵涉对外关系，需要通过中国驻苏联大使馆的严格审查。

然而不论如何，谷超豪总算可以留下来做博士学位答辩了。他是第一个在莫斯科大学做博士论文答辩且被授予博士学位的中国人。答辩组评价他“用自己的方法取得了许多重要的、新颖的、非常有趣的结论”。

两年兼收并蓄。谷超豪认为，数学不仅仅是数学，物理也不仅仅是物理，切实为社会服务才能发挥一个学科的最大作用。在这样的思路下，1959 年 7 月回到复旦大学之后，他开始对数学系的教学进行改革。复旦大学数学系原有 1243 个学时，谷超豪大刀阔斧地砍去了内容陈旧和重复的 310 个学时，在课程体系中添加了“计算数学”“数理逻辑与控制论”等 4 门新课，对统计数学、一般力学等 7 门课程做了重大改变。整个数学系也从 1 个专业 6 个学科，发展为由数学、力学、计算数学 3 个专业 26 个学科。在他的主持下，《数学物理方程》等教材也出版出来，并受到了高度重视。

1960 年，34 岁的谷超豪晋升为教授，事业蒸蒸日上。谷超豪开始在复旦大学数学系开设双曲守恒律讨论班，集中了李大潜、俞文魮、林国、陈恕行等一批青年数学人才，研讨偏微分方程。他们首先在空气动力学方程的间断初始值问题研究中取得成果。其间，谷超豪独立撰写《双曲型方程组的一个边界问题和它的应用》，解决了超音速气流绕机翼流动的数学问题。随后，李大潜、俞文魮又对一般的两自变数的拟线性双曲型偏微分方程的各种边值问题进行了局部可解性的完整研究，无论是固定边界、特征边界、自由边界，都可以用这种方法处理，形成了拟线性双曲型方程组最完整的局部理论。

将后续工作交给学生后，谷超豪转入了更复杂和更困难的研究中。和机翼不同，飞行中的弹头是一种钝头物体。它的超音速绕流牵涉到非线性、混合型、不定边界以及求整体解决等，艰涩复杂。谷超豪最后从混合型方程入手，对高维混合型方程的边界问题求解。尽管这个方案一度受到“文化大革命”的干扰，谷超豪还是用当时落后的电子计算机，算出了导弹设计中的数据。

然而，好景不长。谷超豪很快就在“文化大革命”中尝到了苦头，这些成果被埋没在轰轰烈烈的运动中。曾经被当作功绩的教改，连同他的留苏经历，一起被上纲上线成了“谷超豪道路”，被毫不留情地批判起来。国际数学界根本不知道谷超豪等人所取得的成果。直到 1976 年，美国数学家斯开弗教授率代表团来复旦大学访问，才发现他们刚刚证出的双曲型方程组的边值问题

1982 年，谷超豪教授和新中国首届博士洪家兴讨论数学问题

早在 10 多年前就已经被谷超豪和他的团队完成。

谷超豪在数学、物理上的跨界研究越来越顺畅。而随着中美关系的解冻，华裔科学家纷纷回国访问，谷超豪与杨振宁就在这个背景下相遇了。

早在 1954 年，杨振宁和米尔斯首次提出了“规范场”这一物理学理论，被称为“杨 - 米尔斯方程”。“杨 - 米尔斯方程”首次把规范不变性从电磁场推广到了基本粒子领域，却并不被物理学界重视，包括诺贝尔物理学奖获得者沃尔夫冈 · 泡利等在内，都对此持怀疑态度。后来，杨振宁发现，如果从微分几何这个角度入手，很可能取得重要的突破。不过，身为物理学家的他，在微分几何上到底有些力不从心。那么，能不能与微分几何研究者们合作呢？

1974 年，通过介绍，杨振宁找到了谷超豪。这之前，杨振宁与数学家们的合作并不算顺利，原因无他——“语言”不通。没想到，谷超豪却给了他惊喜。这位青年时代就崭露头角的数学家，不仅能够理解杨振宁所用的物理语言，也能使用便于物理学家接受的语言来表达深奥的数学思想。仅用半天工夫，杨振宁就明白了他过去弄不清楚的一些数学问题。

知音难遇。经过初步的交流，杨振宁就认定了与谷超豪合作能够搞出名

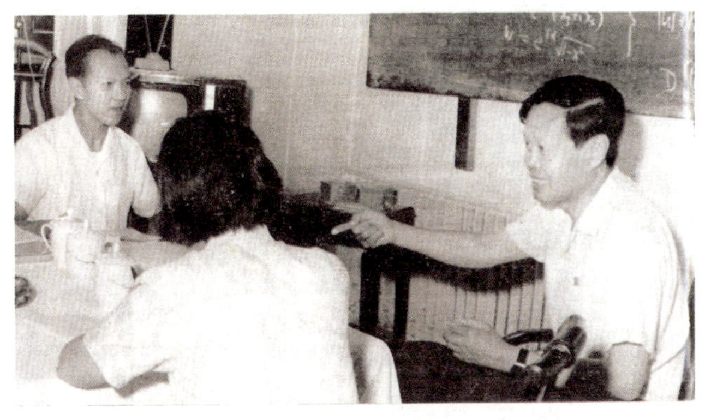
1974年，谷超豪、胡和生等与杨振宁讨论规范场理论（左起：谷超豪、胡和生、杨振宁）

堂来，他建议能够深入合作进行规范场理论研究，也给谷超豪留下了一个关于“洛伦兹规范”的存在性问题。结果，谷超豪与夫人胡和生合作，当天就把这个问题给解决了。

1976年，谷超豪建立了（闭）环路位向因子的方法，成功地将纤维丛中的和乐群理论应用到规范场研究之中，并证明了利用某些标准环路的位相因子和规范场强可唯一的决定规范势。这一方法在其后的研究中得到了广泛的应用。

可以说，从规范场合作开始，杨谷二人往来日密，两位大家缔结了长达数十年的友谊，也在数学物理研究上创造了一段跨界佳话。一直到1984年，上海科学技术出版社出版了《规范场及其他物理问题讨论会文集》，国内规范场理论研究才告一段落。

然而谷超豪在数学物理上的研究却没有止步于规范场。1980年，他将微分几何与数学物理中的非线性偏微分方程结合起来，证明了（1+1）维（注：空间1维+时间1维）调和映照整体解的存在性。其后，当他的一连串发现被公布出来，国际数学界为之振奋，引发了一系列后续研究，开创出一个新的研究方向——“波映照”。

他在孤立子理论研究方面也有很大的成就，找到了达布变换的一个普适性公式，对许多孤立子方程适用，也适用于若干几何问题。

谷超豪到底是怎么做到不间断地推陈出新的呢？杨振宁替谷超豪回答——“站在高山上往下看，看到了全局”。

“人言数无味，我道味无穷。良师多启发，珍本富精蕴。解题岂一法，寻思求百通。幸得桑梓教，终生为动容。”尽管谷超豪用这首诗表达他对数学的感情和数学带给他的乐趣，但他也认识到，数学并不凌驾于其他学科之上，而是其他学科的“仆人”，是一种工具。数学最使人兴奋之处，“就在于可以用它来解说或解答各门学科中的重要问题，同时又不断吸收其他学科的成就，打造自己的精品。总之，数学能够表现自然的和谐性、规律性，并能增强科学的预见性，这本身就充满了吸引力”。

数学与地下工作

没有人会质疑谷超豪对数学的感情。然而在他的生命中，也曾在取舍之间，对数学做过暂时之舍。

1938 年，日本水上飞机侵入瓯江口翁垟，战火烧到温州，有时候一天甚至来 4 次空袭。温州人白天纷纷躲到郊外，晚上才敢回家，整个温州城几乎都瘫痪了。谷超豪那一代人，早早就体会了“覆巢之下，安有完卵”的道理。

生长于战火之中，谷超豪感觉到屈辱、愤慨、慌乱、恐惧。有一次，谷超豪写了一篇作文，文章第一句是“自七七卢沟桥事变以来”，结尾是“最后胜利属于我们”，老师认为这样的文章在当时的报刊上比比皆是，套话太多，批为“抗战八股”。老师的评语，让谷超豪在行文上深受启发。但小小年纪的他即“条件反射”般写出这样的文章，也是心中那颗“抗敌效微力，报国托童心”（出自谷超豪诗《寄母校温州中学》）的种子在萌动。

那时，谷超豪的大哥谷超英已经是温州中学党组织的创建者和负责人。在哥哥的影响下，年仅 14 岁的谷超豪加入了中国共产党。他阅读进步书籍，加入学校的进步组织，写文章、贴标语，积极为抗日宣传做后勤工作。

在谷超豪的初中考勤记录上，课堂全勤止步于二年级上学期。二年级下学期缺课 16 节，三年级上学期缺课已经达到 64 节，下学期也缺课 13 节。缺课多了，成绩自然受到影响，即使是他最爱的算术，前两年的 4 次考试分别为 84 分、94.6 分、95.1 分和 88 分，可到了初三那年，两个学期只有 72.6 分和 74.7 分。尽管如此，谷超豪还是在最后关头逆袭了一把，以第一名的成绩考入高中。

到了高中时代，形势越发紧张，温州地下党组织遭到破坏，谷超豪也与之彻底失去了联系。考入浙江大学后，“失联”中的他一度迷茫，认为虽然已经看到了革命的正途，却没有勇气走下去，又或者可以在学术上做出一番事情来，对社会也能有所贡献。话虽如此，他还是在暗中探询温州地下党组织的情况，而在与之取得联系之前，也积极投身到大学生爱国运动中。

2002 年，谷超豪教授和周子翔（左）、丁青（中）谈力学中的数学问题

1946 年暑假，就读于浙江大学数学系的谷超豪回到故乡温州，和同乡同学成立了“大专学生暑假联谊会”，向中学生宣传学生运动。当时，有一艘外国商船非法驶入瓯江，谷超豪带着联谊会成员四处奔走，严正抗议，终于把入侵船只驱逐出港。这些行动受到了浙南党组织的重视，负责温州城乡工作的曾绍文找到了谷超豪。这样，谷超豪和党组织重新取得了联系。

在浙江大学里，谷超豪与同学共同组织了“求是学社”，一边阅读学习《新民主主义》《论联合政府》等书籍，一边推动杭州大中学生的反内战游行。1947 年，学生自治会负责人于子三被杀害，这群热血青年发起了声势浩大的抗议运动。

浙江大学的学生自治会在随后的运动中进行改选。谷超豪由于在历次运动中做了不少工作，功课又好，在学生中威信很高。竞选期间，学校的壁报上出现了一条醒目标语：科学 + 民主 = 谷超豪。开票时，谷超豪以最高票数当选为学生会主要负责人之一。

这其实也是他人生中的第一次“跨界”——从热爱数学的学生到革命者，始于少年，盛于青年，在他人生中最美好的时光。

1948 年，谷超豪毕业了，他的专业课成绩在 90 分左右，毕业总平均分数达到84分。因为成绩优异得以留校担任数学系助教。那也是新中国成立前杭州市最关键的时期。谷超豪的主要精力放在保全杭州市的科技机构上，在他和伙伴们的努力下，杭州的许多科技、工业单位都安然无恙。

一个人的精力总是有限的，放在革命上的多了，兼管学校图书室的工作就难免受到影响。说起来，这份工作能落到谷超豪头上，还是导师苏步青先生对他的“偏爱”。在苏步青、陈建功长期的经营下，浙江大学数学系的藏书非常丰富，管理图书室意味着可以方便地在里面看书学习、查找资料。对一个热爱数学研究的青年来说，绝对是一份美差。可是图书室要求每天按时开门，中间不能关闭，谷超豪根本不可能做到，有一次还被苏步青“抓了现行”。偏偏他的工作又是需要保密的，无法向自己尊敬的先生详细解释原委。虽然当时苏步青没有发脾气，但谷超豪还是诚恳地认了错，并交出了图书室的钥匙，建议换人来做。

“在搞地下工作的时候我就不想数学，在钻研数学的时候也不想地下工作。我觉得自己是幸运的，能有精力平衡好两者。”若干年后，谷超豪这么说。他一早就认识到，用自然科学改造世界是“大事”，像孙中山那样以救国救民为己任，为国家的兴亡承担责任，自然也是“大事”，该做什么的时候，就要专心投入、全身付出，才能不留遗憾。

两个人的事业

1950年，谷超豪在浙江大学数学系图书室里，遇到了他未来的夫人胡和生。当时，谷超豪已经毕业留校，做苏步青先生的助教。而胡和生则刚刚考入浙江大学读研究生，恰好也师从苏步青。

相遇之初，胡和生正在“纠结”于苏步青布置给她要读的论文，那都是发表在国际数学杂志上的最新研究成果，不仅有英文的，还有德文和俄文，有时甚至一篇就有近百页。60多年以前，中国还没有复印机，手抄摘录要花很多时间。胡和生硬着头皮复习英文和德文，又要自学俄文，借助各种字典阅读文章，逐步推导公式，一步步地弄懂论文的主要内容和难点。这时候，谷超豪给了她最大的支持。

学术上的靠近让他们彼此倾心。师出同门、共同语言、共同爱好，他们在一起，似乎顺理成章。1952年，全国高等院校调整，苏步青改任复旦大学。

后来，谷超豪和胡和生也相继追着先生的脚步去了上海。经过了相知相随的爱情长跑，1957年，他们结婚了。

新婚不久，谷超豪被公派到苏联莫斯科大学留学。留在国内的胡和生，被扣上了“白专”的帽子。“白专”是那个特殊年代的特有名词，意指一个人只专心做学术不关心政治。这当然不是夸奖谁心无旁骛，而是在树立反面教材。爱人不在身边，胡和生不想让远在异国的丈夫分心，一个人苦顶着压力。好容易拿到一个月的探亲假，见到谷超豪之后，她也只字未提，而是在莫斯科读完了几大本有关广义相对论、弹性力学的英、俄文学术专著，并跟谷超豪的导师拉舍夫斯基做了一次学术长谈。

1988年，谷超豪、胡和生夫妇共同钻研

胡和生从来不是谷超豪背后的女人，他们是两株并肩而立的树。结婚的时候，他们就商量好，谁也不要因为家庭影响数学研究，还制定了“二保二”原则，两个人共同持家，两个人在事业上共同进步。

他们也的确做到了。谷超豪回国后，对自己在微分几何方面的研究成果做了一个基本的总结，出版了人生第一部学术专著《齐性空间微分几何学》。胡和生就在他的初稿上对全书做了增补，融入了自己的研究，不仅有已发表的论文，还有未发表的有关黎曼几何的3篇论文。这是他们第一个“爱的结晶”。

日子就在他们的志同道合中平静地过去。然而，随后而来的“文化大革命”却打破了这种平静。这一回是谷超豪被列为“修正主义分子”。胡和生被逼着去揭发丈夫，她不干。“要我说谷超豪解放前的事情，那时我根本不认识他。他11岁就投身革命，14岁入党，这都明明白白写在档案里，你们可以去查他的档案。”

种种艰辛，不足为外人道。他们的一生，看客们觉得波澜壮阔，他们自己却生活成红尘俗世中再平凡不过的夫妻：互相剪头发，一起养花，也喜欢看电视剧……当然，他们在一起聊得最多的还是工作。“我做的工作可以讲给她听，她做的工作可以讲给我听。我们互相核验，这是生活中最大的乐趣。”

谷超豪夫妇的家里，书房是两个人合用的。十多个大书柜，藏书不分彼此。书房里堆放着各种文件、报纸以及书籍。“我自己另有一张小书桌，有轮子，可以推来推去，哪里光线好，我就在哪里看书。这个活动书桌不是我设计的，是医院用来给患者送饭送药的活动推车，我买回来当多功能书桌用。谷超豪很羡慕，他也想买一个。”胡和生说得有点“调皮”，其实在书房里，她总是把靠窗朝阳的地方留给谷超豪，自己用光线不太好的地方。

“男人都生怕比不上自己的老婆，我如果做出很好的工作，就会激励谷超豪也做出好的工作。同时，我这个人不服输，不认为女人在业务上会不如男人，谷超豪做出好的工作，也会激励我去做出好的工作。”胡和生还开玩笑：“就是因为我太出色了，才逼着谷超豪更加努力，最后取得了那么多成就。”

无独有偶，获得国家最高科学技术奖之后，谷超豪在接受媒体采访时也说了一句：“我要更努力，把研究做好一些，这样她就会更重视我。”

在他眼里，她永远是最好的那个。两人之情，溢于言表。

1991 年，胡和生当选中国数学界第一位女院士，谷超豪给爱妻赋诗祝贺：“苦读寒窗夜，挑灯黎明前。几何得真传，物理试新篇。红妆不须理，秀色天然妍。学苑有令名，共庆艳阳天。”

参考文献

[1] 张剑，段炼，周桂发. 一个共产党人的数学人生：谷超豪传 [M]. 北京：中国科学技术出版社，2014.

[2] 钱炜. 穷数理 求百通 智超群豪 [N]. 科技日报，2010-01-07.

[3] 张建松，姚丽萍. “夫妻院士”—— 谷超豪胡和生的诗意人生 [N]. 温州晚报，2010-01-31.

[4] 王若江. 数学王国“神仙眷侣”的永恒爱情 [N]. 温州晚报，2012-06-28.

[5] 袁春宇，解亮. 追忆老乡谷超豪 [N]. 钱江晚报，2012-06-25.

[6] 孙英兰. 谷超豪的数学人生 [J]. 瞭望，2010（2）：44-47.

（撰稿　张方方）

2009 年度国家最高科学技术奖获奖者

一辈子搞航天无怨无悔

——“中国探月工程”首任总设计师、“两弹一星”勋章获得者孙家栋

人物简介

孙家栋，男，1929 年 4 月出生于辽宁省瓦房店市。中国科学院院士，探月工程总设计师。历任中国第一枚自行设计的中程导弹总体设计师，中国第一颗人造地球卫星技术负责人，中国第一颗遥感探测卫星、第一颗返回式卫星的技术总设计师，中国通信卫星、气象卫星、地球资源探测卫星、北斗导航卫星等第二代应用卫星的工程总设计师，中国火箭进入国际市场谈判代表团团长，中国探月工程总设计师、北斗卫星导航系统工程高级顾问等职，被业界公认为中国的“卫星之父”。

贡　献

孙家栋是中国人造卫星技术和深空探测技术的开创者之一，为中国突破卫星基本技术、卫星返回技术、地球静止轨道卫星发射和定点技术、导航卫星组网技术和深空探测基本技术做出了重大贡献；为创建和发展中国人造卫星总体技术、卫星航天工程管理技术和深

空探测技术，做出了系统的、创造性的成就和贡献。

孙家栋是中国月球探测的主要倡导者之一，提出了 2020 年前中国月球探测工程分 3 个阶段的实施方案，明确了中国月球探测的发展方向、目标和路线图。他担任月球探测一期工程的总设计师，确定了工程目标和工程总体方案，对工程各大系统的技术途径做出了重要决策。

荣 誉

1958 年　苏联“斯大林”奖章

1984 年　航天部一等功

1985 年　国家科学技术进步奖特等奖 2 项

1999 年　“两弹一星”功勋奖章

2009 年　国家最高科学技术奖

2010 年　被评为全国优秀共产党员

入围“2010 年度 CCTV 中国经济年度人物评选候选人”名单，获终身成就奖

2011 年　国际永久编号第 148081 号小行星被命名为“孙家栋星”

2014 年 12 月 7 日上午 11 时 26 分，太原卫星发射中心。

长征四号乙运载火箭成功将中巴地球资源卫星 04 星准确送入预定轨道，这标志着我国成为世界上第三个航天发射达到 200 次的国家。

这距离我国第一颗人造地球卫星“东方红一号”成功发射已 44 年。“东方红一号”任务总体技术负责人，是孙家栋。

从 1 到 200，很简单的数字，但这背后承载着以孙家栋为代表的几代航天人的追求和艰辛付出。

孙家栋，86 岁，早已是满头白发，皱纹深陷，但是目光如炬。他把毕生心血都倾注给了航天事业，使中国的航天技术水平跨入世界先进行列，他个人和团队获得的国际国内各类重大奖项太多太多……

这些在孙家栋看来却都很简单：“国家需要，我就去做。”

中国军人获得“斯大林奖章”

1929 年在辽宁出生，后来到黑龙江哈尔滨读书、参军，孙家栋有东北人特有的率真性格。

在孙家栋的记忆当中，再高级的美食佳肴，也比不上两次吃“红烧肉”的经历。

1950 年初，农历正月十五，正在哈尔滨工业大学读书的孙家栋，本打算中午回姐姐家改善伙食，听说学校食堂晚饭加餐，吃红烧肉。

“吃完肉，再回去……”孙家栋索性就留下了。那个年月，有几个人家过年能吃上肉的？

让人难以想到，这一次竟然是改变孙家栋人生方向的难得机遇。

“中国人民解放军空军招募精英！有意愿的同学，可以马上报名。”学校主管人员在食堂宣读通知。

当时，中央军委做出决定，建立 6 个航

空学校，第一航校在哈尔滨、第二航校在长春、第三航校在锦州、第四航校在沈阳、第五航校在济南、第六航校在南苑。

孙家栋坐在饭桌前，一筷子夹起两大块红烧肉，塞进嘴里，嚼了没几下就咽进去了。不一会儿，碗里一点肉星都不剩。

孙家栋擦拭一下嘴巴，起身找到相关负责人，“我要报名”。他从小在战争烽火中长大，曾经亲眼看见祖国山河沦陷、同胞遭到惨绝人寰的杀戮……那时候，当兵保家卫国的种子，就开始埋在了孙家栋的心底。

如今机会就在眼前，孙家栋简单思考，做出了参军的决定。当天晚上，孙家栋和报名参军的同学们一起坐上了开往北京的列车。

一身蓝军装、一顶制式帽、一双制式皮鞋，一脸青涩的孙家栋，一夜之间成了一名军人。

这一顿红烧肉，改变了孙家栋少年时“建高楼、修大桥”的事业方向。

那一年，孙家栋不满 21 岁。

当时的哈工大，老师都用俄语授课，“预科”主要学习俄语。从小就勤奋好学的孙家栋，俄语成绩在学校里是出类拔萃的，因此他成了第四航校苏联航空教官的授课翻译。

1951 年 9 月，孙家栋“过五关、斩六将”，在全军 300 多名优秀人才中脱颖而出，同另外 29 名战友一起，被选送到苏联茹柯夫斯基空军工程学院读书。这是新中国成立后第一批公派留学人员。

1958 年 3 月荣获斯大林金质奖章

孙家栋学的是飞机设计专业。留学期间，他舍不得浪费一分一秒，除了出色完成学院规定学习内容，还不断给自己加码，白天听课，晚上预习，每天都要到深夜一两点钟才睡觉。

一次考试中，主教官抽出有关“航空发动机静态下主要性能推导”的考题，孙家栋引经据典、对答如流。主教官频频点头的同时，却诧异地发现，这套考题居然是孙家栋还没有学到的课程。

1958 年 4 月，孙家栋结束了在苏联 6 年 8 个月的苦读，带着同届毕业学员中只有 6 人获得的“斯大林奖章”殊荣，坐上了回国的列车。

学完飞机却造导弹

孙家栋回忆说，在搞卫星之前，明天干什么，自己都不能确定。

没错，在孙家栋还没有从苏联回国之前，他就已经被列入新组建的国防部五院名单里。这意味着孙家栋必须放弃学了 7 年的飞机发动机专业，转行搞导弹研究。

1958 年 4 月 20 日，孙家栋来到国防部五院一分院导弹总体设计部。当时的中国，经济和技术都比较落后，导弹事业的建立和发展更是白手起家。但是，过惯了苦日子的那一辈人都明白，这条路要走下去，走出名堂，就得从自力更生、艰苦奋斗开始。

初来乍到，令孙家栋感到忧虑的是，研究导弹，自己就连导弹长成什么样子都不知道，心里没谱。不过，相比其他同事，自己所学的航空理论专业，还算与导弹专业最接近的。

让孙家栋感到庆幸的是，早在苏联留学时就久闻大名的科学家钱学森，居然成了自己的领导、老师，带着他们一起搞火箭、搞导弹。

孙家栋曾经说过这样一段话，我从苏联回来搞导弹，离不开许多开创我国导弹事业的师长，他们对新中国导弹事业的执着追求、精益求精的工作作风，为人师表的刻苦攻关精神，让我们受益一生。

孙家栋参加了钱学森主持制订的导弹火箭发展 12 年规划和“8 年 4 弹”规划与实施，这使得中国的导弹火箭研制生产实现了几个台阶的跨越。

“钱学森，是我尊敬的领导和良师益友。”钱学森的工作作风、科研道德和人格魅力，深深地影响着孙家栋。

20 世纪 60 年代后期，我国某新型导弹即将运往发射基地。在出厂前的装配时，一位师傅说，4 个陀螺是同一批次的，1 个精确地装了，其他 3 个就算了吧。孙家栋也因为时间紧，就默许了。但是到了基地就出现了问题，怎么也装不上，只好向钱学森汇报。

钱学森听完汇报后，语气平和地跟孙家栋说：“把陀螺仔细研磨后再试装吧。”孙家栋跟工人师傅，从下午 1 点多一直干到第二天凌晨 4 点，而钱学森就在厂房陪到最后。

“从点滴做起，一丝一毫也不能马虎。”孙家栋永远不会忘记钱学森的教导，这也成了他后来引导和要求学生的铁律。

孙家栋和战友们奋战 9 年，实现中国导弹从无到有的重大突破。

中国最初的导弹研制是从仿制苏联赠送的两枚 P-2 型近程导弹开始的。1959 年 7 月 16 日，苏联突然决定，撤回在中国工作的全部专家和顾问。

“苏联人拍拍屁股就走了。”孙家栋说，这反倒激起了他们更充足的干劲，硬是自己把导弹搞成功了。

孙家栋和战友们没日没夜地加班，绘制图纸，研究原理，改进创新，慢慢吃透导弹技术。1960 年 8 月，孙家栋被任命为一分院总体设计室主任。同年 11 月 5 日，中国第一枚仿制的近程地地导弹发射获得圆满成功，中国从此拥有了自己制造的导弹，填补了尖端武器的空白。

此后的三年多时间，孙家栋和战友们经历了中近程导弹首次发射失败、改进设计等常人难以理解的痛苦过程，最终实现了质的跨越。

1966 年 10 月 27 日，中国用改型的中近程地地导弹运载核弹头拔地升空，9 分 14 秒后，“在预定高度实现核爆炸，精准命中目标”。那一刻，整个发射场的工作人员，相互拥抱，蹦着、跳着……

《人民日报》发出套红号外，向全世界公告：中国成功地试验了导弹核武器！这一次成功，正是时任中国第一枚自行设计的中程导弹总体设计师孙家栋带队用了半年多时间，完成改型的结果。

从卫星上摘下毛主席像章

1967 年 7 月 29 日，北京，盛夏。孙家栋脖子围着毛巾，趴在画板上，绘制导弹设计图纸。

这个平常的盛夏午后，孙家栋的事业方向再次发生了转变。

时任国防科委参谋的汪永肃突然造访，告诉孙家栋：“国家将开展人造卫星研究，中央决定组建空间技术研究院，钱学森兼任院长，他向聂荣臻元帅推荐了你，上级决定由你负责我国第一颗人造地球卫星的总体设计工作。”

当时正值“文化大革命”动乱时期，行政机构基本被“砸烂”。孙家栋深知，确定搞卫星研究的人选，可能会惹来大麻烦。但是，孙家栋坚决从国家利益出发，最后选定了戚发轫、沈振金等18人，中国卫星发展史上的“十八勇士”诞生。

走马上任，孙家栋很快摸透了第一颗卫星总体和分系统方案。按照“上得去、抓得住、听得清、看得见”的总体目标，孙家栋大胆提出，简化原有方案，并且说服了一些老专家。最后确定了卫星研制“两步走”战略，首先解决有和无的问题，之后再研制带有探测功能的应用卫星。

卫星由结构、热控、电源、短波遥测、跟踪、无线电和《东方红》音乐装置，及姿态测量部件组成，总质量173千克左右，直径1米，外形近似圆球的72面体，采用自旋稳定方式在太空运行。

修改的方案有了，却找不到拍板的人。为保证1970年发射，孙家栋拿着修改方案，找到时任国防科委副主任刘华清。“你懂也得管，不懂也得管，你们定了，拍个板，我们就可以往前走。”孙家栋直率地说。

孙家栋无私无畏，得到了刘华清副主任的支持。

经过反复试验，孙家栋带队攻克了一个个技术难关。但一个并非技术领

20世纪70年代孙家栋在卫星研制现场领导研制工作

域的棘手问题，着实让整个团队一筹莫展。

当时总体方案里，确定要在许多仪器上镶嵌毛主席金属像章，这会使卫星超重，从而降低卫星、火箭的可靠性。参与研制人员对此心知肚明，却没有人敢提出异议。

“如何处理好尊重科学与突出政治的矛盾等问题，应该请谁来妥善解决呢？”孙家栋辗转难眠。

朦胧之际，孙家栋想到了一个人，“他一定能帮我们”。这个人正是周恩来总理。

时间回到 1962 年，周恩来总理特意抽出时间，在人民大会堂宴请科学技术界知识分子，精心准备了一道“红烧肉”，款待他们。一寸见方的肉块，人人有份。孙家栋回忆说，那个全国大饥荒的年代，毛主席、周总理带头缩衣节食……

这一顿红烧肉，孙家栋吃懂了国家对卫星事业的重视程度，吃懂了周总理对科技人才的尊重和支持。

孙家栋心想，就利用向周总理汇报工作的机会，把实情讲明白。

1969 年 10 月下旬的一天晚上，孙家栋作为卫星总体技术总负责人和钱学森的助手，来到人民大会堂江苏厅。

钱学森首先向周总理汇报了东方红一号卫星和长征一号运载火箭的研制以及发射准备的总体情况。接着，孙家栋对卫星的初样进行讲解和说明，对主要技术参数和研制中的重要情况做了具体汇报。

虽然不是第一次见周总理，但是孙家栋还是显得很拘谨。在说到卫星仪器上镶嵌毛主席金属像章时，孙家栋调整了一下坐姿，微微地舒了一口气，他心里清楚：“这件事只有周总理能办，机不可失。”

“从政治感情上来说，我们出于对毛主席的热爱，在卫星仪器上装毛主席像章，我们支持；但是从技术角度讲，这样做，一是会使卫星重量超限，二是卫星上天后将会影响它的正常工作。”孙家栋陈词。

孙家栋的想法很简单，也很大胆，却得到了周总理的肯定。“搞卫星一定要讲科学，要有科学的态度。”

1970 年 4 月 24 日，东方红一号卫星成功发射，中国成为世界上第五个发射人造卫星的国家。

那一年，孙家栋 41 岁。

一根断开的导线导致火箭爆炸

孙家栋在主持研制东方红一号卫星的同时，还担任了中国第一颗返回式遥感卫星技术的总负责人。

研制返回式遥感卫星经历了 4 个阶段，第四阶段正样星从 1973 年 4 月开始，通过 8 个月的噪声、分离冲击、热真空和整星振动试验，获得了大量的试验数据，孙家栋组织科研人员，针对暴露出来的问题，制定了若干改进的措施。

1974 年 11 月 5 日 11 时，茫茫戈壁滩，运载火箭矗立，第一颗返回式遥感卫星整装待发。

各系统的地面电缆、电信号接插件、气源连接器，按程序依次从火箭上脱落……离火箭点火发射还有几十秒，意外发生了：卫星没有按照程序转入自身内部供电，这样的火箭上天，只是一个没有任何用处的铁疙瘩。

“怎么回事？”孙家栋的脑子高速运转。他再也沉不住气了，“赶紧停下来”，孙家栋叫停了火箭发射。按照航天发射程序，这时，孙家栋并没有发言权，但是他感到，紧要关头，“承担再大的风险，都认了”。

原因很快找到了。当天下午，再次组织发射。“谁也没有想到，眨眼的工夫火箭就掉头下来了，还没来得及反应，就已经爆炸了。”孙家栋回忆说，多亏火箭还飞出去了 21 秒，不然整个发射场都没了。

孙家栋从地下指挥室跌跌撞撞小跑着出来，泪流满面，冰天冻地的戈壁滩上，一片火海，映红了半边天，他眼前仍然是火箭发射前的完整画面。

“搞得起航天，就要经得起失败，大不了从头再来。”失败还是没有压倒孙家栋团队。数九寒天，200 多人在沙地里捡火箭和卫星残骸，小螺丝、小线头都不放过，有的人还拿筛子筛。

实验证明，就是一段外表完好、内部断开的导线，导致了火箭爆炸。

惨痛的教训，促成了航天质量体系与制度的建立，影响着中国航天发展未来的几十年。如今在航天界有一个故障归零标准：“定位准确、机理清楚，问题复现、措施有效，举一反三。”

面对血与泪的教训，最厉害的就是“举一反三”。“一个电子管零件坏了，火箭或者卫星上的所有仪器，都不能再出现这一批次的零件，不论好坏。”孙家栋说。

1975年11月26日，又一颗返回式遥感卫星终于冲出大气层，又平安返回。当时，返回式卫星被认为是世界上最复杂和最尖端的技术之一，世界一流航天强国美国和苏联也经历了多次失败。

绕月探测工程迎来辉煌

历经风雨才能终见彩虹。孙家栋感慨，搞航天注定不会一帆风顺。即便是摸清了门道儿，意外也随时可能发生。

1984年4月，中国第一颗试验通信卫星发射成功。第二天，卫星在36000千米外的赤道上空“高烧”不退，卫星外壳和部分仪器温度偏高，如果控制不住，后果不堪设想。

“怎么办？”孙家栋凭借经验，科学分析，初步判断卫星发热是由于卫星相对太阳姿态角变化引起的。他果断决定，卫星大角度调整姿态，降低太阳能电池阵与蓄电池之间的电压差，减小充电电流。

结果，卫星不再继续“发烧”了，但还是不能正常工作。

“再调5度”，国家利益面前，孙家栋顾不得太多。在没有指挥部会商

2002年7月与栾恩杰、欧阳自远在探月工程论证会上

签字的情况下，孙家栋签下了责任书，承担起全部责任。

孙家栋在万里之外为“发烧”的卫星降温，世界航天界也难得一见。

第一颗试验通信卫星的成功，标志着中国成为世界上第5个发射地球静止轨道通信卫星的国家。

在困难面前，孙家栋的想法简单，只要对事业有利，就不在乎个人得失。

进入21世纪，我国已经成功发射了人造地球卫星和载人航天器，但是深空探测活动还是空白。

经过两年多的综合论证，2004年1月23日，温家宝总理批准绕月探测工程立项，将我国第一个探月工程命名为嫦娥工程。

第一次绕月探测工程小组会议召开。绕月探测工程总指挥栾恩杰、总设计师孙家栋、绕月探测工程应用科学首席科学家欧阳自远组成了探月工程的“三巨头”。

那一年，孙家栋75岁。

多年来，孙家栋养成习惯，对于想不通的难题，就算不睡觉也绝不会让它简单地搁浅。

“卫星在地球上发射那一刻，月球在太空的什么位置？地球与月球都在不停地公转和自转，地球在什么季节与月球距离最近？什么时间发射最有利于测量和控制？”夜里一觉醒来，孙家栋独自站在阳台上，盯着天空中的月亮慢慢运动，心里琢磨着探月工程的技术方案。好几次，老伴醒来发现老头不见了，急得大喊起来。

2005年10月，神舟六号载人飞船任务圆满成功后，探月工程成为中国航天新的热点，压力自然重重地落在了这位已过古稀之年的老人肩上。

“我还是那句话，国家需要，我就去做。”孙家栋坦然面对。

论证探月工程方案时，有人提出采用新技术，孙家栋则认为，在满足技术指标要求的前提下，尽量采用成熟技术与新技术，科学交叉使用。他的诊断既稳妥，又创新，体现了严谨的科研精神。

发射嫦娥一号用哪一型号的火箭？孙家栋确定，选用稳定性强、可靠性高的长三甲火箭。“这样不仅可以减少风险和投入，而且可以缩短研制周期。”

在外行人看来，这样的决定很简单，道理谁都懂，看不出一个总设计师的高深水准。探月工程应用系统首席科学家欧阳自远则认为：“孙先生是一个善于把复杂问题简单化的‘高手’。”孙家栋抓住了问题的关键，其中分析论证的过程和难度，或许只有像欧阳自远这样的知音才能读懂。

“安全就发，不安全就不发，其他因素都不必考虑，因为不安全，什么目标都达不到。”孙家栋如是说。

2007年10月24日，嫦娥一号在万众瞩目下，发射成功。但是，此时年近80岁的孙家栋并不轻松。在以后的一个多月时间里，他几乎每天都泡在北京航天飞行指挥控制中心，依然像一个年轻人一样，没白天没黑夜地盯着卫星运行的数据图，一旦出现状况，他要第一时间做出最权威、最果断的决定。

11月7日8时34分，北京的太阳刚刚追赶上城市楼群的高度，嫦娥一号卫星成功实施了第三次近月制动，带着中国人的奔月梦想，成功进入经过月球南北两极、周期为127分钟的圆形轨道。至此，“嫦娥一号”经过326小时的飞行，顺利实施了4次加速、1次中途轨道修正、3次近月制动，共8次变轨，总飞行距离约180万千米，成功进入环月轨道。

此时的北京航天飞行指挥控制中心，人们鼓掌、欢呼、拥抱……

这时，很少有人注意到，一位满头白发、身着夹克的老人，避进角落里，背过身去，掏出白色的手绢，擦去眼角的泪水。

孙家栋自搞科研以来，遇到的困难数以万计，却只哭过一次，因为第一颗返回式遥感卫星发射失利。

这一次，他是喜极而泣：为了中国航天事业一路艰辛，为了中国探月工程今朝辉煌，为了自己一生倾心祖国航天事业的酸甜苦辣……

2007年是嫦娥一号卫星发射的关键一年，也是考验这位年近80岁“老航天”的繁忙一年。为了探月工程能够按计划实施，孙家栋一周往返三四个城市，一年穿破四五双布鞋、参加近百场会议、5次现场指导卫星发射……这些饱含着孙家栋为国奉献的赤子情怀。

这一年，孙家栋78岁。

这一年11月26日9时41分，国家正式公布了嫦娥一号卫星传回并制作完成的第一幅月面图像。

“家栋，你是身经百战啊，你辛苦了！”时任国务院总理温家宝握着他的手亲切地说。

“谢谢你，谢谢你做出的贡献！”时任中共中央总书记胡锦涛在庆祝大会上向孙家栋表示祝贺与慰问。

的确，孙家栋主持从完成我国第一颗人造地球卫星的总体设计，到见证第一百颗卫星研制发射的全过程，其中参加了30多颗卫星的研制和发射。“身经百战”，准确！

2010年1月，孙家栋院士荣膺国家最高科学技术奖，胡锦涛总书记亲手为他颁发了奖励证书。

“航天的事情，一丝一毫都马虎不得，每个人手中的事情看似不大，但集合起来就是事关成败、事关国家利益的大事情，不论是哪个航天人，他都会想尽一切办法把事情办好。如果要说我自己，那我也就是那千千万万个航天人大军中的一分子而已。”孙家栋这样评价自己所获得的国家科技最高荣誉。

第四颗北斗卫星失踪17天

“我这一辈子，注定与‘星星’结下了不解之缘，我最大的心愿就是造一辈子中国‘星’！”

中国科学院院士、“两弹一星”元勋孙家栋就是这样执着和热爱祖国的航天事业的。

孙家栋的性格率真、耿直，但是他心里时刻装着的都是关系国家科技发展的大事。早在20世纪90年代，孙家栋就意识到，国家发展卫星导航定位系统，对于国家安全、军队保障非常重要，其价值和利害关系是无法用普通数字衡量的，对民间应用市场的经济价值也难以估量。

经过反复调研和论证，原国防科工委副主任沈荣骏与孙家栋联名写信给总装备部领导，说明了他们对国家发展卫星导航系统重要意义的分析及实现方法和途径的建议。总装备部领导对此予以高度重视和支持，有效推动了中国卫星导航系统工作的开展。

在孙家栋和沈荣骏的积极推动下，再加上天时、地利、人和，北斗导航卫星工程顺利立项，并列入国家科技重大专项。

1994年12月，孙家栋被任命为北斗导航试验卫星工程总设计师，系统研制、建设全面启动。

搞了20多年的卫星，孙家栋从来不打没有把握的仗。孙家栋团队提出，中国北斗卫星导航系统实施“三步走”发展战略：

第一步，2000年采用双星定位理论首先建成北斗卫星导航试验系统，解决我国自主卫星导航系统的有无问题。

第二步，2012年建成拥有10颗以上在轨运行卫星，组成区域北斗卫星导航网络系统，形成区域覆盖能力，开通亚太地区的正式运营，为亚太地区民众提供定位、导航、授时以及短报文通信服务。

第三步，2020年左右拥有并陆续发射补齐5颗地球同步轨道卫星和30颗非静止轨道卫星，建成全球卫星导航定位网络，形成全球覆盖能力。同时，完成全球性运营管理及用户终端开发工作。

2000年10月31日，长征三号甲运载火箭将第一颗北斗导航试验卫星送入地球同步轨道。仅仅50天后的12月21日，第二颗北斗导航试验卫星成功进入地球同步轨道，标志着我国拥有了自主研制的第一代卫星导航定位系统，成为继美国、俄罗斯之后世界上第三个拥有自主卫星导航系统的国家。

紧接着，第三颗北斗导航卫星成功入轨。可到了第四颗时，北斗玩起了“捉迷藏”。2007年2月3日深夜，长征三号甲运载火箭托举着第四颗北斗导航试验卫星起飞，约24分钟后，准确进入预定轨道。问题出在了星箭分离后的45分钟。卫星出现短路，太阳能帆板未能指向太阳，系统掉电。

卫星不见了！

2009年3月在西昌卫星发射中心孙家栋检查北斗导航卫星研制工作

太空环境温度约零下100℃，“卫星可能被冻坏”。孙家栋布满血丝的双眼，瞪大了许多。孙家栋召集科研人员计算推断，约15天后，卫星太阳能帆板能够利用入射角获得一定能量。

“这个时候是抢救卫星的最佳时机。”孙家栋带队制订精细的抢救方案。

孙家栋静心等待的同时，在心里盘算着，多种抢救方案之外的应急预案。

17天，每分每秒过得都是那样漫长。正如推断，远望号测量船率先接收到了卫星的遥测信号，紧接着其他测控站也相继收到了遥测数据。

关键时刻，孙家栋从容不迫，“点火变轨”。卫星接收指令正确，精确变轨，成功进入新轨道。

以后的两个多月，孙家栋团队密切配合、团结协作，攻克了多项技术难关。4月11日，第四颗北斗导航试验卫星故障被排除，卫星运行姿态良好，星上仪器工作正常，转入在轨长期管理。

中国航天史上的又一次奇迹！

抢占雷电间隙成功发射卫星

“压力，最好的文化之道就是热爱……”孙家栋曾经动情地说，航天的压力是与生俱来的，也是贯穿始终的。

孙家栋自从担任中国北斗导航卫星工程总设计师以来，在西昌卫星发射现场组织了14次北斗卫星发射，每次发射前的准备阶段，至少要亲自到现场两次。在此期间，他从北京到西昌卫星发射中心指挥决策数十颗卫星发射，乘坐飞机往返超过100次。

2011年7月27日，中国第九颗北斗导航应用卫星按计划执行发射任务。凌晨4时，火箭进入不可逆转的倒计时程序。突然，乌云密布、雷电交加，倾盆大雨瞬间压向发射场。

“怎么办？”孙家栋面如止水、稳坐如磐。

“两大云团大约在5时到6时会产生一个缝隙……”发射中心主任李尚福汇报。孙家栋在一旁与李尚福对视了一下，点点头。

“点火……”5时44分28秒，雨水淅淅沥沥，长征三号甲运载火箭火焰格外耀眼，一条火龙在漆黑的雨空中，戳一个窟窿，变成一个亮点……随后，雷声大作，暴雨如注。

抢占雷电间隙成功发射卫星，这从来没听说过，在世界航天史上也难得一见。

敢为天下先，必须具备一流的科学判断和万无一失的决策能力。孙家栋和他的团队做到了。

中国航天事业从无到有，从小到大，从弱到强，孙家栋见证了其辉煌的全过程。然而，令人感到遗憾的是，他从来没有在室外看过火箭起飞、没有亲耳听过火箭轰鸣。

难道这是“遍身罗绮者，不是养蚕人”！

每次发射，孙家栋的岗位都在掩体、大山洞里的发射指挥控制室，只能通过电视、扬声器指挥发射。“指挥卫星发射而不能亲眼送火箭腾飞，这绝对是发射场航天人的特殊待遇。”孙家栋打趣道。

2012 年 4 月 30 日凌晨 4 时 50 分，中国第十二颗和第十三颗北斗导航应用卫星同时成功发射。这是中国北斗卫星导航系统首次采用“一箭双星”方式发射导航卫星，也是中国首次采用“一箭双星”方式发射两颗地球中高轨道卫星。紧接着，第十四颗、第十五颗北斗导航应用卫星成功入轨，标志着我国火箭、发射、控制技术日益成熟。

“孙老来现场坐镇，我们心里就踏实……”无论是发射中心的领导，还是一线的技术人员都这样说。

孙家栋也觉得，到了发射场，就好像回到了家。

相濡以沫支持国防建设

说到家，孙家栋心里时刻装着的是国家，而对于自己的小家，内心满是愧疚。

孙家栋与老伴魏素萍的姻缘实属缘分。

1959 年 4 月的一天，春暖花开，阳光喜人。单位组织单身男女青年游颐和园，目的是给他们创造交往的机会。

而孙家栋却被春之美景深深吸引，路上想起忘记带相机，赶紧跑去朋友家借。朋友的爱人一直惦记着孙家栋的终身大事，在他急着抱起相机要走的时候，一把拉住他，递过去一张照片：“这姑娘是我哈尔滨医科大的同学。”

一段姻缘就这样促成了。

2010 年 8 月在上海世博会与夫人参观航天馆

1959 年 8 月 9 日，孙家栋与魏素萍携手走进了爱的殿堂。结婚后不久，魏素萍从哈尔滨调到北京工作。穿上白大褂，戴上听诊器，她是个好医生；围上围裙，操持家务，相夫教子，她是位好妻子。

几十年如一日，魏素萍成了孙家栋最坚实的后盾。

魏素萍坦言，也埋怨过：“当你最需要他的时候，他不在身边，我嫁给他了，他却嫁给国家了。”

尽管埋怨，但是魏素萍绝不轻易影响孙家栋的正常工作。她说，老孙干的是都是国家的大事儿。

1967，他们的女儿出生，孙家栋要务在身，魏素萍没有告诉他。热心肠的护士看不下去了，直接打电话给孙家栋：“孙主任，你爱人给你生了个大胖姑娘，不过来看看？”

1994 年 11 月 24 日，魏素萍突发脑血栓，因为抢救及时，没有生命危险，但是半个身子失去了知觉。

孙家栋当时因为任务在身，同事们没敢把魏素萍的病情告诉他。任务圆满完成后，孙家栋累倒了。当得知老伴生病住院后，他坚持跟老伴住在一间病房。

魏素萍出院后的一年，孙家栋无论怎么忙，都会抽出时间，帮着老伴锻炼。魏素萍居然奇迹般地康复了，而孙家栋的体重却减了 20 多斤。

在魏素萍眼里，“这个人头脑就是简单，除了工作，啥都不想，还是个英雄”！

7 年学飞机，9 年造导弹，48 年发射卫星。

如果给自己的过去打个分，孙家栋说，要是 5 分制，就打 3 分，“打得很高了”。

没错，他就是这样一位“简单”的科学家，把祖国的事业融入生命，把生命托付给国家……

如今，86 岁的孙家栋，回答为什么会一辈子搞航天却无怨无悔，他依然还是那句话：“国家需要，我就去做……”

参考文献

[1] 王建蒙 . 孙家栋院士传记 [M]. 北京：中国宇航出版社，2014.
[2] 殷允岭 . 孙家栋 [M]. 北京：中国社会出版社，2009.
[3] 王建蒙 . 奔月：中国探月工程总设计师孙家栋 [M]. 北京：当代中国出版社，2009.
[4] 本书编写组 . 孙家栋故事 [M]. 北京：中国宇航出版社，2009.

（撰稿　郭宇廷）

2010年度国家最高科学技术奖获奖者

善者无为

——著名材料学家师昌绪

人物简介

师昌绪，男，1918年11月出生于河北省徐水县。中国科学院金属研究所名誉所长，中国科学院金属腐蚀与防护研究所所长，中国科学院技术科学部主任，中国工程院副院长，国家自然科学基金委员会副主任，全国人大代表。2014年11月10日，师昌绪因病在北京逝世，享年96岁。

贡　献

师昌绪是中国高温合金开拓者之一，研发了中国第一种铁基高温合金，领导开发了中国第一代空心气冷铸造镍基高温合金涡轮叶片。在从事航空用、民用高温合金研究开发的同时，他在新型高合金钢方面也同样进行了大量研究开发工作。

师昌绪对国家科技政策的制订及科技机构的设置和发展做出了

突出贡献。他倡导并参与主持了中国工程院的建立；多次主持全国材料领域的发展规划。师昌绪在国际材料科学领域享有很高声誉，多次担任国际材料领域学术会议主席或顾问。1987 年，日本东京大学成立 100 周年，举行“材料与社会”讨论会，共邀请 10 余名国际知名学者，他是被邀的唯一中国学者，并在大会上做了学术报告；1992 年，由中国金属学会，美国矿物、金属及材料学会，日本金属学会及韩国金属学会共同发起的“第一届环太平洋先进材料与技术国际会议”，以及同年由国际薄板成型研究会举办的“第 17 届国际会议”上，他均被选为大会主席。

师昌绪发表学术论文300多篇，培养硕士及博士研究生近100名。

荣 誉

1978 年	全国科学大会奖
1982 年	国家自然科学奖三等奖
1987 年	国家自然科学奖三等奖
1988 年	国家科技进步奖一等奖、二等奖
2004 年	光华工程科技成就奖
2010 年	国家最高科学技术奖
2011 年	国际永久编号第 28468 号小行星被命名为“师昌绪星”
2014 年	感动中国年度人物

2014年11月10日，材料学家师昌绪走了。送别大师，很多人都还记得他略带天真的笑容和一本他随身携带、写满勤奋的小本子。本子上记满了他每日需做的工作，一个本子刚好记满一年。有人问他行程时，他从不依赖助手，自己翻翻本子便可知晓。

1951年在Notre Dame大学读博士期间

日记本上有一多半的事跟师昌绪所学专业无关。1986—1991年，师昌绪任国家自然科学基金委员会副主任；1991年至他去世时，任国家自然科学基金委员会特邀顾问。近30年自然科学基金会的工作经历，让师昌绪关心的事涉及各个学科，更触及国家发展的命脉。只要是对国家发展有利的事，他能管的都要管一管。

于是，晚年的师昌绪常被人称为“爱管闲事”的战略科学家。

“碳纤维搞不好，我死不瞑目”

“师先生，这个事您可别管！”2000年，年近80的师昌绪找到国家自然科学基金委员会工程与材料科学部原常务副主任李克健，说想和他一起抓一下碳纤维。李克健听后直摇头：“这事太复杂！谁抓谁麻烦！”

李克健这番话不是危言耸听，事实上，在碳纤维方面他很有发言权。在一篇名为《中国碳纤维研究的过去与现在》的文章中，李克健回忆了他所参与过的中国碳纤维研究发展的艰辛历程。碳纤维在航天航空等国防工业中有重要用途，以至于西方国家视其为军用物资，对中国“禁运”，更不转让生产技术。我国从1975年开始攻关碳纤维研究，大会战搞了不少，但结果是“碳纤维技术没有根本性突破，碳纤维产业没有建立”，碳纤维成了我国新材料研发中为数不多的失败案例。

在碳纤维材料研发沉寂10年后，李克健再次从师昌绪口中听到了这个久未提及的词。他有些着急，力劝师昌绪不要管这个闲事。“师先生长期从事金属材料研究，碳纤维是他所不熟悉的领域，而且是一项技术难度很大的系统工程。”但师昌绪很坚持，他说：“我们的国防太需要碳纤维了，不能总是靠进口。如果碳纤维搞不上去，拖了国防的后腿，我死不瞑目。”

于是，被师昌绪一番话感染的李克健再次走进碳纤维，成了师昌绪的助手。新材料领域迅速设立软课题“聚丙烯腈基碳纤维发展对策研究”，以师昌绪为组长的软课题组也相应成立。对于碳纤维研究重启之事，李克健曾写道：“师先生的呼吁得到了总装备部、国防科工委、国家计委、中国科学院、国家自然科学基金委员会相关司局以至各部委高层领导的支持，由此可见师先生在科技界影响之大，威望之高。”

2000年8月，为了“说清碳纤维上不去的原因”，师昌绪召集了原国防科工委、科技部、总装备部、基金委等相关单位58人参加的座谈会。这次会议道明了过去能说的、不能说的失败原因，并形成会议纪要。很快，又召开了第二次座谈会，主题是经费。这次会议的讨论结果是，由师昌绪牵头上书中央领导，陈说碳纤维发展利害，落实经费。

2001年1月，由师昌绪起草的《关于加速开发高性能碳纤维的请示报告》上报时任国家主席江泽民，报告被批转到国家计委和科技部等部门，对今后经费的落实有着决定性影响。

准备工作皆妥后，师昌绪开始了经年累月的调查研究。有关碳纤维发展的大小会议上，无不见其身影。这些调研形成的大小意见最终被纳入碳纤维“十五”计划目标的调整中。

2002年2月，科技部高新司召开“863”计划新材料领域“十五”计划安排通气会，师昌绪在会上针对碳纤维专项再次提出：一是目标要明确；二是组织形式要创新，要推行联合，不能有门户之见，不能形成“瓜分体制”，支持建设高水平的分析测试平台，支持建立公平、公正、高透明的取样评价体系。

为了确定碳纤维研究目标，师昌绪决定再召开一次通气会，把国防部门负责人请来，共同把关。两次“通气会”最终修改审定了“十五”战略目标，并按意见对战略目标做了若干重要修改。李克健说："回想起来，师先生主持的'通气会'，可以说是在关键时间讨论了关键问题，提出了关键意见，对'十五'研究方向产生了重要影响。"

在如此支持力度下，我国碳纤维技术开始取得进展，产业化起步后，师昌绪又立即把国产碳纤维应用提上日程，努力支持开展相关应用研究，并为此争取专项经费。

今日再看中国碳纤维发展，虽然还有诸多问题有待攻克，但已不再受制于人。近年，国内更是掀起一股碳纤维投资热，"国有、民营一起上，都要争夺碳纤维市场的蛋糕"。李克健说："虽然这一投资带有盲目性，我并不赞成，但可以预料，未来的 10 年将是中国碳纤维产业腾飞的时期。"他说，师昌绪是促进中国碳纤维事业发展的灵魂。

碳纤维不是师昌绪管的第一件"闲事"，也不是最后一件。他"管闲事"不唯难易，不唯大小，只看是否对国家有益。

2000 年，科技部要建立"国家科技图书文献中心"，聘师昌绪为理事长。当时北京各部门图书馆各自为政，独立运行，重复采购，利用率不高，且有些产业部门取消后，资金匮乏。他与副理事长、信息专家胡启恒院士和中心主任袁海波研究员共同努力，使中心的"虚拟办公室"成为一个"和谐的工作集体"，促进了我国"数字图书馆"的建设，并使之辐射全国，成为一个典型的"共建共享"科技平台。在文献共享上的贡献，师昌绪可谓先驱，功不可没。

建腐蚀监测站在基金会曾是一个"鸡肋"话题。20 世纪 50—60 年代，多个部委在全国各地陆续建立了 26 个材料环境腐蚀试验与监测网站，检测材料在大气、海洋、土壤等环境中的腐蚀数据，为今后的大工程建设提供选材和防腐设计的决策依据。至 80 年代中期，我国开始推进科技体制和拨款制度改革，期间出现盲区，许多腐蚀监测站成为被遗忘的角落，陷入人走站亡的困境。

1986 年，国家自然科学基金委员会成立，出任副主任的师昌绪力排众议，说服有关部委领导，把腐蚀监测站的数据检测分析建设列为基金委的重大项目，常年给予支持。直至三峡大坝和核电站等工程上马，人们才认识到腐蚀监测站提供的数据资料的重要性。

20 世纪 90 年代，生物医用材料在国际上方兴未艾。我国起步晚，跟国外的差距大，搞生物医用材料的学者和企业地位不高，研究没有引起应有的重视。

师昌绪认为，生物医用材料将是事关 13 亿国人健康的大产业，应该加快发展。经他多方奔走，中国生物材料委员会在 1996 年宣告成立，但该委员会的人员涉及十几个学会，关系比较复杂，一时找不到合适的负责人人选，75 岁的师昌绪只好勉为其难，亲自出征委员会主任，一干就是十年。

诸如此类的“闲事”不胜枚举，但结果是一致的：师昌绪最后把事都做成了。由于他在诸事上的准确预见，师昌绪成了许多人口中的“战略科学家”。他笑评：“我最大的特点，就是好管闲事。”

“懦弱者”的蜕变

1920 年，师昌绪生于河北省保定市徐水县大营村。师姓是村里的大姓，全村 700 多户 3000 多人口，四分之一姓师。师昌绪生于村中望族，师家祖上曾出过进士，其父是清末秀才。兄弟 12 人中，师昌绪排行老七。“当时我是最没出息的一个，邋遢、听话、没脾气。”连母亲都常常称呼自己懦弱的儿子为“傻子”。

虽在孩童中不出众，但师昌绪“能读书”是出了名的。十弟师昌泉回忆：“他从小就喜欢读书，也非常用功，经常独自躲到家里一个僻静的小院子读书，一待就是一天，吃饭的时候得有人去喊好几遍才回来。兄弟们玩耍的事他一概不参与，是个标准的‘书呆子’。”

学士毕业照

宁静日子在师昌绪 17 岁那年提早结束。卢沟桥事变 3 个月后，师家决定举家向南逃亡，可能被抓壮丁的师昌绪是第一批逃亡者。“逃亡前夜的生离死别中，我是哭声最大的一个。”

一路艰辛自不必说，“看见一只乌鸦飞过都以为是日本飞机”的情况多如牛毛。正是在数次危亡时刻，原本有些懦弱的师昌绪渐渐萌发救国初心。逃到河南后，师昌绪放弃了原本的师范专业，转而投身制造飞机大炮所必需的重工业，因为“要想强就得有好钢”。

1945 年，师昌绪从西北工学院矿冶系毕业。此后几年，为尽快实现“炼好钢”的理想，他先后来到四川綦江电化冶炼厂、鞍山钢铁公司。解放战争中，他又先后辗转沈阳、北京。1948 年，师昌绪决定：“先出国深造，等国家安定了再回来。”同年 8 月，师昌绪动身前往美国。

美国几年间，师昌绪先后在美国密苏里矿冶学院取得硕士学位、在欧特丹大学冶金系取得博士学位。硕士期间，他利用锌在真空中蒸气压大的原理，从炼铅过程中所得的锌熔渣分离银，其纯度达 95% 以上，这成为从铅矿中提取银的有效方法之一。博士研究课题铟锑砷三元合金相图则为后来化合物半导体研究提供了参考。

在麻省理工学院从事博士后研究期间，师昌绪在美国的科研工作因开展“硅在超高强度钢中作用的研究”而达到高峰。他以“4300 系统”为基础，变化钢中硅及碳的含量，系统研究了硅对回火、残留奥氏体及二次硬化的影响等。他的研究结果后来发展出 300M 超高强度钢，成为 20 世纪 60 年代至今世界上最常用的飞机起落架用钢，解决了飞机起落架常因材料断裂韧性或冲击值不够而发生严重事故的问题。

在美国的科研做得风生水起，师昌绪却并不满意。他想回国已经很久。早在攻读博士学位期间，国内的北洋大学（后来的天津大学）便想聘请他回国任教。当时正值抗美援朝战争时期，美国对所有在美攻读理工科的中国学生下了禁令。师昌绪不得已才继续留美从事博士后研究。此后，师昌绪一边做研究一边通过一切渠道争取回国。他利用在麻省理工学院工作的便利，每晚到附近的哈佛大学亚洲图书馆搜集有关中国的消息。每周末他辗转纽约和费城，和志同道合的中国留学生交流信息。

1953 年，师昌绪牵头，和其他留学生以组织夏令营为名，把中国留学生聚在一起，共商争取回国的对策。他们决定，公开美国当局扣留中国留学生一事，并和国内取得联系，得到国内的支持。确定了这两点，师昌绪他们就在波士顿的住所开始了行动。

在波士顿玛布瑞街 457 号，师昌绪和两个同学用买来的滚筒油印机，秘密印刷了 2000 封写给美国当局和联合国的信。从 1953 年夏天到第二年春天，他们不停散发公开信争取美国民众同情和支持，并通过印度大使馆将信转交给中国政府。舆论轰动一时，师昌绪的照片和公开信登上了《基督教箴言报》

的头版。

回国一事历尽坎坷，在日内瓦国际会议上中国政府向美国提出停止无理扣留中国学生，美国政府提出留学生交换战俘的无理要求……直到华沙举行的两国大使级会谈，美国才同意做出让步，分期放回中国留学生。

1955 年，师昌绪道别恩师——著名金属学家柯恩，启程回国。临行前，柯恩不解地询问他回国的原因，是嫌工资少还是地位低？师昌绪说："我是中国人，在你们美国像我这样的人多得很，在中国，我这样的人却很少，很需要。"同年 6 月，35 岁的师昌绪乘坐克利夫兰号客轮从旧金山起航。

回国后，在三个可选择的单位中，师昌绪服从分配，去了地处沈阳、条件最差的中科院金属研究所。他说："放我到哪儿我到哪儿。"经人介绍，师昌绪在北京与现在的夫人郭蕴宜相识，婚后二人一起就职于金属研究所 。

此时国内正值百废待兴，金属所内部对于发展存在两种声音：以基础研究为主还是以服务国家发展为主？对此，师昌绪倾向于后者。他认为，国家亟待发展之际，一切科研活动的第一要务是满足国家需求，而后才是开展基础前沿研究。也因此，他对来到金属所后的第一项工作十分用心——下鞍钢。

当时，科学家下工厂多半是走马观花、画龙点睛，师昌绪却认认真真在

1999 年 6 月庆祝中国工程院建院五周年时 6 位发起人合影（左起：师昌绪、张维、侯祥麟、张光斗、王大珩、罗沛霖）

鞍钢驻扎下来。从精矿烧结、平炉冶炼到钢中杂物鉴定——这是他在鞍钢期间从事的研究工作。下到技术工人，上到总工程师，每个人都认得师昌绪。包括鞍钢在内，师昌绪几乎跑遍了国内高温合金生产的工厂。也因此，黎明航空发动机厂总工程师程华明给师昌绪取了一个“材料医生”的雅号。

回到金属所后，师昌绪的工作还是研究材料，这次他研究的是航空工业发展中必不可少的高温合金。然而，中国缺镍无铬的现状与资本主义国家资源封锁的背景，让师昌绪不得不转换常规思路。他提出了铁基高温合金战略方针。铁基高温合金的优点是用廉价的铁代替了稀缺的镍，但同时也有因此产生的耐热性能差的缺点。师昌绪一改铁基高温合金中钛高铝低的常规作法，相应提高铝的含量，研制出我国第一种铁基高温合金 808，代替了当时的镍基高温合金 GH33，作为航空发动机的涡轮盘材料。

1964 年，师昌绪接受了更大的挑战，为我国新型战斗机的发动机研制空心涡轮叶片。是夜，航空材料研究所副总工程师荣科推开了师昌绪的家门，问他能不能牵头搞空心叶片。“我没见过空心叶片，也不知道怎么做。”这是师昌绪的第一反应。以往，涡轮叶片都是锻造而成，航空材料界对铸造叶片一直心存疑惑，做铸造空心叶片风险更大。国际上，只有美国能做。思考后，师昌绪改变了想法。“美国人做出来了，我们怎么做不出来？”第二天，他和李薰（中科院金属所首任所长）找到荣科，接下了这项任务。

师昌绪挂帅，从金属所的相关研究室挑选了“一百单八将”组成专项组，用“研究—设计—生产”三结合形式，要在 100mm 长的叶片上均匀做出粗细不等、最小直径只有 0.8mm 的 9 个小孔。一年多后，在攻克了型芯定位、造型、浇注、脱芯、断芯无损检测等众多难题后，师昌绪带领专项组成功研制出中国第一代铸造九小孔空心叶片，我国的涡轮叶片发展由此一步迈上两个台阶：由锻造合金改为真空精铸，由实心叶片改为空心叶片。中国成为世界上第二个能研制这种叶片的国家。

空心叶片研制成功后，航空部决定把空心叶片的生产转移到贵州一处工厂，师昌绪又带队南下，在生产一线解决技术难题。当时条件异常艰苦：48h 的闷罐火车，路上有时还没有水喝；一日三餐吃的是发霉的大米和红薯干，星期天才能在厂里总工的张罗下吃上一顿白面馒头。这样的日子过了几个月，生产中的技术问题终于都被克服。至今，空心叶片的产量已达数十万片，且使用过程中没出现过质量问题。

无为而善

妻子郭蕴宜评价师昌绪说："圣经上有一句话'生命是给予不是索取'，这一点可以说他是做到了。"师昌绪一生与人为善，乐于尽己所能帮助他人，不图回报。但他也曾因为帮人而引火烧身。曾经，一位老友的女儿去了金属所工作，刚好分在师昌绪所在研究室，老友拜托师昌绪帮忙照顾，师昌绪热心帮了这个忙。逢年过节，他常常把女孩请到自己家，对其诸多照顾。不成想，"文化大革命"爆发后，女孩成了出来揭发自己"罪行"的积极分子。为了争取早日入党，女孩受到蛊惑，贴出了一张对师昌绪影响极大的大字报，直接改变了同事们对"师昌绪是一个好人"的看法。

对于"自幼只关心国家兴亡而不关心政治"的师昌绪而言，十年浩劫是他人生中的一场噩梦。他成了金属所的"四家村"之一，整日被游街、刑讯逼供，身上被打得皮开肉绽脱不下裤子，晚上回到家，妻子郭蕴宜只能哭着为他清理伤口，次日再眼睁睁看着丈夫继续遭受折磨。再后来，师昌绪已不被允许回家，被关押在群众专政指挥部，以前的老领导和几个同事在关押中相继自杀，对国家前途失去信心的师昌绪心生绝望，精神几近崩溃，时常自言自语"不如死了的好"。所幸同室关押的人发现了他的异常状态，他才免于一死。

又过数日，师昌绪被准许回家，看到三居室的家里，妻儿只能挤在 8 平方米的北屋，顿生沧桑之感。后来，师昌绪又接连被下放到牛棚和劳改队，在劳改队，他被允许在教学连主持教务。虽然是为只有中专水平的学生授课，但能够重新得到工作，师昌绪还是倍感珍惜。每天凌晨两三点，他便早早起床，不到 10 个月，他亲自编写了一部几十万字的讲义。为此，他的老花镜增加了 200 度，他还患上了轻微冠心病。

1972 年，邓小平全面主持国家工作，师昌绪多年所受的屈辱终于得以昭雪。这一年，他在金属所的大会上作了半小时发言，掌声经久不息。此后，师昌绪恢复高温合金研究室主任工作，他仍像从前一样拼命。但"文化大革命"期间积压的疾病已让他的体力大不如前，也是从这一年起，他开始学习打太极拳。

对于这噩梦般的十年，妻子郭蕴宜曾在一篇文中写道："他当年满怀热情，出生入死争取回国，现在被打成特务……他怎么想的我不知道，我可有早知今日何必当初的想法。""文化大革命"结束后，郭蕴宜已耗尽心力，无心再投入工作，退休后便不再过问工作。让郭蕴宜甚为佩服的是，师昌绪是遭受委屈最多的人，但被“解放”出来后，“他好管闲事依然如故”。完全恢复工作后的师昌绪原本答应妻子一同去各地旅游，但很快又为新材料的研发和制定发展规划东奔西走，不见了人影。

对于“文化大革命”期间曾出来“揭发”甚至打压自己的人，师昌绪也从不怨恨，甚至帮助在“文化大革命”中打压自己的人在升职提薪时说好话。许多人不解，师昌绪自己却不以为然，认为那不过是年轻人在扭曲的社会中做的一些糊涂事。师昌绪始终恪守尽己所能帮助他人的信条。1990年，一个素不相识的年轻人叩开了师昌绪的家门，请求他推荐自己去日本读书，并递给师昌绪一张成绩单。师昌绪怕成绩单是伪造的，几番询问学校情况，确认属实后，如实地写了一封推荐信给青年。

师昌绪诸如此类的事迹不胜枚举，晚年步入科技管理工作之后尤甚。他自认为是举手之劳的小事，成为许多人铭记一生的恩惠。“千人计划”专家韩楠林幼年曾在金属所长大，对师昌绪非常敬仰。长大后，他改换专业以投师昌绪门下。此后，在科研深造过程中，他曾先后两次请师昌绪为其撰写推荐信，每一次都很快收到信件。他学成回国，创办与碳纤维相关的科技企业，希望师昌绪能够同意在自己的公司设立一个院士工作站，第二天便收到了师昌绪寄来的申报材料。师昌绪曾说：“我有一个理念：只要对别人有好处的事，都尽力而为。”

步入晚年后，热心肠的师昌绪依然奔走全国各地，出现在各种大大小小的报告会中。他曾在自传中这样写道：“80岁仍照常上班的原因就是爱管闲事。”因此，师昌绪的名字曾出现在中关村改造方案中、各种与材料相关或无关的学会筹建中，他甚至还参与过纳米复合肥用于治沙和农作物增产一事。利用自己的影响力为科技界提供帮助，这是师昌绪晚年的重要工作。

2014年11月7日，国家半导体照明工程研发及产业联盟将感恩十年杰出贡献奖授予了师昌绪，此时他已卧病在榻，无法亲自去领奖。

“我没有材料科学的专业背景，也没有半导体科学的造诣，但诚惶诚恐，担任国家半导体照明工程研发及产业联盟秘书长，并全票当选国际半导体照明联盟主席，这一切成绩的取得都是与先生的鼓励和支持分不开的！”回首联盟发展与自己成长的十年，国家半导体照明工程研发及产业联盟秘书长吴玲难以忘记师昌绪对自己的种种帮助。

2014年11月9日，师昌绪去世前一天，吴玲“有幸把这凝聚着我们无

在办公室和 10A 发动机模型

限感激的奖项带给了先生”。此时，她却只能回忆一个月前，师昌绪意识还清醒时，握着她的手说过的一番话：“我很清楚自己的身体情况，我此生无憾，但我放心不下你呀！纵使联盟为产业的发展做了大量的工作，但是依然没有社会地位……”

“为人之道在于海纳百川，真诚相待；处事之道在于认真负责，持之以恒。”师昌绪亲笔题写赠予吴玲的一幅字，被吴玲视若箴言。11 月 16 日，吴玲在家中含泪写下：“我为失去一位伟大的科学家、一份崇高的爱国情怀、一个高尚的灵魂而哭泣。”

11 月 18 日，上千人早起赶赴北京八宝山殡仪馆东礼堂，送他们心中的大师最后一程。“研材料，鼎工程，昌绪丹心熔铸强国梦；拓基金，谋宏略，师老风范激扬民族魂”——礼堂正门前悬挂的一副挽联静静俯视着穿越厅堂的人群，为善者师昌绪的一生做出最后的注脚。

参考文献

[1] 师昌绪 . 师昌绪自传：在人生道路上 [M]. 北京：科学出版社，2011.

[2] 李克健 . 中国碳纤维研究的过去与现在 [EB/OL].（2010-07-29）[2015-03-25]. http://www.Chinavalue.net/biz/article/2010-7-29/192123.html.

[3] 卢伟丽 . 家人称师昌绪幼年成绩不优秀但读书特别用功 [EB/OL].（2011-01-19）[2015-03-26]. http://yanzhao. yzdsb. com. cn/system/2011/01/19/010899209. shtml.

[4] 吴玲 . 沉痛悼念师昌绪先生千古 [EB/OL].（2014-11-10）[2015-03-25]. http://www.china-led.org/article/20141110/11247.shtml.

[5] 范桂兰，孙崇儒 . 为了祖国科技事业的腾飞——记国家最高科技奖获得者师昌绪院士 [J]. 中国科学基金，2011，25（2）：65-70.

（撰稿　李白薇）

2010年度国家最高科学技术奖获奖者

一代儒医

——著名血液病学专家王振义

人物简介

王振义，男，1924年11月出生，江苏兴化人。上海交通大学医学院附属瑞金医院终身教授，上海血液学研究所名誉所长。曾任上海第二医科大学校长、上海血液学研究所所长、中华血液学会副主任委员、《中华血液学杂志》副总编。

贡　献

作为一名血液学专家，王振义在60余年的从医生涯中，为医学实践和理论创新做出了重大贡献，他成功实现了将恶性细胞改造为良性细胞的白血病临床治疗新策略，奠定了诱导分化理论的临床基础；确立了急性早幼粒细胞白血病治疗的“上海方案”，阐明了其遗传学基础与分子机制，树立了基础与临床结合的成功典范；建立了我国血栓与止血的临床应用研究体系。

自 1980 年以来发表论文 320 余篇，主编专著 5 部，参加编写著作 17 部。王振义先后培养博士 21 人，硕士 34 人，其中 1 人成为中国科学院院士，1 人成为中国工程院院士。

荣 誉

1993 年	法国荣誉骑士勋章
1994 年	国际肿瘤学界最高奖——凯特林奖，被誉为“人类癌症治疗史上应用诱导分化疗法获得成功的第一人” 首届何梁何利基金科学技术奖
1997 年	瑞士布鲁巴赫肿瘤研究奖
1998 年	法国台尔杜加世界奖
2000 年	1998 年在《Blood》杂志上发表的第一篇关于全反式维 A 酸临床应用论文，于 2000 年获年度最佳被引征文奖，为全球引证率最高和最具有影响的代表论文之一
2003 年	海姆瓦塞曼奖
2010 年	国家最高科学技术奖
2012 年	与学生中国科学院院士陈竺共同获得第七届圣捷尔吉癌症研究“创新成就奖” 国际永久编号第 43259 号小行星被命名为“王振义星”

在儒家文化居统治地位的封建社会，儒医是对医家最高的称誉。“不为良相，则为良医”是当时儒士信奉的箴言。

随着时代的发展，儒医去除了“忠君”“等级观念”等糟粕，保留了“爱人”“治学”等精华，被赋予了新的文化内涵。

世界著名血液病学专家王振义深受中国传统文化熏染，其名字中的“义”字即出自儒家文化中“五常”：仁、义、理、智、信。统观他的行医、为人，若用两字概括，盖“儒医”是也。

为世忧乐者，君子之志也——《申鉴·杂言上》

20 世纪 20 年代，虽然中国的民族资本主义取得快速发展，但在反帝反封建成为时代主题的历史洪流中，一股将要彻底改变国家命运的力量正在酝酿。

王振义即出生在这样一个时代背景下的一个大家庭里。当时的王姓大族，虽已不复往日的繁盛，但还是留下了可观的物质财富和重视教育的精神财富。时局的动荡让家境日趋拮据，王振义的父亲——金融家王文龙依然坚持让子女接受良好的教育，他经常教导子女要好好学习，做对国家有用的人。

正直、严谨的家庭教育，让王振义形成了知足平和、淡泊名利的心态，平等待人、关爱他人的处世态度和科学报国、服务社会的人生观、价值观。所以，当在广慈医院（时有“远东第一大医院”的美誉）工作，有机会为群众、人民服务时，他总是走在前面，不为名，不为利。

1949 年下半年，上海市总工会着手在医务系统内建立工会组织，由于王振义一直代表群众向院方争取合法利益，又是医院医生联谊会的主要组织者，他被推选为院工会副主席。只要政府有号召，他就积极响应和行动。从事工会工作期间，他带头参加多项服务国家建设、服务人民的工作，在防治血吸虫病、抗美援朝等重大历史事件中，都有王振义活跃的身影。在这些工作中，他始终尽职尽责，以为群众服务、为群众谋利为宗旨，兢兢业业地开展各项工作，既当业务骨干，也当思想调节员、后勤员，凭借出色的组织管理工作和扎实细致的专业技能先后被授予军队三等功、二等功各一次。这些工作无形中增添了王振义的阅历，让他看到了国家建设的日新月异，更加坚定了为祖国医疗事业贡献毕生精力的决心。

从抗美援朝医疗队返回上海后，王振义一心扑到了他钟爱的医学研究上。由于他从 1950 年起就已经在导师邝安堃的指导下参加了“嗜伊红细胞在外围血液中升降的临床意义”的项目研究并发表了重要论文，他被医院安排与血液细胞学专家徐福燕共同主管血液小组的工作。自此，王振义的血液研究生涯拉开了帷幕。

在临床治疗中，王振义发现不少口腔病患者在小手术治疗后（如拔牙）出现出血不止的现象，普通的止血疗法根本不起作用，医生也无法在短时间内查出原因。他开始思考是什么因素导致出血不止，又有什么办法可以及时有效地应对。这个医学现象虽然普通，但是却对实际医疗工作有着十分重要的现实意义。因为一旦患者尤其是术后患者出现无法止血的现象，而又没有及时有效的止血方法，那么很有可能会付出生命的代价。在之后的医疗工作中，他就多次目睹许多白血病患者，特别是急性早幼粒细胞白血病患者在经过了化疗的煎熬后却依然无法摆脱死神的纠缠，皆因颅内出血去世。这一切都让他十分忧心，他急切渴望找到出血性疾病的根源，为此，他加倍努力，与时间赛跑，希望能够早日找到行之有效的方法。

当时国内血液病研究基础十分薄弱，与世界先进水平存在很大的差距。一个最快速和有效的办法就是学习和跟踪。为了跟上国际研究的趋势，王振义想尽一切办法获取最新的研究成果，然后通宵达旦地阅读、研究、做实验。终于，功夫不负有心人，他在国外的一篇有关轻型血友病甲的研究报告中发现了类似的症状：报告指出，轻型血友病甲疾病的患者血浆中凝血因子Ⅷ的水平为正常人的 5% ～ 25%，虽然平时不会出现出血症状，但即便是很小的手术也会导致出血不止。一般实验室检测无法诊断这种疾病，只有用凝血活酶生成试验才能确证，这种生成试验也是鉴别血友病甲和血友病乙的有效方法。但由于这种试验需要将硅胶涂抹在玻璃试管壁上，而当时国内并没有硅胶材料。经过钻研，王振义摸索出了用石蜡代替硅胶的方法，成为国内使用凝血活酶生成试验进行血友病检测的第一人。

在此基础上，1956 年，王振义在《中华医学杂志》外文版上发表了《血浆中凝血活酶缺乏症》一文，在国内首先报道了血浆凝血活酶因子乙缺乏症。随后，他又先后报道了轻型血友病甲 2 例、轻型血友病乙 1 例，并对血友病的实验诊断进行了更深入的研究。这一系列成果标志着我国在血友病甲、乙的分型及轻型血友病的正确诊断上取得了重要突破，解决了这种不明原因的出血性疾病的诊断问题，将国内相关领域的血液学研究与国际先进水平的差距一下子缩短了 2 ～ 3 年。

1960 年，因工作成绩突出，王振义被调往上海第二医学院，担任病理生理教研组副主任之职。从临床走向基础研究，王振义多少有些底气不足。但他很快调整了心态，重拾课本，认真复习化学、物理、生物化学、病理学和药理学等相关基础知识，及时跟进病理生理学领域的最新研究成果，更新知识，很快进入了角色。用他自己的话说，“到病生教研组后，我做的第一件事就是‘造反’”。他带头开展临床与基础相结合的研究与教学工作，带动了整个教研组在加强基础研究与临床实践结合方面的工作进展，为上海第二医学院病理生理学日后的发展奠定了扎实的基础。

后来，他被派往农村参加“社教运动”，开展灭钉螺、种牛痘、打防疫针等卫生宣教工作。为了拉近与群众的距离，这个出身富裕家庭的医生学唱群众喜爱的歌曲，讲革命故事，与群众建立起了深厚的感情。再后来，毛主席发出“把医疗卫生工作的重点放到农村去”的号召，有医生、教学双重经验的他被调往半农半读医专参加教学工作。回忆起这段往事，他不禁感叹道：“亲眼看见贫下中农的艰苦生活，让我看清了自身所处

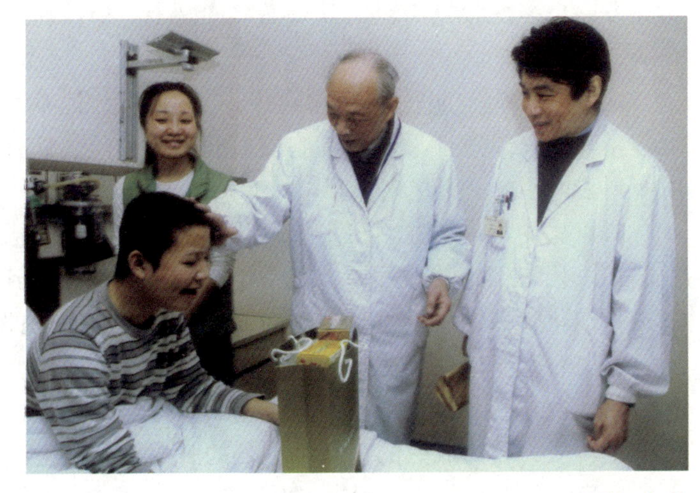

王振义查房

时代的社会现实。迫于条件的限制，我不得不另起炉灶，利用身边一切可以利用的资源，在原有基础上，学习针灸等中药治疗方法，研究草药的功效，用这些知识与技能去救治穷苦百姓的性命。”甚至，当时，他已经准备好一辈子做个“赤脚医生”了。

一次又一次改变工作，一次又一次学习新内容，并没有打消王振义从医的初衷，“哪有患者、哪有需要，就到哪里去”，他用行动给出了回答。当国家有号召、群众有需要时，他不顾个人得失，积极地投入到新的工作中，并尽自己最大的努力做好。在巡回医疗过程中，他不顾暑热寒潮、刮风下雨，依然坚持挨家挨户地送医送药，常常为了抢救患者放弃自己的休息时间，被患者和学生称为“白求恩式”的大夫。即使在“文化大革命”中受到不公正的待遇，被派做一名保健医生同时参加体力劳动，他也始终没有怨言，而是心平气和、踏踏实实地投入每一项具体的工作中，“只要能在工作中拓宽自己的知识面，又不断地阅览专业书刊，即使条件简陋，依然能沿着已定的方向前进”。

锲而不舍，金石可镂——《劝学篇》

“我学过中医，下过农村，当过赤脚医生，搞过病理生理。”王振义这样总结自己的工作经历，受组织任命，他先后在多个不同的岗位上工作多年，研究方向也多次根据岗位的需要而多次转变。但白血病诊疗始终是王振义的一块“心病”。

这种造血系统的恶性肿瘤类型繁多，凶险无比，病死率极高，素有“血癌”之称。其中又以急性早幼粒细胞白血病最为凶险、病程发展最迅速，通常从发病到去世不过一个星期，甚至只有两三天。

白血病的治疗往往不得不依靠化疗消灭癌细胞，借以维持生命，但这种做法在杀死癌细胞的过程中，正常组织和细胞也会受到严重损伤，因此，许多患者在化疗后因感染发热、出血、贫血等反应无法控制而离开人世。看到病患所受的痛苦和治疗效果的不理想，王振义心如刀割。

20 世纪六七十年代，国外医学界提出了“肿瘤细胞在体外可以通过诱导分化，转变为较为成熟的正常细胞”的肿瘤诱导分化治疗的观点。1978 年，以色列科学家在小鼠的实验中证明，白血病细胞在一定条件下能够发生逆转，分化成熟为正常细胞。这给了潜心研究白血病治疗方法的王振义以巨大的启发。

抛却传统化疗中“杀死”癌细胞的做法，转变为通过诱导分化剂，将癌细胞这个“坏人”，“教养改造”为“好人”，使其“改邪归正”。王振义比喻说：“肿瘤细胞就像自己的孩子中有一个变坏了，我是打他呢还是教导他呢？打孩子，既解决不了根本问题，还会引起孩子的逆反心理，影响孩子健康成长。而过去的治疗方法就是使用有毒的化学药物毒死癌细胞，正常细胞也因此受到严重的损害。我们这个治疗方法叫诱导分化，就是劝导小孩子不要做坏人，要做好人，最终达到弃邪归正的效果。”这其中也蕴含了我国传统文化中“转化”“感化”的精神内涵。

1979年，王振义把“诱导分化”确定为对白血病研究和治疗的主攻方向。寻找到一种可以用作诱导分化剂的药物，是诱导分化研究成功的关键。当时，中国的医药科研事业还未完全恢复，已经调回瑞金医院（前身为广慈医院）的王振义，将一个四五平方米的简陋“灶披间”作为血液科完成诱导分化培养室、操作室和办公室，“连培养细胞的温箱都没有，一些重要的实验仪器更需要到其他单位借用”。就这样，他带领学生做了无数次的实验，尝试了无数种方法，测试了无数种药品，奋战了两年多的时间，却一无所获。

实验毫无进展，学生们心急如焚，情绪也渐渐变得焦躁起来。王振义虽然也着急，但他对选定的方向十分坚定，同时还经常鼓励学生：科学研究最忌讳的就是浮躁，清贫与寂寞常常是科学家最好的朋友。要搞好科研，做好学问，就必须心存坚定执着的信仰，就必须有锲而不舍的治学精神。

与此同时，王振义还始终密切关注着国际该领域的研究进展。4年后，美国的一家医学杂志发布了一条振奋人心的好消息：有学者发现用13-顺维A酸可以转化急性早幼粒细胞白血病中的癌细胞，并试验成功。找到诱导分化剂并测试成功，下一步便是将其运用到临床上。然而，当时国内的厂家只能合成全反式维A酸，13-顺维A酸需要从美国进口，除价格十分昂贵国内患者根本负担不起外，其治疗结果也并不理想。短暂的欣喜过后，王振义陷入了深思。但他却并未动摇对维A酸的信心，“我不死心，我觉得维A酸这条路还不能就这样被堵上，我想试试国产的全反式维A酸能不能创造出奇迹。”

终于，1986年春，他和学生们通过显微镜清晰地观察到越来越多的急性早幼粒细胞白血病细胞在全反式维A酸的作用下，奇迹般地“改邪归正”，转化成了正常成熟的细胞。在一个偶然的契机下，这项研究挽救了一名 5 岁幼童的生命，让全反式维 A 酸走向临床实践。

这名幼童名叫小静，在上海市儿童医院就医，经过化疗后，情况非但没有好转，反而愈加恶化，生命危在旦夕。这让在这所医院工作、同为血液学专家的王振义的夫人谢竞雄非常着急，她将小静的情况告诉王振义。他马上想到了用自己正在研究的全反式维 A 酸来治疗。

“你们的实验，虽说已经证明全反式维 A 酸可以诱导分化急性早幼粒细胞白血病细胞，但还在体外研究阶段，现在就用在临床上，是不是太冒险了？”谢竞雄提出疑问。

“我们研究这个药这么多年，已经很好地掌握了它的特点，我对这个药很有信心。”王振义答道。

“这可不是一般的冒险，事关人命啊！”谢竞雄还是不放心。

其实，不只谢竞雄，当时对要在临床上使用全反式维 A 酸的反对意见颇多，主要集中在两点：一是这个药的效果，大家还不是很清楚；二是用新药治白血病这个风险很大的病，医生面临的风险就更大。“我有勇气，我尊重科学。”这是王振义面对阻力时常说的一句话。

经过仔细研究和征得小静父母的同意，王振义决定给小静口服全反式维 A 酸粉剂。奇迹出现了，小静只服用了一个星期左右，病情就马上出现了转机，中性白细胞达到 60% 以上。一个月以后，血小板上升到 15.8 万。来势汹汹的白血病终于缓解了，小静重新回到了美好的童年生活。

第一位患者的效果，给了王振义极大的信心，他马不停蹄地安排研究生骑着自行车到上海全市各家医院寻找急性早幼粒细胞白血病患者。每找到一位，他们就与主治医生和家属商量试用诱导疗法。已是“名医”的王振义冒着“名誉扫地”的风险，又陆续治疗了 24 例病患，结果这些患者病情缓解率超过九成。

为抢救更多“被判死刑”的患者，王振义立即着手第二件事——推广。当时全国仅上海第六制药厂能生产“全反式维 A 酸”粉剂，且主要用于出口（外国人用它做化妆品）。这种原始的粉剂必须按照严格的程序做成药丸，才能提供给患者服用。由于王振义的推广尚不能形成批量，厂家不愿生产，导致药物供应出现严重不足。于是，王振义所在的医院特别开了个小车间制作药丸。由于该治疗方法用药简单方便（口服），价格低廉，不良反应小，缓解率高，又不受医疗设备等条件的限制，因此，该疗法很快在全国得到推广。各医院先后使用该治疗方法使 700 多例急性早幼粒细胞白血病患者的病情得到完全缓解。

国外多家著名血液研究机构也加入了临床试验的行列，同样证实了这些包装普通的小药丸所产生的令人震惊的奇效：据报道，1993 年，法国 Fenanx 54 例完全缓解率达 91%；1995 年，美国 Warrell 79 例、日本 Kanamaza 109 例，完全缓解率分别为 86% 和 89%；同年，国际权威期刊《科学》指出，已有 2000 例以上的急性早幼粒细胞白血病患者受益。

1988 年 10 月，王振义和同事共同完成的论文《全反式维 A 酸治疗急性早幼粒细胞白血病研究》在国际血液学权威刊物《Blood》上发表，引起国际血液界强烈震动，并由此掀起诱导分化研究的新高潮，国际著名癌症研究权威 Richard 教授称这一研究为“具有划时代意义”的成果。

1994 年，王振义凭借其首创的全反式维 A 酸治疗急性早幼粒细胞白血病，为攻克肿瘤疾病新途径的研究做出了重要贡献，被授予国际癌症研究的最高殊荣——凯特林癌症医学奖。从此，他被国际医学界誉为“人类癌肿治疗史上应用诱导分化疗法获得成功的第一人”。

之后，王振义和同事又发现联合应用氧化砷，可使 5 年生存率上升到 95%——昔日病死率最高的急性早幼粒细胞白血病终于可以治愈了。

“我并不认识王教授，但我知道他是一个伟大的人物，他可能开创了肿瘤治疗的新时代。”这是国外的一位非血液专业工作者对王振义工作的评价。

数十年来，“全反式维 A 酸”这种一盒十几块钱、连续服用几盒便可缓解病情的药物，挽救了无数人的生命。“这种药便宜，也是因为我们没有申请专利。”王院士轻描淡写地说道，“20 世纪 80 年代中国专利制度才起步，自己没想到去申请专利，只是觉得这个科研成果能解救更多的人，应该属于全人类。”

博学而不穷，笃行而不倦——《礼记 · 学记》

上午 9 点到办公室，工作两个半小时，中午打个盹儿，然后去专业网站上浏览最新研究成果，在电脑前往往一坐就是四五个小时。忙里偷闲，工作的间隙，他还会听听轻音乐，玩玩电脑上的纸牌积分游戏，放松一下。

这是耄耋之年的王振义每天的必修课。

此外，每周四，他还要进行一项例行了 10 多年的“开卷考试”，接受学生的测验：通过查房的形式进行疑难病例讨论，为医生们在临床工作中遇到的难题出主意。每次拿到患者的基本资料时，王振义总是要在网络上搜索大量的相关文献，并对文献进行综述和总结，从中归纳出针对患者个体情况的最佳治疗方案，把病例的解析方法和治疗经验制作成 PPT，向年轻医师们展示和讲解。他的孙女王蔚回忆了这样一次“开卷考试”：“那是一个‘三系’下降原因待查的患者，病例看起来十分复杂，诊断也非常棘手。教学查房那天，爷爷带着我们一起去看了患者，我发现他询问病史比我们详细多了，甚至详细到每天吃什么，吃的荤素搭配如何。就是在这么细致的询问中，我们大家都找到了导致这个患者‘三系’下降的原因。诊疗顿时变得豁然开朗。”

这样的形式，受到了年轻医师的热烈欢迎。他的学生糜坚青说：“王老师精彩的教学查房活动，对我们来说是他已把‘饭烧好了’‘菜炒好了’，我们不用再‘淘米洗菜’了。来听课的医生们都把王老师的 PPT 视为珍宝，许多人都把 PPT 拷回去，仔细研究。”

“我是一匹‘老马’，已不能拉出来与年轻人在同一赛场上赛跑了，但我这匹‘老马’识途。从事医学教学研究工作 60 多年，我有许多成功的经验和失败的教训，我要把这些都留给年轻人，让他们少走一些弯路。”王振义清醒地认识到自己的薄弱之处，却又总想着能够为医疗事业再多做一些。

活到老，学到老，是王振义一生的真实写照。他 7 岁起，便被父亲送到家附近的兴中小学学习，据他回忆：“我小时候很顽皮，但念书成绩还不错。我觉得这都来源于我特别爱问‘为什么’，这样就能去看书、去查资料，然后就懂了。”好问“为什么”，让王振义在学业上取得优异成绩，父亲总会在期末时查看

王振义在办公室

王振义与实验室研究人员

他们兄妹的成绩册，若有课程不合格，便免不了手心挨打，让他颇感自豪，也让兄弟姐妹们刮目相看的是——他是家中唯一一个没有被打过手心的孩子；工作后，这个习惯也让他多次有惊人的发现，确诊肺吸虫病、发现轻型血友病等都是多问了一个“为什么”的结果。以至于后来，在行医和教学过程中，他非常强调“问为什么”，走到哪里就讲到哪里。

据王振义的学生回忆，在王振义求学的年代根本没有分子生物学的概念，但他硬是以60多岁的年龄从头学起，并掌握了分子生物学等最新技术与发展，让学生们都感到汗颜。此外，作为震旦大学的毕业生，60岁之前，他的第二外语是法语，60岁以后，他开始自学英语，为的就是能够阅读更多的英语文献，和不同国家的学者们交流。他的儿子回忆：“我记得他年过六旬后开始学英文，他利用一切时间听英文广播，练习英语发音。靠着电视和广播，父亲练出来一口好英文。他出任二医校长时已经可以不用翻译直接与来宾交谈了。”言传身教，如春风化雨，润物无声，他的学生纷纷成为我国医学事业的中流砥柱，他的子女也都在各自领域卓有成就。

“有人问我，成功的关键是什么？我说是‘机遇’。他又问了，机会是给有准备的人，你又做了什么准备呢？我说就是两个字——‘不断’：一是不断地端正思想和行为；二是不断地钻研和学习。这两个不断，都是从这么多年的生活中总结出来的。”一问一答间，道出了王振义的成功之道。

去过王振义家的人都知道，在他家客厅墙上挂着一幅尺幅不大的国画，画的主体是几株盛放的牡丹，颜色并不是常见的大红大紫，而是粉白中带红，透着恬淡、清雅，题词也很相宜叫“清贫的牡丹”。

“做人要有不断攀登的雄心，但又要有一种正确对待荣誉和自我约束的要求和力量，对事业看得很重，对名利看得很淡。我相信做人最本质的东西：胸膺填壮志，荣华视流水。”深受传统文化熏陶的王振义用这种带有哲学意味的话语阐释他对画的理解。在某种程度上，正印证了他的为人、为医、治学之道。

“如今回想起来，我常常感觉很幸福。这幸福源自我一生担当的角色——医生。”王振义说。

参考文献

[1] 陈挥 . 走近王振义 [M]. 上海：上海交通大学出版社，2011.

[2] 唐元恺 . 王振义院士：让癌细胞“学好”[N]. 北京周报，2012-09-13.

（撰稿　宋春悦）

2011 年度国家最高科学技术奖获奖者

留一个什么样的世界给后世?

——著名建筑学家**吴良镛**

人物简介

吴良镛，男，1922 年出生于江苏南京。我国著名的建筑学家、城乡规划学家和教育家，人居环境科学的创建者。曾任清华大学建筑系主任、中国建筑学会副理事长、中国城市规划学会理事长，以及国际建筑师协会副主席、世界人居学会主席等职。现任清华大学建筑与城市研究所所长、人居环境研究中心主任。

贡 献

吴良镛长期从事建筑与城乡规划基础理论、工程实践和学科发展研究，针对我国城镇化进程中建设规模大、速度快、涉及面广等特点，创立了人居环境科学及其理论框架。

他运用人居环境科学理论，成功开展了从区域、城市到建筑、园林等多尺度，多类型的规划设计研究与实践，在京津冀、长三角、滇西北等地取得一系列前瞻性、示范性的规划建设成果。

他同时也是新中国建筑教育的奠基人之一，65 年来勤耕不辍，为城乡建设行业培养了大批骨干人才。

荣 誉

1990 年	北京奥林匹克建设规划研究科学进步奖一等奖，其著作《广义建筑学》获得科学一等奖
1992 年	北京市菊儿胡同危旧房改建试点工程获亚洲建筑师协会金质奖，在联合国总部获世界人居奖
1995 年	何梁何利基金科学技术进步奖
1996 年	国际建筑师协会授予国际建协教育 / 评论奖
1999 年	法国文化艺术骑士勋章
2000 年	首届“梁思成建筑奖”
2001 年	中国高校科学技术奖二等奖
2002 年	2002 年度克劳斯亲王奖
2003 年	著作《京津冀地区城乡空间发展规划研究》获第 11 届全国优秀科技图书一等奖，第六届国家图书奖提名奖
	中央美术学院及附属中学新校园规划设计获教育部优秀建筑设计奖
2004 年	北京市高等教育教学成果奖一等奖
2010 年	陈嘉庚技术科学奖
2011 年	国家最高科学技术奖

“世界人居奖”“国家最高科学技术奖”“国际建筑师协会屈米奖”“亚洲建筑师协会金奖”“陈嘉庚科学奖”“何梁何利奖”……如果你了解这些奖项，那想必知晓同时荣获这些奖项意味着什么。如果你不了解甚至根本没听说过这些奖项，但你也许去过或者听说过国家图书馆、菊儿胡同、曲阜孔子研究院、中央美院新校区……有意或无意地感受过吴良镛设计的建筑。

如果你还是不知道他和他创造的这一切，那也没关系——自然而然甚至不曾察觉但又舒适无阻地游走其中，本来就是他设计理念中的一环。

1922 年出生在江苏省南京市的吴良镛，今年已是 93 岁的高龄。作为我国著名的建筑学家、城乡规划学家和教育家，以及人居环境科学的创建者，尽管身体条件受限，他还是会尽己所能地和年轻人交流，为一些重大项目贡献自己的想法。

他赞同海德格尔的理想，立志使人们“诗意地栖息在大地之上”，并为之奋斗了大半个世纪。有人问他，如果毕生无法实现怎么办？他回答说，那也要努力坚持下去。

学生评价吴先生总是心怀大局，强烈的责任感和使命感或许正是推动吴良镛年过九旬依然笔耕不辍的原因之一。他至今仍在追寻一个问题的答案——

“我们将把一个什么样的世界交给我们的子孙后代？”

这是 1999 年国际建筑家协会第 20 届建筑大会上，作为大会科学委员会主席和国际建协《北京宪章》起草人的吴良镛向中外建筑师发出的提问，而从他曾经创造的人居环境中，或许可以找到吴良镛所给出的一些答案。

理想的家：菊儿胡同

“天棚鱼缸石榴树，先生肥狗胖丫头。”这六个词十分精简且形象地描绘出了北京胡同里四合院的景象。顶天立地的独层生活令人怀念，但现实中残破杂乱、配套设施极其落后的大杂院，离清新的文艺气息却隔了十万八千里，事实上，“住楼房”是当年住在四合院里的很多老北京们的共同心愿。

北京城里游人如织的南锣鼓巷中段往东一拐，便是菊儿胡同。再往里走一点，北侧的 17 ～ 49 号几处院落，便是吴良镛在 20 世纪末旧城改造工程中设计的新四合院——菊儿小区。一栋接一栋的二三层小楼，青瓦白墙、错落有致，颇有几分徽派建筑的神韵，让人仿佛置身江南；但层层叠叠的院落又

1950 年吴良镛在美国匡溪艺术学院布置毕业展览

活脱脱地就是老四合院的感觉。恰当地描述就是——“长高了的四合院”。

建筑面积不过 2700 多平方米、设计费仅仅 1 万元的菊儿小区，却由当时已经执中国建筑规划行业牛耳的吴良镛亲自出手，被人戏称为“杀鸡用牛刀”。20 世纪 80 年代，是北京危旧房改造开始实质性展开的阶段。1986 年，北京划定了 21 片危旧房改造区，东城区有 3 片，其中就包括了菊儿胡同。同时也是古都风貌保护意识开始觉醒的时期，很多针对这些危改区进行的设计方案，都因为与旧城风貌的冲突，屡屡被规划部门否定。多数设计单位本就视其为“鸡肋”——项目不大，费用不高，工作难度却不小。

在菊儿胡同改造工作几乎停滞的时候，被北京市房改办找到的吴良镛却表现出了极大的热忱。当时，吴良镛正在对什刹海地区的住宅街坊的典型形式进行探索，寻找扩大四合院的可能，从 1978—1987 年，已经探索了近 10 年。事实上，菊儿胡同正是当年吴良镛苦苦寻觅的试验田：典型的“危、积、漏”地区，居住质量亟待改进；位于锣鼓巷平房保护区北侧，可试行低层高密度的“新四合院”住宅方案；居民改善居住条件和生活环境的愿望迫切，能积极配合危改项目实施。

被全球建筑界誉为“无与伦比的杰作”的北京旧城，不仅是中国古代都城建设的最后结晶，也是数代人生存生活的故乡。如何创造出既满足现代舒适生活需要，又不失北京韵味的民居，是吴良镛早在 20 世纪中期就开始考虑的问题。他曾对保存完好的崇文门外花市地区胡同与四合院进行了详细调查，在 1978 年参与北京市总体规划及展开北京市旧城整治研究时，已经基本形成了居住区整治的“有机更新”和“新四合院”住宅设计方案的思路。

住宅小区的“有机更新”，在吴良镛看来就如同在一件心爱却破掉了的衣服上绣一朵别致的小花，即使慢慢变成了一件百衲衣，依然能够遮风御寒且不失美丽。

吴良镛亲自带队、几十位师生参与的团队，堪称“豪华”阵容。但即使这样，新四合院的规划设计方案前后仍审查了六七次之多，施工图阶段光是图纸就出了95张。就菊儿胡同一期的设计体量来说，很多建筑师都表示95张图纸“不可想象”，而这背后反反复复的修改更不知有多少。

原菊儿胡同41号院中有两棵老榆树，其中一棵树龄在百年以上，为了保留这两棵树，吴良镛可谓用尽心思。整体性极强的新四合院方案，为了避开这两棵树，几乎要重走一遍全部流程。这样的坚持换来了今天菊儿小区的一片郁葱——不过20多年历史的菊儿小区，因为两棵老榆树的荫蔽，皇城根儿下的历史感扑面而来。更让人庆幸的是，有着集中供暖、独立卫生间和上下水系统的低价小户型单元房，并没有阻隔搬迁之前大杂院的邻里关系。

1992年联合国人居奖授予菊儿胡同改造项目，其颁奖词中写道：“吴教授和他的同事们在菊儿胡同工程中所创造的是一个人文尺度的答案。尽管它的人口密度与高层住宅相似，但它却创造了一个永恒的人与人交往的社区。最重要的是菊儿胡同捕捉住了中国的四合院的传统，即北京的合院形式……”

“凡是到过北京的人，都曾亲身品读过吴良镛。”这是建筑界中广为流传的一句话。虽然出生在南京，但吴良镛与北京城之间的渊源却更加深厚。清华建筑系的创建、北京城市规划、旧城改造、人民英雄纪念碑的建造、北京图书馆，以及后来国家图书馆的设计等，他都曾参与其中。

幼时头顶无寸瓦、没有家的生活是他投身建筑的原动力。在中央大学图书馆的暗室里，吴良镛偶然看到了一批越过“驼峰航线”运来的国外建筑杂志缩微胶卷，原本愤恨于战争年代无所可为的他瞬间明白，自己要从现在开始，为战后城市重建做好准备。丝毫不难理解在美国事业如日中天之时，他因为接到梁思成一封“百废待兴”的信就迅速放下一切，归国投身建设。

吴良镛就读大学期间，梁思成阅读了当时他在校刊上发表的一篇题为《释“阙”》的文章，非常欣赏吴良镛的才华，让他在身边协助工作，同时教授他西方建筑理论知识。英雄相惜，梁思成的才华，也是让吴良镛钦佩不已。某次帮梁思成画佛光寺的插图，画到檐下斗拱，梁思成对于吴良镛随便勾画的几笔不甚满意，笑言“把你考着了”，之后亲自提笔改图，略加改画立见精神、形象准确，这让吴良镛日后养成了即使是画寥寥几笔的草图，也要力求精准的工作习惯。

抗日战争胜利后，吴良镛协助梁思成在清华大学创办了建筑工程学系，建系之初梁思成赴美讲学，吴良镛和林徽因一起执教。1948 年，梁思成推荐吴良镛前往美国深造，在芬兰裔建筑师沙里宁主持的匡溪艺术学院就读。林徽因看到梁思成写好的推荐信后不甚满意，说“对良镛的介绍应该这样来写”。恩师的知遇和提拔吴良镛念念不忘，有段时间他经常到八宝山林徽因的墓前致以哀思。

在沙里宁的指导下，吴良镛第二年便获得硕士学位，并迅速在西方设计界崭露头角。1950 年，他参与小沙立宁主持的通用汽车公司研究中心设计大楼方案的设计，在美国罗马奖金建筑绘画雕塑竞赛中脱颖而出，获得荣誉奖。此时，他已经是沙里宁建筑师事务所的正式设计师，并且还兼任劳伦斯理工学院建筑系的教师。

锋芒初现之时，吴良镛接到了梁、林从国内寄来的信，信中写道：“北京百废待兴，正要开展城市规划工作，希望你赶快回来。”

梁思成未竟的北京古城墙保护事业让许多人扼腕叹息，而吴良镛看到一批批拔地而起的新建筑同样困惑顿生。“有机更新”的菊儿胡同虽然未能大面积推广，但它还是被很多人视作新旧城建短兵相接中，一个得分最高的答案——一个理想中的家。2000 年，吴良镛毫无争议地获得建设部首次颁发的“梁思成建筑奖”。

黄金屋藏于书：北京图书馆和孔子研究院

吴良镛爱读书，书房、客厅、卧室分别有一面书墙，每层搁板能自由调节，以适合不同尺寸的图书。图书种类涵盖古今天地，但最多的还是三种：精美画册、艺术丛书、建筑设计图册。他不仅专门为图书量体打造了书架，配套的书桌、茶几也是设计得整洁明朗，友人无不感慨：能够在这样的地方读书，实乃一大乐事。

“书中自有黄金屋。”从书中学到了建筑设计的真谛之后，吴良镛也开始慢慢给书们设计屋子，给子孙后代留下他理想中的“书房”。

2014 年 9 月 9 日，国家图书馆 105 岁生日。整修一新的国家典籍博物馆正式开放，老建筑旧貌换新颜。国图南区建筑群（原北京图书馆）的设计，当年正是出自杨廷宝、戴念慈、张镈、吴良镛、黄远强 5 位建筑名家之手，被称作“五老方案”。北京图书馆1986年建成，1987年正式开放。运行了整整24年后的2011年，闭馆重建。在新开馆的国家典籍博物馆里，从3000多年前的甲骨文，到现当代名家手稿，读者都可以一览为快。当年吴良镛和伙伴们创造的这栋建筑，正在焕发出全新的生命力。

1992年吴良镛在山东曲阜孔子研究院建设工地

除了藏书、读书的功能之外，吴良镛心中的“书房”同时也应该承担起文化传承的功能。位于山东曲阜的孔子研究院正是这样一件作品。经过对战国时代的建筑文化及中国书院建筑发展的研究，他提出了建立“新儒学文化区”的设计思想，借鉴“河图”“洛书”和“九宫”的观念，同时兼顾风水的理念，采用“方圆”结合的建筑形式，集中体现了孔子思想在中国两千多年以来的影响和传承。

然而，将古典文化与现代审美有效结合远非易事。建筑的功能性和文化符号意义的结合，是长期阻碍中国建筑发展的主要问题。而吴良镛设计的孔子研究院辟雍广场，交出了一份不错的答卷。

广场借用古代学宫中的“辟雍”（圆形水池围绕方形台基）模式加以变形而成，以《周礼·春宫·大宗伯》中的典故为据——“以玉做六器，以礼天地四方，以苍璧礼天，以黄琮礼地，以青圭礼东方，以赤璋礼南方，以白琥礼西方，以玄璜礼北方。”利用特形石分别在广场的东、南、西、北做圭、璋、琥、璜形，正中心则是递阶成台，台心铺地做璧形，以喻天；并设圆形旱喷泉，不喷水时平台可以做多种其他用途。这样的设计不仅符合当代建筑审美，更是将中国文化的深厚内涵与鲜明的时代精神融合在一起，因其独树一帜的设计以及极强的功能性，辟雍广场很快成了该市的现代标志性建筑，并且受到了市民的喜爱。

在为诸多典籍设计居所以及为人们的阅读和学习提供舒适环境的同时，吴良镛也创造了许多能够留存在“书房”中的传世之作，而《北京宪章》正是这其中的瑰宝之一。

在国际建协第20届世界建筑师大会上，吴良镛提出“我们将把一个什么样的世界交给我们的子孙后代”的问题的同时，也做出了自己的解答，他起草的《北京宪章》在此次大会获得通过，成为国际建协成立50年来的首部宪章，它成为指导新世纪世界建筑发展的重要纲领性文献，并在2002年以中、英、法、西、俄5种文字出版。

《北京宪章》既是对20世纪百年建筑的总结，也是对21世纪的建筑展望，而这幅“路线图”，正是吴良镛两大标志性理论成果——广义建筑学和人居环境科学的有机结合。

早在20世纪80年代，吴良镛已经意识到现代社会的高速发展对于自然造成的破坏，势必会造成自然对人类的“报复”；而愈发扩大的城市，最终将面临混乱无章的命运。再加上技术这把“双刃剑”的持续发展，以及建筑核心理念的异化，建筑学的概念远不能在狭义的层面生存。他开始进行“广义建筑学”的思考，提出要“通过城市设计的核心作用，从观念上和理论基础上把建筑、地景和城市规划学科的精髓整合为一体，将关注焦点从建筑单体、结构最终转换到建筑环境上来”。1987年2月在“建筑学的未来”会议上，吴良镛正式提出“广义建筑学”的概念；1989年出版《广义建筑学》一书，在书中他将建筑学分为聚居、地区、文化等“十论”，“一法得道，变法万千”的思想，对当代建筑学的整体综合研究起到了极大的指导促进作用。1990年，该书获国家教委科技进步奖一等奖。

2010年吴良镛与他的博士研究生在一起

人居环境科学是吴良镛在学术领域做出的另外一项重要贡献。人居环境是20世纪下半叶在国际上提出并逐渐发展起来的一门综合性前沿学科，它以乡村、集镇、城市等所有人类聚居环境为研究对象，着重研究人与环境之间的相互关系，强调把人类聚居作为一个整体，从政治、社会、文化、技术等各个方面，全面地、系统地、综合地加以研究。1992年，联合国在里约热内卢召开的“地球高峰会议”通过《21世纪议程》，其中专门有一章是“促进人类住区的可持续发展”，其实这正是建筑学的任务之一。

吴良镛逐渐理解到，建筑学的发展不能仅囿于一个学科而应从学科群的角度进行整体探讨，因此提出了“人居环境”这个众多学科的“学科群”的概念。1993年8月，在中科院技术科学部大会的学术报告会上，吴良镛和周干峙、林志群阐释了“人居环境学”这一新的学术观念和学术系统——即建立和发展以环境和人的生产与生活活动为基点，研究从建筑到城镇的人工与自然环境的“保护与发展”的学科。1995年清华大学人居环境研究中心成立，吴良镛任中心主任。2001年出版《人居环境科学导论》，2008年出版《人居环境科学研究进展》，至此形成“四位一体”的思想，将建筑、城市规划、园林以及技术科学有机结合。

漫步后花园：山水城市苏州

1990年，菊儿胡同的成功改造得到了媒体以及学术界的广泛关注，钱学森给吴良镛写了一封信，其中做出了这样一个提问：“我近年来一直在想一个问题：能不能把中国的山水诗词、中国古典园林和中国的山水画融合在一起，创立‘山水城市’的概念？人离开自然又返回自然。”

这其实与吴良镛的想法不谋而合。20世纪90年代初，吴良镛便将视线投向了经济迅速发展的长三角地区，致力于解决经济的迅速发展与落后的城市规划思想之间的矛盾，试图创造兼具现代生活便利与自然之美的居住环境。他领着学生、助手几下江南，在上海、苏锡常和宁镇扬三个地区进行调研，多次为国家自然科学基金重点项目撰写建议。1992年，国家自然科学基金首次在建筑领域投放重点项目，“发达地区城市化进程中建筑环境的保护与发展”研究正式启动。

该项目持续了长达5年的时间，于1997年结题，首次提出了区域协调发展观念，倡导保留与发扬当地原本的建筑特色。其中，清华大学建筑与城市研究所主要负责苏锡常地区的规划研究。吴良镛不仅对苏锡常整个区域的发展和每个城市的规划都做了认真考察和科学预测，同时还为该地区的一些城镇和县域进行规划，整个研究呈现出城、乡并重的丰富性和整体性。

不能不提的是苏州。余秋雨在《白发苏州》一文中曾经这样写道：“苏州，是中国文化宁谧的后院。”这座千年古城在中国人心目中的地位，可见一斑。如何实现古老与现代的双生共存、文化传承与经济发展齐头并进，很长一段时间里让很多规划师一筹莫展。而吴良镛十多年做出的整体设计思路，受到了时间的肯定，直到今天，他的思路依然为苏州城所遵循。吴良镛设计了一个灵巧的“九宫格”布局：旧城居中，四角留出湖泊与空地，楔形绿地沿山脉、水系插入市中心；新加坡工业园居东，开发区在西，吴县新区和苏州新城区分列南北，此外还利用外环路沟通了周边城镇。新城旧乡，高楼园林，在园林式开放的格局中实现了妥善结合，并且四围都有轴向发展的空间。吴良镛用他的匠心巧思，赋予了苏州古城持续不断的活力。

改革开放之初以《小城镇，大问题》一篇文章，推动了中国小城镇建设的社会学家费孝通，对于吴良镛主持的“发达地区城市化进程中建筑环境的保护与发展”研究项目给予了高度评价，评价其为苏南小城镇的物质空间环境改善做出了贡献。在大学入学考试那天亲眼看见高中就学的合川城半座城被日军炸成平地，立下誓愿重建故乡的吴良镛，也终于算是在半个世纪之后实现了自己当年的愿望。

不仅是苏州，北京中关村科技园规划建设、上海浦东规划、广州城市空间发展战略研究、深圳城市总体规划和福田中心区规划、三峡工程与人居环境建设、滇西北人居环境可持续发展规划研究、南水北调东线一期工程历史文化环境保护研究……曾经手书“匠人营国”4个大字的吴良镛，毫无吝啬地将自己对于乡土的热爱一股脑儿倾注到了人居环境的规划建设之中。

若有机会漫步苏州城中，一定不要忘记去体味楼宇花草之间，吴良镛倾注其中的匠心巧思。

文人画室：中央美术学院新校区

除了是一名建筑师、教育家，吴良镛同时也是一位画家，他自幼酷爱美术，大学期间接受的建筑教育也源自巴黎美术学院，宗白华、傅抱石、徐悲鸿、齐白石等大师名家的作品都是吴良镛的心头好。在美国留学期间，学习建筑与城市设计的同时，也在进修绘画、雕塑课程。早在1944年，吴良镛的水彩画《山村》就在重庆被选入全国第三届美展展出；1948 年，“吴良镛水彩画展”先是在美国匡溪博物馆展出，后在美国克里夫兰画廊以及西德卡塞尔大学展出；2002 年出版《吴良镛画记》，2014 年在中国美术馆举行《人居艺境：吴良镛书法、绘画、建筑作品展》并出版艺术作品集……从参与人民英雄纪念碑的设计开始，多年来吴良镛在城市雕塑、园林建筑和工艺美术方面，与其他艺术家也多有合作。

在位于北京东北郊望京新区的中央美术学院新校园，吴良镛用北京的青砖完成了所有雕塑，城市规划、建筑、园林三者体现了整齐划一的协调感。

原为废窑坑的新校址着实给吴良镛出了个大难题，最深处达 30 多米的特殊地形当时让很多人都一筹莫展。但镣铐从来不会成为善舞者的负担，反而会造就更加曼妙的舞姿。吴良镛最终通过对学校绿地和操场布局的调整，在高低不同的地势上完成建筑的过渡，并将整个校园与南渠湖公园开放式连接，形成富于层次感并且视野开阔的独特风貌。

为了凸显艺术学院建筑的独特性，吴良镛吸收了中国方丈院和西方修道院这两种古代讲学场所的设计，并借鉴旧式书院的建筑特点，采用十字形的院落式设计——赋予中国最高美术学府以书院的原始形态。与此同时兼具美术学院所特需的功能性，以新的合院式布局为基本形态，充分利用屋顶层，引入天光，并且在为雕塑教室创造高低不同的创作空间的同时，将建筑群进行组合，为北京城新添了一座别致的人文画室。

实际上相较于任何一个独立的头衔，吴良镛更适合“人文主义学者”的称呼。他致力于建筑学、城市规划设计与人文科学结合，追求科学、人文和艺术三者的融合。他的藏书也可以清晰地展现出这一点，除建筑设计方面的专著之外，结构、工程、环境艺术，以及人文科学著作，可谓面面俱到。

在《吴良镛画记》中，有这样一句话很好地阐释了他的理念：“美术、雕刻、建筑、园林，大至城市规划、区域文化中，美学的思考与追求是统一的。”从绘画起步，结缘建筑，再到对于城市规划和人居环境的研究，最终回归艺术的本源。人文主义学者吴良镛，正在慢慢实现自己将艺术与科学完美融合的理想和情怀。

除了“家”“书房”“花园”“画室”，吴良镛也为“体育馆”奥林匹克建设做出规划、京津冀地区进行设计……特别是吴良镛几十年前规划设计的、极具前瞻性的北京中关村科技园区，当时几乎没有人能预想到，这片西北郊的荒地会在今天成为互联网时代整个中国的核心。

问到这些建筑和规划中，吴良镛最喜欢的是哪一个，他的答案是“下一个”。吴良镛说：“人们说电影是遗憾的艺术，我觉得建筑更是遗憾的艺术。”拍坏了的电影可以不看，但一旦开工的建筑却不能随便被毁掉。

负着这样的使命感，吴良镛对于工作总是兢兢业业。有文章这样描述他的日常：“每天清晨与傍晚，一位白发苍苍的老者拉一个盛着图书和资料的小车走过校园，成为清华大学动人的一景。”吴良镛很长一段时间里的时间表是凌晨 4 点起床，工作两个多小时后再稍微躺一下；之后准点上班，午餐也是带好在办公室解决，接着进行下午的工作。

“读万卷书，行万里路，拜万人师，谋万人居。”这是吴良镛始终铭记的十六字座右铭。他至今仍在思考自己要交给子孙后代一个什么样的世界，但或许如联合国教科文组织总干事马约尔所言——“我们留下一个什么样的世界给子孙后代，在很大程度上取决于我们给世界留下什么样的子孙后代。”吴良镛近一个世纪的所思所做，他赋予建筑和城市的理想和情怀，才是子孙后代能够继承的最珍贵礼物。

参考文献

[1] 孔令钰 . 吴良镛：寻找城市失落的灵魂 [J]. 南方周末，2012.

[2] 刘莉 . 吴良镛：为中国建筑求索 [N]. 科技日报，2012.

[3] 王国平 . 吴良镛：倾心谋造“万家居” [J]. 决策与信息，2012（6）：38-42.

[4] 建文 . 吴良镛：做中国建筑精神的守护者 [J]. 中国勘察设计，2012 (3)：24-25.

[5] 武廷海 . 吴良镛先生人居环境学术思想 [J]. 城市与区域规划研究，2008（2）：233-268.

（撰稿　张晶晶）

2011 年度国家最高科学技术奖获奖者

走过人生的“三个时代”

——中国粒子加速器事业的开拓者、著名物理学家谢家麟

人物简介

谢家麟，男，1920 年 8 月出生于黑龙江省哈尔滨市。中国科学院高能物理研究所研究员。先后在中国科学院原子能研究所和高能物理研究所工作。曾任高能物理研究所副所长、“八七工程”加速器总设计师、北京正负电子对撞机工程经理等职。1980 年当选为中国科学院院士。

贡 献

谢家麟是我国著名物理学家、中国科学院院士，我国粒子加速器事业的开拓者和奠基人之一，为我国高能粒子加速器从无到有并跻身世界前沿起到了至关重要的作用，对我国高能物理实验基地的建造做出了卓越贡献。

他善于把握国际加速器发展动向，不断拓展新领域，带领团队

成功研制我国第一台大科学装置北京正负电子对撞机，亚洲第一台自由电子激光装置，我国第一台可向高能发展的电子直线加速器，世界第一台以高能电子治疗深度肿瘤的加速器和世界第一台紧凑型新型加速器样机。其中，亚洲第一台产生激光并实现饱和振荡的装置，多项技术指标达到国际先进水平，使中国成为继美国及西欧之后实现红外自由电子激光饱和振荡的国家，奠定了我国自由电子激光光源发展的基础。这一重大突破受到国内外科技界的广泛重视，被列入当年全国十大科技新闻。

他发表科研论文 40 多篇并出版数部专著，其中《速调管聚束理论》已成为我国加速器研究领域的经典著作。他兼任清华大学等多所大学教授，培养了一大批加速器技术专业人才，极大地提升了我国加速器研究水平，为相关技术在我国国防和科学工程中的应用做出了重大贡献。

荣 誉

1987 年　全国科学大会奖
1989 年　国家科学技术进步奖特等奖
1990 年　国家科学技术进步奖
1995 年　国家科学技术进步奖二等奖
　　　　　胡刚复实验物理奖
　　　　　何梁何利基金科学与技术进步奖
2011 年　国家最高科学技术奖

谢家麟生于1920年，1947年留美，1955年归国，他经历了那一辈归国科学家的三个“大时代”：从35岁到60岁，培养高能物理人才、开启加速器事业；60岁到80岁，专注研究事业；晚年继续在加速器的科学研究上发光发热。

回顾自己走过的人生道路，他说：“如果一个人不能成为一个伟大的人，这是可以原谅的，因为存在机遇和能力的问题，但是如果不能成为普通的‘一砖一瓦’，这是不能原谅的，因为只要把精力放到一件事上，就不会无作为。”

在“添砖加瓦”的人生中，50余载，2项世界原创、3项填补国内空白的科研成果，他为我国高能粒子加速器从无到有并跻身世界科技前沿，做出了杰出的贡献。

“理论”与“实践”的统一

开创性的科研成果奠定了谢家麟在我国高能粒子加速器事业中的开拓者地位，对此，谢家麟说：“我这个人很喜欢自己动手，我的很多成果之所以能‘因陋就简’研制成功，和自己的动手能力，和自己乐于动手是分不开的。”在动手基础上的实践，让科学的设想在实验中逐步变为现实。

1920年，谢家麟出生在哈尔滨，兄弟姐妹一共9人，本不太宽裕的家庭更是无力抚养，加之婶母一直没有生育，谢家麟被口头过继给婶母。当年，父辈们为了谋生不得不离开老家打拼，婶母有几年寄居在伯父家。谢家麟跟着婶母在河北武清县（现划为天津武清区）康裕庄的伯父家度过了幼年和童年时光。当地没有正规的小学，生活也不安定，谢家麟没有按部就班地念小学，而只是间断地在私塾读些四书之类的古书，13岁时谢家麟跟着叔父全家搬到湖北，就读襄阳中学。

叔父家有一杆双筒猎枪，允许他打鸟玩耍。进口的子弹用完了，苦于没有子弹来源，谢家麟就尝试着拿使用过的弹壳自制子弹。他从爆竹店买了黑色火药做炸药，将剥下来的火柴头做引信，老式电灯磁砣中的铅沙做弹头，自制子弹竟十分成功。

两年后，考虑到可以接受更好的教育，谢家麟回到北平父母身边，并在一个教会学校继续读书。那时的谢家麟被物理课深深吸引，而且对无线电和电器产生了浓厚的兴趣。他平时沉湎于摆弄无线电，从最原始的矿石收音机做起，到后来的电子管收音机，每一种机器性能的不断提高都给他带来极大的愉悦和满足。谢家麟的老伴、大学同班同学范绪箴说，谢家麟痴迷于无线电，在大学同学中就以实验和动手能力强而闻名。

临毕业那年即将面临升学考试，谢家麟集中精力钻研书本。很幸运，1938 年，他被保送进入燕京大学物理系深造。自此，谢家麟与物理结下一生之缘。

物理是一门以观察和实验为基础的学科，从大学到留学，谢家麟学的都是物理，并且这一生都做着技术性很强的工作，当然也包括他参与的几项规模较大的科学工程。“理论与实践”的统一，一直是他强调并践行的。

从 1947 年开始，长达 8 年的艰苦留美生涯中，在斯坦福大学的求学经历无疑在谢家麟的人生道路上具有里程碑意义，在这里，他领悟到动手的重要。

谢家麟在斯坦福大学有机会选修到很多高能物理学巨擘的课程，在他们的带领下亲历了很多前沿项目的研究过程并得到很多为人为学的启示。

世界著名加速器专家威尔逊教授在《核物理评价》一书中曾提出，加速器工作者应像“补锅匠”那样工作，在总体的理论设计的指导下进行研制，但最后则是从实践中发现不足之处，加以修改，使其性能得以提升。

尽管谢家麟在美国读书时，未必就意识到高能物理科学的开展应该如此，但从小喜欢动手的他还是希望自己不仅学习到有关理论，了解其中的原理，而且能亲自动手，知道如何实践它，如何把思想中的事物变成现实的东西。他回忆说：“我的学习与有些人是不一样的。除了上课学习基础知识外，用了相当的时间学习有些人不屑学习的实际动手的能力。”实验室里科学家亲自动手的作风深深感染了他，他向实验室技术人员学习了多种焊接技术、探漏技巧、金属部件的焊前化学处理、阴极材料的激活方法等。

回国后科研条件差，工作过程就是解决困难的过程，没有路可走也要想出路走。谢家麟在参与的每一项具体工作中，都会亲自动手。设备器材出现问题，上至车床，下至多种焊接，完全难不倒他。

无论是研制 30 兆电子伏电子直线加速器，还是后来负责北京正负电子对撞机，他一直在科学仪器制造领域钻研，他说这是创新研究的物质基础。“研究目标、检验对象、使用方法都不合常规，当然需要新的设计思想、新的装置、新的部件。”有些人认为从外国购买更快更省，一个大科学实验装置，常常是分片由国外厂家购买，人家给做出来、安装好、调试完，我们只要去按电钮。

“我们没有经历它研制中遇到的问题和解决问题的过程，也就难以做出原创的、无例可循的或性能优于国际水平的新仪器、新设备来进行新实验了。”谢家麟说，“因此，除必要的情况外，我们应该尽量自制仪器、设备，培养制造业创新能力，给我国仪器制造业一个通过实践、改进提高、突破国际性能水平的机会。”当然，这对实验工作者的动手能力是个很大的考验。

在北京正负电子对撞机制作过程中，他更深刻地意识到，实践能力在当时白手起家的中国高能物理科研工作中，甚至起到了至关重要的作用。

谢家麟从科研一线退出后，也经常告诫年轻的科技工作者，要学会自己动手、手脑并用。“如果自己不动手，犹如开车时由一人观看路面情况，再告诉掌握方向盘的人调整方向，这样是很难高效地前进的。”

“我就是胆子大，再难也不怕”

科学是技术发展的源泉，但同时技术也是科学发展的依据。要进一步了解宇宙的大小，没有哈勃望远镜是不行的；要进一步了解微观世界物质结构与运动规律，没有高能加速器也是不行的。对极大和极小的物质世界知识的成功获得，都依赖于对无数技术细节的掌握。

“核物理是研究原子核的物理学，而原子核是肉眼看不见的极小的微观粒子，为了研究其内部结构，需要用更小的高速‘子弹’来轰击它，因而设计出加速带电粒子的装置，这种装置就是加速器。”在斯坦福大学物理系，谢家麟第一次见到这个庞大的家伙就立刻被它吸引了，随后他一直围绕高能电子直线加速器的建造和应用开展研究工作。

1955 年回国后，谢家麟看到新中国在科技方面远远落后，急切地想把自己所学贡献出来，为我国加速器事业乃至高能物理研究“雪中送炭”。

“吃馒头要先种麦子”，谢家麟是一个开拓者，需要有“同行者”和“接力者”。培养人才是当务之急，他深刻地意识到：“为了将我国变成一个真正的科技强国，我觉得我们除了头脑聪明的理论科学家之外，一只手脑并用、既能凭科学知识分析问题又能动手解决具体问题的人才队伍是非常需要的。”

他身兼数职，除了在中国科学院近代物理研究所（后改名为原子能所、高能物理研究所）上班外，还在中国科学院电子学研究所和清华大学工程物理系两处开课，更有一个严峻的挑战摆在他眼前，即“30 兆电子伏电子直线

2005 年与参加新型加速器研究的学生合影

加速器”的研制任务。

“研制一个刚刚出现的尖端科技装置的关键，并不在于你是否了解其工作原理，而在于是否能在现实条件下使之成为一个实实在在能使用的实物。”谢家麟回忆说。30 兆电子伏电子直线加速器本应建立在国际已有的最尖端的科技水平的基础上，比如需要用世界上功率最大的速调管来产生微波，需要用当时刚刚发展的电子计算机进行设计，需要使用特殊的精密加工技术和材料等。但当时国家所能提供的条件非常有限，实验需求和现实条件近乎天壤之别，这项任务几乎成为“妄想”。

但研制 30 兆电子伏电子直线加速器十分必要，这个设备可以认为是高能加速器的预制，“超前实现这台加速器的研制，并不是没有经过艰难险阻就轻而易举成功的，我们要克服的困难也不是一言两语能说得清楚的。”谢家麟回忆说。尽管现实条件十分困难，但谢家麟没有被吓倒，“我就是胆子大，再难也不怕”，这也是他认为自己一生中值得自豪的事情。

为了根据当时的条件进行物理设计，谢家麟简化了设计过程，在可实现范围内“因陋就简”，包括使用手摇计算机；他对工作人员进行系统培训，大家边学边干；他组织建立了必要的实验室，自行研制多种微波元器件。

国家当时对这项工作非常重视。在谢家麟的要求下，中关村原子能所大楼东西两侧建起了两座加速器楼，成绩好的毕业生也优先分配到此，领导允许谢家麟对无法获得的器材随时开展自行研制，没有经费限制。

1964 年，经过 8 年磨砺，在贫乏的物质条件下，30 兆电子伏电子直线加速器由谢家麟团队自力更生地成功研制出来了。这一设备在辐射消毒灭菌保鲜、肿瘤治疗、集装箱检测、环境保护等方面得到广泛应用，大大推动了我国电子直线加速器的建造和应用。“30 兆电子伏电子直线加速器的成功研制为 20 年后北京正负电子对撞机的建造奠定了基础，而且为国防建设做出了直接的贡献，同时在加速器领域培养了一大批有实际经验的人才。”谢家麟对此十分欣慰。

一项堪称奇迹的实践

1972 年，由著名物理学家、曾为杨振宁老师的张文裕牵头、何祚庥起草，会同谢家麟等 18 位科学家给周恩来总理写了一封联名信。这封联名信很快被送往中南海，当时国务院总理周恩来看过报告后非常兴奋，随即写了一封回信，其中有这样一句话：“这件事不能再延迟了。”“这件事”就是科学家们建议我国建设一台用于高能物理研究的加速器。

搞基础研究的科学家知道，高能物理是研究物质微观世界最基本的科学，它的实验研究需要建造高能加速器，但当时国家一穷二白，而建造高能加速器需要巨大的投入，其建成后究竟意味着什么又不能被“外行人”所理解。上亿美元的投入，在对外汇储备还不到 6 亿美元的中国来说，无疑是一个天文数字，中国“建不起，用不起”。那么，是否应继续推进？当时，出现了很多不同的看法，反对的声音说：“它无关当前的国计民生，应该缓行。”

在论证的时候，大多数科学家对该如何建造几乎“一无所知”，许多技术在国内都是空白。担忧的人曾打过这样一个比喻：“好比站在铁路月台上，想要跳上一辆飞驰而来的特别快车。如果跳上了就飞驰向前，从此走在世界前列；如果没有抓住，摔下来就粉身碎骨。”

这项提议经历了经济形势的变换，整整酝酿了 10 多年。亲历者深知，领导层面前期的论证、决策不易。高能物理领域流行一个说法，北京正负电子对撞机是“七下八上”——七次提出建设、立项、上马，却 7 次夭折，1982 年中央最终决定建造。

1984年10月7日，邓小平来到中国科学院高能物理研究所，参加北京正负电子对撞机奠基典礼，他兴致勃勃地挥锹铲下第一锹土为对撞机奠基。他一边铲土，一边对周围的人说："我相信，这件事不会错。"在高能加速器的发展史上，对撞机的发明是一项伟大的革命。它出现后，由于性能的优越，基本垄断了其后用于高能物理研究加速器的建造。

革命的意义伟大，过程却是劳苦艰辛的。这是一个规模宏大的科研工程，既有工程的规模，又有科研的性质；既要求满足科研需要，又要求投入应用。一般工程是有规范可循的，设计根据手册；科研加速器却无固定模式可循，强调性能灵活。所以设计起来就更加困难。同时在国内的条件下加工制造、检测、组装、调试，需要克服的困难更是难以想象的。面对如此重任，作为国内当时唯一有加速器研制经验的专家，谢家麟义无反顾地接受了这项艰巨的挑战。为了保证这项复杂的科研工程的实施，谢家麟结合自己30年参与加速器研制的经验，不断补充完善方案，指导工程的进展。但不可能仅靠一人的智慧，这项庞大的科研工程需要高素质的技术队伍，谢家麟又联系美国五大国家实验室共同合作，请国外加速器方面的前辈给这些有加速器建造经验的技术队伍突击巩固知识。

尽管对可能出现的诸多困难，谢家麟早已有了心理准备，但一些险情还是让他始料不及。

建造正负电子对撞机有一个关键问题：如何获得进行高能物理实验和数据处理的快电子元件、先进的计算机系统和其他方面需要的特殊的尖端测试仪器？如果没有这些实验器材，对撞机制造绝不可能完成。这些器材国内不具备生产能力，需要进口，这就必须解决美国对我国禁运的问题。"当时西方国家和苏联都对我们禁运，我们仅有的参考资料是斯坦福大学发表的一篇科技论文和一张速调管的照片。"谢家麟的学生、曾参与这一工作的顾孟平研究员仍记得当时抱着所里加工的部件从中关村倒5趟公交车，到东郊电子管厂进行工艺处理的情景。

此外，地基下沉率对对撞机运行的影响、马路车辆和地铁引起的震动对粒子轨道的扰动、空调设施的使用范围等细节问题接踵而至。这些都需要全国各部门通力合作，一同协商解决。

"我们的理论和技术队伍，尽管以前缺少直接经验，但能很快成长，创造出世界水平的成果。同样，我们的工厂也能做出世界水平的部件。"谢家

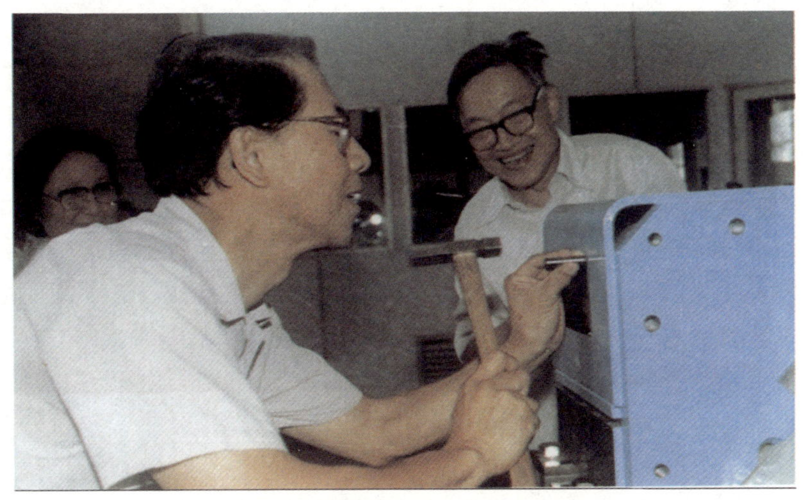
为高能所自行研制的对撞机钉上中国制造的标牌

麟对这支队伍表示肯定。

1997 年，一位美国科学家来华参观时发出惊叹：“他们在这么简陋的条件下，建成这么精尖的装置，简直是个奇迹。”

1988 年 10 月，北京正负电子对撞机成功实现对撞，这项成绩被评价为是我国继原子弹、氢弹爆炸成功和人造卫星上天后，在高科技领域又一项重大突破性成就。事实胜于雄辩。从 1990 年开始运行到 2005 年改造升级的 15 年间，北京正负电子对撞机累计稳定高效运行约 8 万小时，总运行效率高于 90%。更难能可贵的是，北京正负电子对撞机实现了“一机两用”的目标，在进行高能物理实验的同时产生同步辐射，成为我国重要的同步辐射技术研究基地和开展凝聚态物理、材料科学、地球科学、化学化工等多学科交叉前沿研究的重要基地。2003 年，它首次获得了具有重要生物学意义的 SARS 冠状病毒蛋白酶大分子结构。

愿为科研“九死不悔”

谢家麟信奉法国勒布蒂特教授说过的一句话：如果能像猫一样真有 9 条命，他希望用 9 条命来进行科研工作。中国有一个词叫“九死不悔”，这是谢家麟能体会到的科研工作者对工作爱的极致。

当年谢家麟在斯坦福大学时，亲眼看到自由电子激光发明人麦迪博士多年来从来没休息过周末，就连足球大赛期间校园万人空巷的情况下，他依然在实验室工作。另一位自由电子激光的先驱开拓者尼尔教授告诉他，在调试装置时，自己三个昼夜没离开控制台。对工作强烈的好奇和兴趣是驱使科学家们废寝忘食地工作的推动力。

三年经济困难时期，谢家麟感染了肝病，经过治疗休养后虽然痊愈，但却落下了严重失眠的后遗症。睡眠就靠吃安眠药维持，那段时间，谢家麟正在负责北京正负电子对撞机的研制，压力更大，有时晚上吃三次药才能入睡。

进入新世纪时，谢家麟已 80 岁高龄了，要让他停下这份倾注 50 多年心血的事业，谢家麟是怎么也无法割舍的，何况他从来没想过要停下来。谢家麟说自己的一生是“没有终点的旅程”，这也是他的自传选用的书名。

一个人在科研上越投入，越能接近这项科研的真谛，找到科研服务人类的结合点。低能电子直线加速器在科研和生产中的应用是加速器中最广泛的，但它结构复杂、价格高昂、需要较高水平的维护人员。所有的直线加速器都可用于治疗癌症、食品、医疗器械消毒、大型机械透视检查等领域。谢家麟心中一直藏着由此引发的一个问题：“我们能否简化结构和使用要求，减小装置的体积和重量，降低它的造价，以便能扩展它在国民经济和科技研究中的运用？”

耄耋之年的谢家麟，可供自己支配的时间越来越多，他萌发了将设想变为现实的愿望。查阅文献后，谢家麟有了自己的计划。根据设想的思路，进行简单的数学分析，开展计算机模拟计算，最后进行实验检验。为了证明这台新型加速器的性能，他研制了一台实验室内的样机。实验成功了，还需应用推广，这是创新的最后环节，然而却并不简单。

为了推广自己研制的这个简单、高效、低价的加速器，谢家麟填表参加了第 12 次中国科学院院士大会期间举办的院士创新成果推介活动。借着这个机会，推介被安排在 2004 年在深圳市举行的中国国际高新技术成果交易会，同时向社会推介的还有另外 6 个项目。

91 岁时，虽然已远离重大科研项目，所带的博士弟子也陆续毕业，谢家麟依然还是“闲不住”。认识他的人都知道，每周一他都会到位于北京玉泉路的中国科学院高能物理研究所“上班”，他要去工作了大半生的所里转转，跟年轻人聊聊天，听大家讲讲科研进展。

乐享生活

1942 年夏天，笼罩在抗战烟火下的武汉大学迁至坐落在青衣江与岷江交汇处的乐山。谢家麟形容那里山明水秀，风景绝佳。在完成学业的同时，谢家麟不曾错过那里的名胜大佛寺，经常在周末时游览。毕业那年，七八位挚友相约到峨眉山一游。

“先由成都望江楼码头乘小木船航行两天到达乐山，再乘车到峨眉山底下一个在林业保护单位的朋友处。他替我们找了一位背东西的老乡，我们做了够几天吃的干粮，就向金顶进发了，上山用了三天，下山用了两天。每天边赶路边欣赏这自然界的种种奇观，真使人心旷神怡，更何况我有爱人绪铑陪伴。”谢家麟以诗记之，“偕游遇雨峨眉巅，路边酒舍旁飞泉。贩夫走卒同进酒，身暖心热忘秋寒。”真性情一览无遗。

1951 年，谢家麟回国受阻后写下小诗：“狭壁夹江一怒流，小舟浮水似奔牛。黄河横渡混相似，故国山河入梦游。”受父亲的影响，诗词是谢家麟一生的爱好。在燕大学习时，他选读了一门文学院的课程“苏（苏东坡）、辛（辛弃疾）词”，由国学大师郑因伯授课，“郑先生夸我写得好，只可惜没念中文系”，谢家麟还在当时的报纸副刊上发过文章。

如果不是忙于科研，谢家麟一定是个资深的“驴友”。他曾因工作先后走访欧、北美、亚、南美洲等 11 个国家。在这些国家的所见所闻和学术心得，谢家麟在个人自传中专门辟出“交游散记”章节留念。

有人曾说，人生就是一场匆匆的旅行，不要因为着急赶路而错过沿途的风景。这一路风景，谢家麟从未错过，世界上有加速器的角落都定格了“谢式微笑”。

“人应该有广泛的兴趣，世界上有那么多美好的东西，你一点不知道是很遗憾的。我现在读小说，听音乐，浏览诗词，连好的电视剧也不放过。不管怎么，读些闲书扩大视野总是需要的。”接受采访时，他的桌上还摆着摊开的《史上被封杀的秘闻逸事》。获得国家最高科学技术奖后，谢家麟的生活还如往常，诗词、小说、音乐等众多爱好为他的晚年生活增加了无尽的乐趣。

年轻时谢家麟在运动方面不是很擅长，老了后更“懒得动”，老伴范绪箴说：“他的确很少运动，但是性格非常好，无论遇到什么事，从不着急上火。”谢家麟很认同，他说自己是“乐天派”。他说，他们那一代人，最大的愿望就是做一个对国家、对人民有用的人。他曾评价自己一生“只顾埋首拉车，拙于人事交往”。对于荣誉，他看得很轻，一些重要的荣誉奖章或证书，他可能很随意地就不记得放在哪里了。

2008 年，谢家麟 88 岁时出版了自传《没有终点的旅程》。他在书中告诉年轻人，要相信“天生我材必有用”，要树立坚定的自信；他特别强调，“原创”是科研的精髓，是我国持续发展的关键。

在他 92 岁高龄时，获得国家最高科学技术奖。这是他人生中最珍贵的奖励，也是他以毕生精力做出的贡献最好的评定。

参考文献

[1] 谢家麟 . 谢家麟自传 [M]. 北京：科学出版社，2012.

（撰稿　肖　丹）

2012 年度国家最高科学技术奖获奖者

一定要干出汗的活

——著名力学家郑哲敏

人物简介

郑哲敏，男，1924 年 10 月出生于山东省济南市。物理学家，著名力学家、爆炸力学专家。历任中国科学院力学研究所所长、非线性连续介质力学开放实验室主任，中国力学学会理事长，《力学学报》主编，中国科学院海洋工程科学技术研究中心主任，中国科学院技术科学部副主任等职。

贡　献

郑哲敏在爆炸力学方面有奠基性贡献，主要包括：提出流体弹塑性体模型，促进形成完备的爆炸力学学科体系；建立爆炸力学的基本研究方法，为武器设计与武器效应评估提供崭新的力学基础；开辟了爆炸成形、爆炸筑堤等关键技术领域，解决重大工程建设的核心难题。

他还是中国力学学科建设与发展的组织者和领导者，参与和主持制定了一系列重要力学学科及相关科学规划，并积极倡导、组织和参与诸如热弹性力学、水弹性力学、材料力学行为、环境力学、海洋工程、灾害力学、非线性力学等多个力学分支学科或领域的建立和发展，为中国近代力学学科的建立与发展、促进中国力学界与国际力学界的交融和中国力学国际学术地位的提升等做出重要贡献，引领了中国力学的发展。

荣誉

1964 年	国家“新产品、新技术、新材料、新工艺”奖
1978 年	全国科学大会奖
1982 年	国家自然科学奖二等奖
1988 年	中国科学院科技进步奖一等奖
1989 年	中国科学院自然科学奖一等奖
1990 年	国家科技进步奖二等奖
1993 年	国家自然科学奖二等奖
1993 年	陈嘉庚技术科学奖
1996 年	何梁何利基金科学与技术进步奖
2008 年	防护工程杰出成就奖
2012 年	国家最高科学技术奖

熟悉郑哲敏的人都知道，只要没有别的事，他会每天上午穿过北京北四环路，从位于黄庄小区的家步行到中国科学院力学所上班。这条2千米的路上，即便是花草树木有些变化，他也能敏锐地觉察到，因为这条路他已走了快60年。

九旬的郑哲敏身材瘦小，行动灵活，思维敏捷。说起许多往事，他总是和蔼地笑着，时而还有几分孩子气地手舞足蹈。聪明好学，师从名家，留学西方，艰难归国，成就斐然……对于这一切，他只是淡淡地说"都是机缘"。而这淡淡的一句话的背后，是他对"家国"这两个字始终不渝的赤子情怀。

商人父亲与名师二钱

"父亲对我的影响是最大的。"郑哲敏曾说，"他告诉我做人的道理，做人要诚实，要实在，工作应该努力。"

郑哲敏的父亲郑章斐从小家贫，16岁时去上海钟表店当学徒。这期间，他上夜校，学习英语和会计。两三年后，他就成为著名钟表品牌"亨得利"的合伙人。他曾赴日本学习，希望引进日本的钟表技术，但失望而归。19岁那年，郑章斐携家人到山东济南开创了分号。家中次子郑哲敏，就是1924年在济南出生的。

郑哲敏说，父亲只是小学毕业，但没有一般商人的恶习，他正直善良，崇尚文化。生意好了以后，他还把自己的小学老师接到家里同住。对下一代的教育，郑章斐更是非常上心。在父亲的影响下，郑家几个子女都刚正不阿，一心向学，从事科研、医学、教育工作。

郑哲敏儿时很调皮，这让父亲费了不少心思。1931年"九一八事变"后，济南大街上有很多人游行，抗议日本侵略恶行。看到这一幕后，郑哲敏也带着弟弟、妹妹举着旗在自家院子里游行。小孩子还不太懂得家仇国恨，他们的对象是父亲钟表店里的一位师傅，因为他有点女气。几个孩子围着那个师傅转圈，还把一盆水倒在了他的床上。父亲得知后大怒，用绳子把郑哲敏捆了起来——父亲是在告诉他：自家店里的工人不可以随便欺负。

郑哲敏自幼多病，加之战乱频仍，他的求学经历断断续续，却从未荒废。父亲请来家庭教师，给他补课；还总是利用出差的机会，带他到不同的地方看看，长些见识；给他买《曾国藩家书》，教他做人做事的道理；教他学英语，"你应该朗读，早晨一起来就念，大声背诵"……回忆起这些点滴往事时，郑哲敏说，这影响了他的一生，使他养成了喜欢自学、不喜求问于人的习惯。

童年，有美好的记忆，也烙下了历史的阴影。日本侵华后，郑哲敏一家就生活在频繁轰炸的恐怖中。一次郑哲敏在路上捡子弹壳，突然一个日本兵端着步枪追他，吓得他一路狂奔。从此，这一幕就经常成为他的梦魇。初中填报志愿时，郑哲敏立下两个志愿：一是当飞行员，打日本鬼子；二是当工程师，实业救国。

1943 年，郑哲敏以优异的成绩同时被西南联大和国立中央大学录取，因哥哥郑维敏在此前一年考入西南联大工学院电机系，他做出了和哥哥一样的选择。“他是我崇拜的偶像，他学什么我学什么。到了第二年，我哥哥说，咱们兄弟俩别学一样的，分开学吧，所以我就改到了机械系。”

1946 年，抗战胜利后，北大、清华、南开三校迁回原址，郑哲敏所在的工学院回到北京清华园。这一年，钱伟长从美国回到清华任教，开设了近代力学课。“钱伟长是我的启蒙老师。我们机械系的人数学功底不好，学得很吃劲，有些要从头学起。钱先生讲课很吸引人，在课堂上，他也给我们介绍他在美国的工作，讲火箭的原理等。”

毕业后，郑哲敏留校，给钱伟长做了一年的工程力学课助教。钱伟长很喜欢这个聪明的年轻人，常叫他到家里吃饭。在钱家，郑哲敏认识了吴晗、赵九章这些大家，还碰到了 1947 年回国探亲在钱伟长家小住的钱学森。钱学森比郑哲敏年长 13 岁，当时已经誉满全球。

1955 年郑哲敏离美绕道欧洲回国前照片

1948 年暑期后，郑哲敏在清华园里看到一张国际扶轮社的布告：提供留学一年的奖学金。这个奖学金筛选非常严格，几乎是千里挑一，最后，他成为那个唯一入选的人。

在美国加州理工学院留学的一年里，郑哲敏获得了硕士学位。之后，他跟随曾有一面之缘的钱学森攻读应用力学与数学博士学位。钱学森也因此成为他人生路上另一位影响深远的导师，相比于知识的传授，钱学森的研究方向和治学风格对郑哲敏影响很深：着眼重大实际问题，强调严格推理、表述清晰、创新理论，进而开辟新的技术和工业。

临近博士毕业时，郑哲敏第一次独立完成了一项科研。美国哥伦比亚河上有个水库，叫罗斯福湖，湖两侧是高原，高出水面 100 多米。美国人想用水库的水浇灌高原上的土地，为此架起了 12 根直径近 4 米的水管。但建好后，他们才发现，设施根本不能运行，因为水管震动非常剧烈，为此，施工方找到加州理工学院的一位教授求助。这位教授听完后，转身问郑哲敏："你能不能看看这是怎么回事？"郑哲敏点点头，答应了。最终，他给出了解决办法——消除水管和水泵的共振。60 年后的今天，这些巨大的输水管仍在运行。

1952 年获得博士学位后不久，郑哲敏就陷入了困顿。美国移民局扣下他的护照，还以"非法居留"的罪名把他关起来。幸亏学长冯元祯花 1000 美元把他保释出来。因没有身份证明，又不能离境，郑哲敏只能在学校当临时工，生活很拮据。有人给他支着儿：去找水坝工程方要些钱，你帮他们解决了这么大的问题，才得到 400 美元。但郑哲敏拒绝了——他就是个做学问的人，没那么多弯弯肠子。

1954 年日内瓦会议后，美国移民局取消了对留学生不能离境的限制。9 月，郑哲敏从纽约乘船借道欧洲，终于在 1955 年 2 月回到了祖国。

创建"爆炸力学"

回国后，一切对郑哲敏来说都是崭新的。街上秩序井然，商店里居然也有一些国产的电子和五金产品，这在以前都是不敢想的……他能从空气中嗅出自由、朝气，他还特意到书店里买了一部《宪法》，开始研究这个新社会。

在"回国留学生工作分配登记表"中，郑哲敏这样写道："回国本是一贯的主张。我们之所以获得教育，直接或间接的是由于全国人民的劳动，因此回国服务是不可推辞的责任。同时，一个人如果不是在为群众的利益工作，那么生活便失去了意义。"

郑哲敏离开美国的前一天晚上，钱学森请他到家里吃饭。席间，钱学森对他说："现在新中国刚刚成立，我们研究的问题也不一定能马上用得上，国家需要什么我们就做什么。"国家需要什么就做什么，成为郑哲敏回国以后科研的主线。

1955 年底，钱学森携家眷回国，领导创建了力学所。郑哲敏追随恩师，成为该所首批科技人员，并根据钱学森的建议开始研究爆炸有关的力学问题。“钱所长一直对爆破感兴趣，他认为爆破是很突然的一个过程，有很多力学现象值得研究，而且当时爆破在矿山、修路、开山等工程上都很有用。所以，我们成立了小组专攻爆破理论。后来，他负责航天的事情，那上面有一些零件的制造。当时没有大水压机，工业制造水平极低，没法做出满足航天特殊要求的零部件。爆炸是一种办法。”1960 年，郑哲敏受航天部门委托，开始研究爆炸成形问题。

那年秋天的一个下午，在中国科学院力学所的操场上，郑哲敏带领他的科技团队做了个小小的爆炸成形演示实验。当爆炸试验的响声、硝烟和尘土消散之后，钢板被炸成一个规整的小碗，围观人群发出了一阵欢呼。

郑哲敏在解释小碗成形时说：“爆炸时水受到挤压，进而把钢板挤压成想要的形状。”碗虽小，但意义却很重大。此前，在人们心中，爆炸一直是种破坏力量。这个实验表明：只要爆炸控制得恰当，它的能量能够发挥良好的加工、制备、创造和建设作用。

钱学森听说试验成功了，非常兴奋：“可不要小看这个碗，我们将来卫星上天就靠它了。”这解决了我国刚刚起步的航天事业面临的大难题——没有可用的工艺技术来制造导弹和火箭所急需的喷管。就这样，一个新兴的专业诞生了，钱学森将其命名为“爆炸力学”，当时，全世界还没有这样的称谓，也没有这样的一个科学分支。郑哲敏当之无愧地成为爆炸力学的创建者。同行曾建议，将他提出的判断标准命名为“郑哲敏数”，但他拒绝了。

1964 年，郑哲敏迎来了他学术上的高峰。那一年，我国开始地下核试验预研。在大量实验和计算分析的基础上，他独立地与国外同行同时提出了一种新的力学模型——流体弹塑性体模型，为中国首次地下核试验的当量预报做出了重要贡献，并为爆炸力学学科的建立奠定了理论基础。后来，这一模型被广泛地应用在地下强爆炸、坦克与反坦克武器、空间反导等重要国防科技领域。

1971 年，郑哲敏从干校返回力学所，继续致力于爆炸力学的研究。经过 10 年的努力，他先后解决了穿甲和破甲相似律、破甲机理、穿甲简化理论和射流稳定性等一系列问题。他提出用模拟弹打钢板的办法研究炮弹打装甲的规律，通过大量合作实验和分析计算，最终使弹药能在规定距离内打透相应厚度的装甲，也提高了我军装甲的抵抗能力，改变了中国常规武器落后的状况。

郑哲敏的爆炸力学不仅为我国国防做出了巨大贡献，在经济建设上同样功不可没。20 世纪 80 年代，改革开放中的中国急需进行港口建设，首先就需要构筑防波堤。在我国，从大连到湛江的海岸线上，如何处理海底的淤泥层成了棘手的难题。由于传统方法存在弊端，郑哲敏提出运用水下软基处理的新办法，成功高效地解决了这一难题。而爆炸处理水下软基技术，能够处理 30 米以上的淤泥，也早已被纳入国家规范，目前仍然是一项无可替代的技术。

此外，郑哲敏还开辟了爆炸加工、瓦斯突出等关键技术领域，解决了国家多项重大工程建设的核心问题。

随着时代的发展，爆炸力学作为一门学科已经不存在了，但由此衍生出了其他的科学门类。郑哲敏曾说：“我作为室主任，有责任把爆炸力学这个方向发展起来，我们不懂就学，学懂了再找问题做。我们后来完全是民用项目，有些项目我也没有极力坚持。在爆炸里面，深感材料性质最重要，现在只有这一块延续了下来，一直还在做。”在材料力学研究中，郑哲敏提出的硬度

1978 年郑哲敏与科技人员讨论工作（左起刘小苹、高举贤、叶冬英、郑哲敏、谈庆明）

表征标度理论，在国际上产生了重要影响并被广泛引用，还以他与合作者的姓氏命名为“C-C 方法”。

作为中国力学学科建设与发展的组织者和领导者，郑哲敏参与和主持制订了一系列重要力学学科及相关科学规划，倡导、组织和参与热弹性力学、水弹性力学、材料力学行为、环境力学、海洋工程、灾害力学等多个力学分支学科或领域的建立与发展，为促进中国力学界与国际力学界的交融，提升中国力学的国际地位等做出了重要贡献。

力学所副所长杨亚政曾讲过这样一件事：“1988 年，我陪郑先生到澳大利亚去申办世界力学家大会，一直到 2008 年我们才申办成功。这期间，郑先生一直带领大家坚持不懈。2008 年，郑先生已经 84 岁高龄了，坐飞机还随身带了一个吸氧机，以备突然的身体不适。”

如今，郑哲敏仍然活跃在科研一线。近年来，他将研究重心转向海底天然气水合物开采技术与安全性等方面，带领研究团队为国家海洋安全和海洋资源能源的开发做贡献，并指导课题组继续进行爆炸与冲击动力学研究。

“他从来都是以国家重大的、急迫的需求为选题方向，做‘雪中送炭’‘爬坡出汗’的工作。”他的学生白以龙院士说。“他是一位战略科学家，总是比别人看得更深一些，更远一些。”他的学生兼同事洪友士说。但郑哲敏永远都是那么谦逊，他说：“我的想法很简单，就想为国家做一些实实在在的事情。”

从实践中提炼出科学问题来

说到郑哲敏做学问，所有了解他的人的回答都是：严！他的博士生很少能按期毕业，有的甚至需要七八年。

“力学所筹建时，当时我们很多同学学的是俄语，郑先生特意找美国老师花一年时间给我们培训英语。”中科院力学所研究员陈维波回忆说，“郑先生还特别严谨。当时我做一个研究报告，自我感觉不错，他看了后提出意见，让我连续改了 6 次。”

白以龙来力学所的第一天，郑哲敏给他打预防针：“你一定要干出汗的活，不要想不出汗就出活。”他说的“出汗”：一是要能吃苦，下基层；二是做科研要善于动脑子，并不是原地打转，做些边边角角的工作。用他的话说就是：

2002 年“三峡三期围堰爆破拆除方案设计与研究”项目验收后视察三峡船闸工地（左起樊菁、李世海、郑哲敏、丁桦、燕琳）

“我们不是给工业部门打小工，而是要解决关键性规律性问题。”

要“出汗”，郑哲敏首先身体力行。20 世纪 70 年代，年过半百的郑哲敏和 30 多岁的年轻科研人员到实验现场，和大家一起睡上下铺。他知道自己爱打呼噜，就让别人先睡，自己读书，等大家熟睡后自己再睡。第二天一大早，他照样准时起床干活。

对学术严格，做科研要“出汗”，从郑哲敏对他的学生、力学所研究员李世海的几次批评中也可见一斑。攻读博士期间，李世海曾担任青年力学学会负责人，有一次安排在景点开青年学术交流会；博士毕业后为争取横向“课题经费”又到深圳做技术服务，郑哲敏知道后，非常生气：“你瞎折腾什么？静心做些该做的事情吧。”

在三峡三期围堰爆炸拆除方案的研究中，郑哲敏负责论证了爆炸拆除的倾倒方案，李世海是做数值模拟的。“我们提出自己的模型啊、算法啊，他说：‘这不行，你要到现场去。’‘但是现场数据很少。’‘如果没有，你就要自己去测。’所以我们在清江的毛平滑坡待了 3 个多月。”李世海如是说。

批评归批评，学生遇到困难的时候，郑哲敏会义无反顾去地帮助。20 世纪 90 年代末，西部大开发，郑哲敏建议搞一些地质灾害问题的研究，李世海主动请战。“之后的 10 多年里，在这个项目进展的过程中，郑先生一直在鼓励和支持我，让我们到现场去做，让我们向工程地质专家学习。后来每次开会，郑先生都是到场亲自指导。在他的帮助下，我们承担了 2 期国家‘973’项目，已取得了一些不错的进展。”

用自然科学和数学来解决工程面临的实际问题，这是郑哲敏数十年科研工作最大的特点，因而，他非常看重与工程师、工人的交流。“我进了工厂，总喜欢与工人、工程师聊天，问问他们在具体的工作中遇到的困难，有时候会有意想不到的收获。”在郑哲敏看来，从工程师的实践感觉和体会中提炼出科学问题来，正是科学家的任务之一。

他也乐于和所里的年轻人交流。郑哲敏的办公室很特别，摆放着各式各样的椅子，竹的、木的、皮的，粗粗一数，竟有七八把之多。原来，所里的人遇到什么学术困惑，都会拿把椅子，敲开门，与他探讨问题。聊着聊着，不少人最后就把椅子忘在了他的办公室里。“这叫有进无出！”郑哲敏打趣道，“一个人思想要开阔，就要与同行多交流。观点是在启发碰撞中形成的。”

读书，也是另一种思想交流和碰撞的方式。现在，经历了几多人生风雨的郑哲敏已经把阅读兴趣转向了史学、哲学，他对问题的思考也多了一抹哲学色彩。他还建议青年学者和学生至少每年读一本人文历史方面的书，“一定会获益良多”。

老老实实做研究

曾有人向郑哲敏请教科研方法和心得，他认真地说：“没什么神秘的，就是老老实实做，不知道就再去学。”他说，当科学家并不像看上去那么美。更多的时候，科学家与庞杂的数据相伴，很苦，很枯燥，在一遍又一遍的错误中寻求突破，在反反复复的试验中总结创新。这个时候就需要人能经得起寂寞，耐得住性子。“没有牺牲精神、一往直前的勇气，基础研究也是做不成事的。”某些刹那，灵感出现了，找出了规律，“就会是最幸福的事”。

当下，浮躁风气已然成为制约我国科技发展的重要原因。“现在，一些人急于求成，沉不下心来坐冷板凳，这样做出的也最多是中等成果，很难有出色的、有重大影响的成果。有的人急于要实效，不重视基础理论研究，最终会极大地制约整体科技的发展。”

另一方面，他也认为现在的年轻人确实压力比较大，不过他不主张用物质奖励去刺激他们。“这会把人搞得非常烦躁，一天到晚操心，就像无头苍蝇似的，不能想大事，想远事。”他说，“只考虑‘近利’，必然影响他的成果和决心。”

2003 年郑哲敏在伏案工作

科技创新能力不足，也是现在学术界讨论热烈的话题之一。郑哲敏认为，现代科学精神的精髓就是古希腊时代传承下来的“自由探索”的精神，但由于我们的探索精神相对薄弱，因“探索”引发的质变相对不足。中科院力学所原副所长李和娣说：“要跟郑先生商量学术问题，自己得先想好一二三和所以然，不能自己什么也不想就问。他希望你自己动脑筋，得有自己的独特见解，再通过学术讨论，激发你的创造性。”

尽管在旁人看来，郑哲敏已是了不起的享誉海内外的大科学家，但他本人却从不以为然。2013 年，郑哲敏获得国家最高科学技术奖，朋友、学生纷纷祝贺时，他却说自己做得还是不够。“精神上有一定的负担，有点儿虚。我们是做了一些成绩，但还可以做得更多。”

郑哲敏坦言，自己的人生也有遗憾。一个遗憾是“就只做了这么几项工作”。“文化大革命”期间，郑哲敏的研究被迫中断，被隔离审查，到干校劳动……如今，提起这段往事，他只是呵呵地释然一笑：“很多事，我都已经忘了。”但他对当时把时间浪费在“开各种会”上，不能潜心科研，感到很惋惜。“从 1956 年回国后，真正能够坐下来做点工作却是在三年困难时期。”他感慨道。

另一个遗憾与选择有关。他说，做科研得有相当的胆略。“当自己有了一点成绩后，往前该怎么走？当时高能粒子、激光等领域刚刚兴起，但碍于条件比较差，所以我有点胆怯，致使该抓的一些机会溜走了。有朋友曾让我搞生物力学，但是工作头绪一多就搁置了。”

体面的生活

如今，九旬的郑哲敏每天时间安排仍很紧凑。上午 8 点半到办公室上班，如果遇上帮他打扫办公室的清洁工，他依旧会笑着点头，诚恳地说声谢谢。中午休息半个小时到一个小时，下午天好就出来散步一两个小时。有时，还会去超市买菜。

郑哲敏的妻子卢凤才，是中科院化学所研究员。妻子对他的评价是——脑袋瓜好使。“他做的科研，就是写一些公式，他不像我，我正好跟他相反。因为化学，那些反应式，那些反应条件，就要先打草稿什么的，他不用，他就是几笔就成文了。”

夫妻俩虽然分属于不同的研究领域，各干各的，家里的事儿却是共同话题。“她做得动的事情她都做得挺好的，而且比我细心。我马大哈，是一个粗心人。”郑哲敏说，“也就是这几年，因为我们年纪都大了嘛，我的体力比她好，所以，洗衣服、晾衣服都是我来，我够得着，她够不着。”

闲暇时刻，郑哲敏喜欢听音乐，最喜欢听巴赫和贝多芬。和身在国外的孙子孙女通话是一大乐趣，不管是智能手机还是 iPad，他统统玩得转。他也

退休后，郑哲敏照常来力学所上班

经常回忆自己的一生是怎么走过来的，并把这些往事记录下来，“想给生长在国外的孙子孙女看看，教育教育他们，也培养一下他们的中文水平”。

郑哲敏的生活一向简单朴素，对于金钱他看得很淡。学生李世海曾说：“你看他这些科研成果，实际上科研经费并不多。我们给他算了一下，可能他一生的科研经费，不如现在我们一个‘973’的首席所掌握的经费多。但他不是很在乎，他更关注的是怎么去把学问做好。”在郑哲敏的观念中，科研人员是不会发财的，能有个“体面的生活”就满足了。

郑哲敏说自己现在的身体状况还不错，只是肺部偶感不适。他把原因归结为：或许因为年轻时抽过烟。“抽了 30 年，也戒了 30 年了。”而且这个戒烟的过程极其简单，前一天下定决心要戒，第二天就不抽了。“其实也就难受了一个礼拜。抽烟的人其实也不想抽，一抽上就会想‘我怎么又抽烟了’。反正抽也要想，不抽也要想，那还不如不抽。”戒烟的第一年里，他多次梦到自己在抽烟，然后就惊醒了——“我怎么又抽烟了！”

戒烟后，郑哲敏以前一着凉就咳嗽而且还不容易好的毛病解决了，而且皮肤变得比较湿润，“抽烟都把人抽干了”。

除了戒烟，郑哲敏还有句健康秘诀：“少吃一口，舒服一宿。”有段时间，他晚上睡觉心脏不太舒服，后来发现，只要晚上少吃或者不吃，就不会有这样的症状。

不过，在与郑哲敏相处了 40 多年的学生陈维波看来，关键在于他对待什么事都很乐观。“文化大革命”时，陈维波与郑哲敏一起被下放，郑哲敏很快就适应了艰苦的生活，即便在“五七干校”最困难的时候，他也很乐观。“他看到泥水匠砌墙，揣摩了几天，就敢动手砌了，没几天，他抹上泥巴，瓦刀劈砖，一放一个准。叫他去厨房做大锅饭，他又围着灶台动脑筋，观察风力对火苗的作用，琢磨怎么用流体力学的原理去改造，没几天，他又钻到炉膛里去了。”

20 世纪 70 年代时，郑哲敏和学生一起去北京怀柔的雁栖湖边做实验，要坐半天的敞篷卡车，年轻学生都难受，可他从来不叫苦。“夏天晒呀，他还挺乐和，总在雁栖湖里游泳，游好几千米都没问题。”陈维波说。

郑哲敏还有一个特点，就是淡定。几年前，他生病住院，被误诊为情况不妙，所剩时日不多了。大家都很着急，前去看望，没想到他特别平静，挂着吊瓶在病房与大家照常研讨学术，给学生改论文。最后经其他医院复检，发现身体并无大恙，让他人虚惊一场！

曾有记者问他："您保持健康的窍门是什么？"郑哲敏乐了："不发胖，多走路，睡觉正常，看病勤快，有时候也算一些小题目，防止糊涂。""以后还有什么打算？""我已经做好随时走人的打算了。"

参考文献

[1] 吴月辉. 走近2012年度国家最高科学技术奖得主[N]. 人民日报，2013-01-19（5）.

[2] 陈磊. 郑哲敏：解开爆炸的力学密码[N]. 科技日报，2013-01-19（6）.

[3] 陈竹. 郑哲敏：一定要干"出汗"的活儿[N]. 中国青年报，2013-01-19（3）.

[4] 刘欢. "两钱"高徒郑哲敏："我就是一个普通的科研人员"[N]. 北京日报，2013-01-19（3）.

（撰稿　李　雪）

2012 年度国家最高科学技术奖获奖者

军工界里的"刀马旦"

——中国预警机事业的开创者和奠基人王小谟

人物简介

王小谟，男，1938 年 11 月出生于上海市金山县。中国工程院院士，中国电子科技集团公司电子科学研究院名誉院长、研究员。曾任电子工业部 38 所（现中国电子科技集团公司 38 所）所长、信息产业部电子科学研究院常务副院长等职。

贡　献

王小谟从事雷达研究 50 多年，是中国国产预警机事业的开创者和奠基人，为我国预警机形成初步规模、实现从进口到出口、进入国际先进水平的发展做出了重大贡献。

他主持设计的 JY-8 雷达承载着我国雷达装备发展史上的众多"第一"：第一次在雷达中采用集成电路；第一次采用人机工程理念；第一次采用基于统计的试飞方法，解决了 C 波段射频网络、自相参、双脉冲、动目标显示、沃氏函数图传等技术；在探测威力、三坐标测量精度和自动化程度等方面都优于当时世界的主流雷达美国 TPS43。作为我国第一部自动化三坐标雷达，JY-8 有力地推动了我国防空模式的巨大变革，为保障国家领土安全做出了巨大贡献。

他以超常规速度研制成功我国第一部中低空兼顾的微波雷达——JY-9 参与构建了我国全空域覆盖的地面防空网。JY-9 在国内外军事演习和综合评分中名列前茅，使我国雷达赢得了世界声誉，被国际公认为优秀的低空雷达。

他带领团队立足国内，坚持走国产化路线，成功研制了中国人自己的预警机。这一国产预警机创造了世界预警机发展史上的 9 个第一，突破了 100 余项关键技术，累计获得重大专利近 30 项，使我们的国产预警机成为世界上看得最远、功能最多、系统集成最复杂的机载信息化武器装备。美国政府智囊团“詹姆斯敦基金会”发表评论：中国采用相控阵雷达预警机，比美国的 E-3C 整整领先一代。

荣誉

1985 年　国家科技进步奖一等奖
1987 年　被评为有突出贡献的中青年专家
1988 年　国家科技进步奖二等奖
1995 年　国家科技进步奖一等奖
1997 年　光华科技基金奖一等奖、何梁何利基金科学与技术进步奖
2006 年　国防科学技术奖一等奖
2008 年　国防科学技术奖特等奖
2010 年　国家科技进步奖特等奖
2012 年　国家最高科学技术奖
被评为“全国百名优秀共产党员”

“苏三离了洪洞县，将身来在大街前……”

王小谟一生中无数次哼唱过这首《苏三起解》。在京剧表演中，他唱的是旦角。不知是角色影响了他的性格，抑或是性格决定了他的选角。在众人眼中，王小谟是个和蔼可亲的人，说话柔声细语，招牌式的微笑总是能让人感到亲切自然无距离。就是这样一个人，一生中主持研制了多部世界先进的雷达；引领实现了我国预警机的跨越式和系列化发展。他被称为“中国预警机之父”。柔中带刚、刚中有柔，王小谟，以他特有方式，演绎着军工界里“刀马旦”的角色。

唱京剧还是造雷达

“唱不够那红墙碧瓦的太和殿
道不尽那十里长街卧彩虹
只看那紫藤古槐四合院
便觉得甜丝丝，脆生生
京腔京韵自多情
……”

故事要从一曲京韵浓郁的《故乡是北京》开始。

如果不是当一名科学家，王小谟，也许会和他一些儿时的伙伴一样，成为当今著名的京剧表演艺术家。也许会风光旖旎，但不会像现在这样厚重坚实。

由于对京剧的痴迷，王小谟差点儿走上艺术的道路。1956 年，已经拉得一手好胡琴的王小谟即将高中毕业，被北方昆曲院相中。短暂地徘徊之后，王小谟最终还是选择了上大学。只因那次参观某科技展览会，王小谟在一个庞然大物前面驻足凝视半晌，有人告诉他，那是雷达，是用来侦查飞机的导航机器。

“它能侦查飞机？那岂不是跟古代传说中的‘千里眼’‘顺风耳’一样？”

这一次“亲密接触”，奠定了王小谟一生与雷达的不解之缘。

在旧中国留给新中国的遗产中，国防科技工业基本上是一张“白纸”，要建立独立而强大的国防，新中国必须发展自己的国防科技工业事业。王小谟青年时代适逢新中国初创。在那个有着火一般热情的年代，“为祖国学习”“为国防献身”不是空洞的口号，而是坚定的信念，他是怀着这样的梦想和信念

投身国防事业的。

我国古代神话中有“千里眼”和“顺风耳”的故事，而雷达就是科学的“千里眼”。早期的雷达只能给出目标的距离和方位两维坐标，如要测量高度，需要两个雷达配合工作，因此测量时间多、测量批数少、占用空间大。20 世纪 60 年代开始，三坐标雷达成为当时国际雷达技术研究的前沿领域，也是各军事强国着力发展的重点。

位于南京的国防部第 10 研究院第 14 研究所，是我国雷达事业的发源地，也是王小谟雷达人生的第一个站点。早在 20 世纪 50 年代末，14 所就在苏联专家的帮助下开始了三坐标雷达的研制。1960 年，随着中苏关系的破裂，苏联撤走了援助专家，这对中国国防科技界来说无疑是一场强烈的地震。我国的三坐标雷达将何去何从？

1961 年，14 所总体研究室主任找到刚从北京工业学院（今北京理工大学）毕业报到没多久的王小谟，说：“你负责做三坐标雷达吧。”

“跟谁一起做？”王小谟问。

“就你一个人先做吧。”把厚厚一沓资料放在王小谟桌面上，主任很淡定地说。

单枪匹马，王小谟的三坐标雷达研究之路就这样，从那一沓厚厚的资料开始了。那是苏联专家留下的手稿，也是当时所里仅有的资料。“要吃饭，先种米。”王小谟如此形容自己最初的研究思路，在这一思路的指引下，他从消化吸收仅有的资料开始，之后又想尽各种办法从各种渠道搜集国外资料，开始了他自己一个人“种米”的历程。

1963 年，为了加强国土防御，国家开始正式立项做三坐标雷达这一现代地面防空网的核心装备，并提出口号要赶超世界水平。这时候，王小谟已经不是一个人单兵作战了，从苏联留学回来的张光义加入进来并担任组长，王小谟是副组长，再联合一些专家和技术人员，组成一个三坐标雷达研究小组。

当时中国的电子工业水平并不是很高，集成电路技术也还没被攻克，他们想出一套非常巧妙的办法，即用脉内扫频的办法，解决性能和复杂性的矛盾，工程上采取 3 项措施：一是首次使用晶体管，而且是硅管来制作雷达；二是为项目专门研制了一台计算机；三是使用了速调管放大链，这在当时可以称之为最先进的技术，大大简化了复杂的雷达高频系统。在一个脉冲持续时间内完成整个仰角空域的扫描，这比当时各国（包括美国）只采用脉间扫描技术有更高的数据率。一年以后，在英国伯明翰召开的国际雷达会上，英国米勒博士才提出同样的脉内扫频方案。

20 世纪 60 年代中期是中国工业“乾坤大挪移”的时期。当时国际局势剧烈动荡，这个项目也半途夭折了，我国周边形势十分严峻。为了抗御外敌，毛主席提出了三线建设的战略构想。

1969 年，王小谟乘火车到了贵阳，从贵阳乘汽车到都匀市区，再从都匀市区乘卡车前往大坪镇，不知拐了多少个弯，翻过多少个山头，当寥寥几座刚盖好的房子出现在眼前的时候，王小谟才知道，这里，将是他未来工作、生活的地方。

跟王小谟一起从 14 所来到这里的有八九百人，其中包括四五百技术人员，还有一部分工人，他们组成了一个新的研究所——电子工业部第 38 研究所（今中国电子科技集团公司第 38 研究所）。

那是一段艰难的岁月。王小谟和他的同事在基地建设还没完成就搬过来了。由于买不起新的设备，他们还带着之前的设备。刚来时这里只有几座房子，连住的地方都没有，于是，他们边建设、边施工安装、边生产，先生产后生活、先厂房后宿舍……其中的艰辛自不必多言。13 年后，我国第一部三坐标雷达诞生了。

这是我国第一部三坐标雷达，它承载着我国雷达装备发展史上的众多第一：第一次在雷达中采用集成电路；第一次采用人机工程理念；第一次采用基于统计的试飞方法，解决了 C 波段射频网络、自相参、双脉冲、动目标显示、沃氏函数图传等技术；在探测威力、三坐标测量精度和自动化程度等方面都优于当时世界的主流雷达——美国 TPS43；在开创我国雷达研制新领域的同时，一举达到国际先进水平。更为重要的是，我国雷达在自动获得目标距离和方位信息的同时，第一次可以同时获得目标的高度信息，三坐标雷达家族由此成为我国国土防空网的主干力量，促进实现了防空模式从人工引导向自动化引导的转变，促进实现了从概略引导向精确引导的转变，有力推动了我国防空模式的巨大变革，为保障国家领土安全做出了巨大贡献。

1985 年，王小谟作为三坐标雷达项目第一完成人荣获国家科技进步奖一等奖，并于 1987 年，作为全国 14 名有突出贡献的中青年专家之一，受到国家领导人的接见。

在三坐标雷达取得巨大成功之后，从 20 世纪 80 年代中期开始，王小谟就已经开始组织低空雷达的技术攻关。由于三坐标雷达的技术已经十分成熟且先进，王小谟便率领团队在原有的技术基础上加入新的设计特点，突破了全相参前向波放大链、动目标检测、双波束双曲率天线等多项关键技术，以超常规速度研制成功我国第一部中低空兼顾的微波雷达——JY-9。JY-9 在国际上被公认为优秀的低空雷达，不久即以国际价格出口多个国家。它的研制成功，很好地解决了地面雷达的低空补盲问题，参与构建了我国全空域覆盖的地面防空网，同时也为我国雷达赢得了世界声誉。1995 年，这一项目让王小谟再次作为第一完成人收获了国家科技进步奖一等奖。

如果不是与雷达“深情相遇”，王小谟的人生或许就会是另一番风景。但对于那次命运的抉择，王小谟至今不后悔。事业与祖国国防相连，他称是一辈子的荣耀。对于喜欢的京剧，他也一直没有放下，把它当作生活的一部分。他甚至还觉得，唱京剧和造雷达是相通的：“人生关键在于坚持，坚持努力，不管干什么都会有出息。”

预警机这台“大戏”

20 世纪 80 年代末期，年过 50 的王小谟在推进中国雷达技术迈向国际前列的同时，也深刻意识到，中国有 960 万平方千米的陆地国土，还有 300 多万平方千米的海洋面积，仅仅依靠地面雷达是很难覆盖整个领空的。空军要在信息化条件下捍卫祖国主权，完成国土防空任务，就必须拥有空军作战的“空中帅府”——预警机。因而他将研究的方向从地面转向空中，迎来了他在科技成就上的新高峰。

预警机，又称空中指挥预警机。最早的预警机是把雷达搬上飞机，随着电子信息技术的发展，如今的预警机集情报探测、指挥控制、通信导航、电子对抗、信息传输于一体，是现代空中作战体系的核心，是体现国家综合实力和科技水平的标志性装备，是现代战争中必不可少的“空中司令部”。有外国军事专家曾经这样评价：“一个国家如果有较好的预警机，即使战机数量只有对手的一半，也一样可以赢得战争。”

早在20世纪60年代末，我国就启动了空警1号预警机的研制，终因国力和技术基础极度薄弱未能成功。

在北京西山脚下，坐落着一个从事电子信息技术发展战略研究、大型信息系统顶层设计、总体技术研发及系统集成的国家级科研机构——中国电子科技集团公司电子科学研究院（以下简称“电科院”）。1984年，在时任电子工业部部长江泽民同志的规划下，电科院肩负着历史重任在北京成立。1993年，王小谟调任电科院常务副院长。就是在这里，他带领电科人将浓墨重彩的一笔书写在了祖国的蓝天上。

20世纪80年代，王小谟敏锐地意识到了预警机对我国防空体系的重要性，毅然投身到预警机的预先研究之中，并率领军工电子人逐步突破了预警雷达研制最为关键的“两高一低”技术。随着技术难点被一一攻克，万事俱备，只欠东风。到20世纪80年代末期，王小谟联合十几位老专家联名上书，主动请缨，自主研制预警机，这一想法一经提出，迎来的却是不绝于耳、长达数年的质疑与争论。虽然遭受质疑，但王小谟始终坚定地站在风浪的最前沿。他认为：唯有掌握核心技术，拥有自主知识产权，才能将祖国发展与国家安全的命运牢牢掌握在自己的手中。预警机这样重大的信息化武器装备，只能靠中国人自己。

在听取了各方面的意见后，国家最终决定通过和国外合作加快预警机研制。然而，预警机的引进过程并不顺利。美国人根本就不希望中国人拥有预警机这样的尖端装备，直接拒绝合作。俄罗斯曾答应我方去考察预警机，但到了莫斯科，他们的态度十分傲慢。经历了艰辛的谈判，以色列最终同意与我国合作。1992年，由王小谟负责的中方团队和以色列进行了长达5年的谈判，这期间王小谟提出采用大圆盘、背负式、三面有源相控阵新型预警机方案，这是世界首创。1997年，电子工业部任命王小谟为合作研制的中方总设计师，他立足自力更生，坚决主张并部署安排了国内同步研制预警机的工程。后来事实证明这一主张的正确性和预见性。

2000年7月，以色列在美国的重压之下单方面撕毁与我国共同研制预警机的合同。此时得益于之前王小谟坚持自力更生和自主创新的信念，国内同步研制工作已为预警机国产化准备好了方案和可试飞的科研样机。

对王小谟来说，这次突然变故，正是中国的军工电子人等待已久的一个机会。仅仅一年时间，他们就把科研地面样机做好。又过了一年，样机就飞上了天。接下来，常规来说从科研样机到研制成功至少要 10 年时间，而他们仅仅用了 5 年。

经过精确的技术方案确定和全面的关键技术攻关，这一国产预警机创造了世界预警机发展史上的 9 个第一，突破了 100 余项关键技术，累计获得重大专利近 30 项。一项项独特的设计思路和集成创新，使我们的国产预警机成为世界上看得最远、功能最多、系统集成最复杂的机载信息化武器装备。美国政府智囊团“詹姆斯敦基金会”发表评论：中国采用相控阵雷达的预警机，比美国的 E-3C 整整领先一代！

2011 年 1 月 14 日，党和国家领导人向科技工作者的杰出代表颁发 2010 年度国家科学技术奖，王小谟作为主要完成人荣获国家科技进步奖特等奖。预警机的研制成功和加入装备序列，标志着预警机装备建设实现了从无到有的历史性突破，不仅提高了军队核心作战能力，也带动了军队信息化装备整体建设水平的提高。值得一提的是，王小谟在对核心技术进行突破的同时，始终坚持构建我国预警机技术的谱系。国内立项轻型预警机、出口型预警机、机载数字阵列预警雷达……在他的带领下，我国预警机家族不断发展壮大，既服务于空军，也服务于海军，既服务于国内，也占领国际市场，既有高端产品，也有高低搭配，实现了国内国外结合、空军海军结合、大中小系列化发展。

“当总设计师的本事也有我大学时当京剧团团长这份经历的功劳。”“做一个工程，就像演好一台戏，安排灯光、演员、乐队，就像组织一个几百个人的研发班子，首先你的主意要好，要让人家心甘情愿地按照你定的这个目标去做……这些都是相通的。”对于预警机这项需要集全国之力的“国字号工程”，王小谟依然能从中找到与他所喜爱的京剧相通的地方。

“追风少年”的蜕变

“我一辈子就做了一件事：研制雷达，然后负责将世界上最先进的技术应用到预警机上，把设计变为现实。”“我只是一个普通人。国家给我这个

奖，是对整个科研团队的肯定，我代表大家领奖。”“我每天也负责接送孙子，我也常为以前忙于工作疏于对儿子指导，致使他没法上大学而感到遗憾……”虽然获得国家最高科学技术奖，不管在任何场合，王小谟都力求展现一个真实、自然的自己——

时光倒回到60多年前，西城区报子街的那个大杂院。当年王小谟一家因为他父亲曾是爱国将领冯玉祥的参谋，早年追随冯玉祥到北京，不料将军中途蒙难于轮船火海，王小谟一家没了依靠，只好租住于此。

小时候的王小谟跟“乖孩子”可谓沾不上边，在胡同里打闹、爬树；上课起立时撤女生凳子，看着摔在地上的同学忍俊不禁；由于不服老师的批评放学后偷偷地拔老师自行车的气门芯……似乎每个淘气男孩干的事他都干过。

王小谟痴迷京剧与报子街的氛围有很大关系。每逢周末，大杂院里喜欢京剧的大人们都要召集一些京剧戏迷和票友来唱戏，王小谟总是在其中看得如痴如醉。其中，伴奏的胡琴引起了他极大的兴趣，他缠着拉琴的师傅教他，聪明的王小谟很快便学会了。之后，从“替补”开始，他逐渐成了院子里的专职“琴师”。

高中时，王小谟在学生组织的京剧团中挑大梁。上了大学后，他对京剧的热爱更是有增无减，不仅参加了京剧团，还当上了团长。每年组织京剧团在校内外会演，是大学文艺活动的一大亮点，名声甚至远播至校外。这些活动也让王小谟的组织能力得到展现和提升。一场京剧演出下来，场地、服装、道具、灯光要事先准备好，观众、演员要组织好，化妆、抹脸、包头要事事都操心，哪个环节出点问题，都会影响准时开演，总之方方面面都要统筹兼顾到。这才有了王小谟一直提到的总设计师能力的锻炼与担任京剧团长有关的话语。

小时候的王小谟最大的心愿就是有台收音机，因为从收音机里流出来的那韵味十足的京剧实在太让他着迷了，但是，那时候的收音机可是件奢侈品，家里根本负担不起。买不起就自己动手做！王小谟自力更生的性格在那时候已经初露端倪。当时有一群爱好无线电的小伙伴，除了课堂上念书外，下了课就是他们的天地了。为了买到最便宜的零件，王小谟和他的小伙伴们往往辗转于各个市场“淘宝”。记得那时在学校旁边、宣武门附近有个小市场，出售日本人留下来的旧货，王小谟拿着积攒了几个月的早点钱，买了一块矿石、一根铜丝、一个耳机、一根铁丝当作天线，回家经过一番鼓捣，连起来的东西竟然发声了！现在看来，其实就是个简单的二极管，但对于一个十几岁的少年来说却是莫大的鼓舞。稍大一些时，他又装了三灯机、五灯超外差式收音机等。“就跟现在攒计算机一样。”他说。那时有个父母都是工程师的同学，自己装了个电视机，在很长一段时间里，这个同学都是王小谟追赶的方向。电子技术的萌芽从此在他心中生了根。

大学时代的王小谟依然是一个很“爱玩”的人。除了担任京剧团长之外，他还参加了校摩托队等，且样样都玩出了彩。用时下热门的词汇来说，他就是一个个性十足的“风云学长”。大学里王小谟的成绩在班上算中等。“我属于没好好上晚自习的。大二时，因为相位没有讲清楚，我物理口试才得了 2 分，用现在的话讲，就是‘挂科了’，但《无线电原理》等一些专业课成绩，我还是拔尖的，毕业设计时，我首次应用最佳相速方法设计雷达八木天线，获得优秀毕业设计的成绩。”王小谟说。就是这样一个人，内心却有他坚持的一片区域：“我始终认为大学是培养一个人综合素质的重要阶段，而那一时期的爱国教育也是我所认同的。”正是在这一信念的影响下，毕业后，王小谟义无反顾地踏上了国防科研道路。

“魔鬼”的“戏剧”生活

王小谟在大三线 38 所的经历一直为人津津乐道。只因他在这一艰难时期下所做出的许多“特别”的举动，也因为这些特别的举动，他得了个“魔鬼”的封号。“魔”是“谟”的谐音，“鬼”则是因为他“鬼点子”特别多。

虽然条件很艰苦，但王小谟一直称自己在 38 所的那一段时间里是幸福的。在那个“被崇山峻岭阻隔了的舞台”里，他和同事们可以避开“文化大革命”的争斗，自由地“唱念做打”，尽情地演绎着自己的军工“戏剧人生”。

贵州都匀大坪环境之艰苦，众所周知。在那一时期，王小谟跟着众人一起自力更生：自造“干打垒”居住，自己养鸡种地，自制蜂窝煤，自垒节能灶……这时，王小谟成了家。为改善全家生活，他总是想方设法，利用到北京出差的机会扛回半头猪“板肉”，让全家吃上一年半载；他甚至自己组装了一台电视机……

技术过硬、头脑灵活的王小谟获得了大家的信任。作为领导，他在带领山沟里科研团队创佳绩的同时，也带领着众人尽自己所能改善着周边的环境：自办子弟学校，一开始由所里的技术人员轮流兼任教师；自办医院等。

“以人为本、自力更生、按贡献分配”是王小谟担任领导以后一直坚守的原则。在1986年担任38所所长之后，他进行了一系列大刀阔斧的改革，其中住房一改过去按家庭人口分配的方式，按贡献分配，确保了一线技术人员的利益。

在深感贵州38所因为地处深山，人才流失严重后，王小谟又开始大力推动院所搬迁。当时这一决定得到了国家的批准，但是财政只支持2000万元，这笔钱对一个拥有一千多人的院所来说，还远远不够。怎么办？王小谟下定决心举全所之力自筹资金5000万元，而这5000万元从何而来？他有自己的一番打算。

1986年5月，德国青年鲁斯特驾驶轻型飞机长驱直入，低空飞行数千千米，突破当时世界上最强大的苏联地面雷达防空网，成功着陆红场，世界为之震惊。低空雷达防御迅速成为各国关注的焦点。何不利用出口雷达来赚钱？王小谟想到了这个好点子。

在这一想法的驱使下，不久后的一次国际防务展上，王小谟和他的同事们打出了一个很有“卖点”的广告——中低空兼顾雷达，而此时这款雷达还根本没有样机。因为抓住了热点，一下引来不少关注，且有国家提出购买，这才有了后来让王小谟和38所一举成名的JY-9。JY-9不仅解决了38所搬迁所需的5000万元，还为我国在相关领域走在国际前列，埋下了重要的伏笔。

38所搬出贵州，落户合肥后，王小谟更是“任性”地推动着自己“以人为本”的理念，包括执意在合肥新所建设“超标”的暖气道，执意花40万元“重金”到科大“买”人才等，要知道，当时的40万元可不是小数目。为了超标的暖气，王小谟做了不少检讨，“后来干脆写好多份放在抽屉里，谁来了就给一份”。但也因为这样，刚刚从大山里搬出的38所因此收获了“副产品”——每每招人，他们总能打出“招牌”：“去 38 所吧，有暖气！哈哈！”而他“执意”用重金“买”来的人才之一——空警 2000 总师陆军的成功，也证明了当初王小谟决断的正确性。

其实，王小谟这种“以人为本”的思想在预警机的研制过程中也能看到。我国预警机设计之初，他就一直坚持预警机上一定要有空调、有厕所、要降噪……一开始，他这些超前的想法并不能得到众人的认同。有军方人士质疑：“预警机是用来打仗的，装什么厕所，这不符合我军装备规范，由此带来的技术问题如何解决？”而王小谟却坚定地回答：“人是第一战斗力！人都不行了，要设备有什么用！”最终，他和团队建成的三坐标雷达成为第一个关注人机环境的雷达。

人生如戏，戏如人生。也许是源于对戏剧的喜爱，不管是在生活这个舞台上，还是在工作这个舞台上，王小谟，这一众人眼中充满“魔力”的人物，都力求活出一个“如戏中一样”精彩的自己。亦如在戏剧人生中，各种冲突矛盾戏剧化的桥段会轮番上演，于王小谟，同样如此。

1966 年，一场席卷全国的政治风暴来临，王小谟也被卷入风暴中。一开始，他被下放到苏北溧阳。半年后，他从溧阳回到 14 所，但又被冠以“反动学术权威”的帽子，被“打入”机房管理计算机。没想到，这一遭遇，反倒成就了如今在计算机技术方面拥有深厚底子的王小谟。

那是一段很“闲暇”的时间，机房有个空调的冷却池，成了王小谟锻炼的场所。他说，那里既可以游泳，又可以用计算机下棋、唱歌；既可锻炼身体，又可以娱乐，最重要的是，他可以利用里面的计算机学习编程，把计算机知识研究透彻！两年之后，当王小谟从机房里被“释放”出来的时候，俨然已经成为一名计算机专家。没过多久，他就把计算机技术应用到三坐标雷达上，并研制出国内第一台使用计算机技术的三坐标雷达。

出口型预警机研制时期，西北大戈壁上的试飞现场，夏天骄阳似火，空气中弥漫着一股焦味，封闭的机舱内温度甚至达到了 40 多摄氏度，在里面工作就像是在蒸“桑拿”；冬天滴水成冰，零下三四十摄氏度，即使裹着羊皮大衣也瑟瑟发抖，干上 20 分钟，手脚都冻得失去了知觉；机舱内的噪音使面对面的交谈都很困难，每次下机后耳朵都不停轰鸣，两三个小时听不清声音。就是在这样的环境中，年近七旬的王小谟仍坚持在试验现场，一次上机往往就达 4 个多小时，晚上经常加班到凌晨，这样一干就是两个多月。

2006年，是出口型预警机研制最为关键的时刻，王小谟在外场遭遇车祸，腿骨严重骨折。一波未平一波又起，就在大家为他的不幸而感到揪心的时候，又一无情打击接踵而至，王小谟被诊断出身患淋巴癌！这一消息无异于晴天霹雳，令王小谟周边的人焦急万分！反而是他本人自始至终都非常坦然，在整个生病住院期间，一直留给大家的是镇静平和的笑容。病房里，时常能传出悠扬的胡琴声。

在王小谟生病住院的那一段时间里，他前后做了6次化疗，就算是这样，他在病房里也没断过工作，常常是一边输液，一边仍淡定地与预警机设计师研究试飞数据，主持对外演示方案和谈判策略，根据外方前期改进意见部署论证工作和试验安排……

半年后，王小谟痊愈，出院后回到试验现场，他风趣地对大家说：“我又活过来了！”当乐观和淡定成为人生中的一种常态，这样的人就不会轻言失败。

王小谟曾说：“我曾经有一个愿望，到70岁以后不再参与工作了，找一帮原来喜欢京剧的人一起练练，他们组织了一个京剧社，我到现在也没时间去。”显然，至今他的这个愿望也没有实现。50年的披荆斩棘，王小谟走的

是一条没有驿站的国防人生路。他说："预警机并没有到头，后面的路还很长。不光是预警机，很多领域都遇到了再创新的问题。我们搞装备的，国家的需求就是目标，国防人，就是要永远与祖国同行……"

参考文献

[1] 叶瑞优，吴应清. 展民族气概 筑电波长城——记雷达专家、中国工程院院士王小谟[J]. 科学中国人，2012（8）：6-11.

[2] 李白薇，蔡萌. 中国预警机之父的雷达人生——访雷达专家、中国工程院院士王小谟[J]. 中国科技奖励，2013（1）：18-21.

（撰稿 黄雪霜）

2013 年度国家最高科学技术奖获奖者

逐光者

——中国化学激光奠基人、著名物理化学家张存浩

人物简介

张存浩，男，1928 年 2 月出生于天津，山东无棣人。中国科学院大连化学物理研究所研究员，南京大学名誉校董。曾任中国科学院大连化学物理研究所所长，国家自然科学基金委员会主任，中国科学院学部主席团成员及化学部主任，中国科协副主席，国务院学位委员会委员，国际纯粹与应用化学联合会执行局成员等职。

贡 献

张存浩是我国著名物理化学家，我国化学激光的奠基人、分子反应动力学的奠基人之一。他长期从事催化、火箭推进剂、化学激光、分子反应动力学等领域的研究，取得了多项国际先进成果。

20 世纪 50 年代，他与合作者研制出水煤气合成液体燃料的高效熔铁催化剂，乙烯及三碳以上产品产率均超过当时国际最高水平；60 年代，致力于固液和固体火箭推进剂研究，与合作者首次提出固

体推进剂燃速的多层火焰理论，第一次比较全面完整地解释了固体推进剂的侵蚀燃烧和临界流速现象；70 年代，开创了我国化学激光的研究领域，主持研制出我国第一台氟化氘 / 氢化学激光器，整体性能指标达到当时世界先进水平；80 年代以来，开拓和引领我国短波长化学激光的研究和探索。

张存浩一贯注重科技人才的培养，几十年来，他积极创造和提供有利条件，促进团队中一批中青年骨干成长为具有国际影响的科学家。在任国家自然科学基金委员会主任期间，积极推动制定了资助青年科学家成长的政策和制度、营造有利于创新的科研环境，为优秀青年科学家的快速成长提供了良好的发展空间。

荣誉

1997 年	国家科技进步奖二等奖
1999 年	陈嘉庚科学奖
1999 年	国家自然科学奖二等奖
2000 年	陈嘉庚科学奖
2002 年	何梁何利基金科学技术进步奖
2013 年	国家最高科学技术奖

20 世纪 60 年代，激光成为继原子能、计算机、半导体之后迅速发展起来的一门高新技术。而化学激光具有不依赖外部能源、功率易于放大等独特优越性，是激光家族中一个重要的类型。

在我国，1972 年方才正式起步的化学激光研究显得脚步匆忙。而正是在此时，张存浩进入世界化学激光研究者们的视野，并以惊人的速度带领中国在这一领域的研究步入世界前列。作为中国化学激光的奠基人，这是张存浩科研历程中的第三个研究领域。

张存浩的三次转行在如今的科学家看来不可思议。但在那个特殊的年代，三次转行成就的不仅是科学家张存浩，也是爱国者张存浩。

难忘亲恩

许多人对张存浩的印象是勤学、爱国，而其学养与爱国人格的养成，与两个人有着莫大的关系。他们是张存浩时常提到的姑父姑母——傅鹰、张锦。

1928 年，张存浩出生于天津一个书香世家。父亲张铸早年留学美国，曾任天津化工局高级工程师。母亲龙文瑗系云南哈尼族人。张存浩 2 岁起，母亲就开始教他识字。抗日战争爆发时，张存浩正在读小学。张存浩曾说：“母亲虽文化知识不多，但却十分有民族大义。”因不愿自己的长子接受日本奴化教育，龙文瑗毅然将 9 岁的张存浩交给在重庆大学任教的姑父姑母抚养。

在姑父姑母身边承教的 10 年，是张存浩储备深厚的基础知识，建立健全人生观、价值观的十年。姑父傅鹰是享誉中外的物理化学家，是新中国最早的学部委员之一，曾任北京大学副校长。姑母张锦 23 岁时在美国获得伊利诺伊大学化学博士学位，是当时中国有机化学领域鲜有的女博士之一，后任教于北京大学。

姑父姑母无私地给张存浩创造了最好的教育环境。张存浩至今还记得，上高中时，三人定居在福建长汀。由于小城市十分缺电，晚上，三人只能共用一只小灯泡看书。姑父傅鹰看到张存浩常常看英文书籍，于是便问他“为什么不多花点时间在中文上”，此后便是一番长谈，旁征博引地为张存浩讲述中华民族五千载悠悠历史及其博大精深的文化，教育他“要把中文放在第一位”。“他的一席话，说得我泪流满面，终生不能忘怀。这正是一位长辈、师长应做的爱国传统教育。”张存浩回忆道。

重庆 5 年，长汀 4 年，张存浩跟随姑父姑母辗转求学，伴着炮火与爆炸的轰鸣声，学习并成长着。年幼的他曾几次直面生死，“天上轰炸机投下炸弹，一些防空洞里的人就那样活活被闷死”。震惊与屈辱中，张存浩暗暗下了决心：“以后绝不能再让日本人这么欺负我们了！”报国的初心即始于此。

在学业上，张存浩自幼便极努力。1943 年，正读高二的张存浩肄业考入厦门大学化学系，次年转入重庆中央大学化工系；1947 年至 1948 年，他又来到天津南开大学化工系攻读研究生。1948 年，20 岁的张存浩踏出国门赴美留学。他先入爱荷华州立大学化学系，后转入密西根大学化工系攻读研究生，

20 世纪 70 年代化学激光团队之“01 沟上”研究组（后排右二为张存浩）

在R·R·怀特教授指导下从事酸性树脂相中的催化酯化反应研究。

在美国，张存浩与姑父姑母仍不忘时刻关注祖国局势。1949年春，解放军渡江时，英国炮舰来干预，被我方炮火重创。“当时我们都在美国，姑父知道后真是欣喜若狂，他说100年来，中国总是受人欺辱，现在中国人扬眉吐气的时候到了！”这时，傅鹰从国外报刊上阅读和朗诵了毛泽东的《沁园春·雪》，心情极为振奋。张存浩还记得姑父后来回忆时曾说：“是解放军轰击英国炮舰的重炮声把我震回国的。”当时，在美国当局阻挠下，傅鹰费尽力气订到了尽早回国的船票。回国不久，他就踊跃报名去朝鲜，到前线去慰问志愿军。

十几年如一日，姑父与姑母把张存浩带在身边，成就了一个大科学家所应具备的一切品格。

液体燃料缘起缘落

1950年6月，朝鲜战争爆发。正在美国密西根大学化学工程系读研究生的张存浩坐不住了。“一打开报纸，头版头条的位置赫然把我们称作FOE——敌人。”他料定，美国很快就会阻止中国留学生回国，“出国读书就是为了回去报国”的梦想眼看就要破灭。

张存浩开始策划回国，却遭到抚育他多年的姑母的反对，姑母坚持让他读完博士再回国。8月，张存浩获得硕士学位。8月23日，姑父姑母启程回国。他们前脚启程，张存浩后脚就去订回国的船票。10月，张存浩放弃了他在美国可能拥有的美好未来，登上了开往祖国的轮船。

一个月后，张存浩回到北京。为了尽快投入国家建设，他经常去教育部留学生管理处寻找机会。东北科研所大连分所（中国科学院大连化学物理研究所前身）刚成立不久，研究所奠基人张大煜经常来北京，在教育部留学生管理处延揽人才。正是在那里，张大煜遇到了张存浩，并当即邀请张存浩去大连参观。

报国心切的张存浩当晚就踏上了去往大连的火车。来到大连分所后，张存浩感到十分振奋，这里拥有当时在国际上都堪称精良的先进仪器设备，对于亟须发展的中国来说是做研究的绝佳地点。

1951年春天，张存浩谢绝了北京大学等京区4家著名高校和科研单位的

邀请，只身一人来到大连，满怀期待地铺开他的报国计划。

当时，偌大的中国只在玉门有片很小的油田，而西方正对新中国进行全面封锁，从外进口石油的路也被封死。亟待建设的新中国面临着缺油的困境。

被四面封锁的新中国，贫穷却有骨气。为了解决国家亟须，大连分所承担起水煤气合成液体燃料的任务，在张大煜所长的安排下，刚进研究所的张存浩加入到这项研究中。当时，水煤气合成液体燃料是世界上风头正盛的课题，“石油资源将在不久的将来枯竭”的说法让世界各国纷纷开始涉足合成油研究，与张存浩等人同期竞争的是美国、英国、联邦德国、苏联等强国的科学家。

从煤经过水煤气合成液体燃料，过去用的是稀少昂贵且催化效率很低的钴催化剂。英美等国当时着手研究铁催化剂，张存浩在文献中获知这一消息，并进行了一段时间的铁催化剂研究。但随着研究的深入，他逐渐发现，铁催化剂具有积碳严重、催化剂寿命短等严重缺点。于是，张存浩迅速扭转方向，与楼南泉、王善鋆、陶愉生、汪骥等人在短时间内研制出了高效氮化熔铁催化剂，解决了积碳重、寿命短的难题，产品以轻质油及含氧化合物为主，极少生腊，并取得了“小试”和“中试”的成功。

他们当时的研究水平已达到每立方米水煤气生产的乙烯及三碳以上产品超过 200g，显著超过了当时国际上 160g/m^3 的最高水平。在产品分布、催化剂寿命等方面，这项研究都已经站在国际领先的位置上。1956 年，这项研究获得我国首届国家自然科学奖三等奖。研究前景大好。

1959 年，大庆油田的发现改变了中国发展的命运与轨迹，也改变了这项耗费张存浩 8 年心血的研究的命运。中国一跃从“贫油”国变为“富油”国，水煤气合成液体燃料的项目也随之被中止——相较于石油低廉的开采成本，水煤气合成液体燃料的成本显然太高了。力量薄弱的新中国没有足够的科研经费支持这项研究继续开展下去，原油紧缺的问题既然已经得到了缓解，这项研究也只好被搁置。

曾有人说，直至今日，当年的研究成果和学术思想仍然具有很好的参考价值，没有继续进行下去十分可惜。但自始至终，张存浩都没有一句怨言。

金家沟里的光辉岁月

20 世纪 50 年代，经历了抗美援朝战争的中国面临着紧张的国际形势。封锁与核威胁让中央领导萌发了研制原子弹与人造卫星的想法。火箭推进剂和高能燃料作为“两弹一星”的重要燃料来源，被提升到国防安全与尖端技术的层面之上。

这一次，张存浩又转行了，他迅速转向火箭推进剂的研究。

没见过火箭，没见过发动机，张存浩却是这个项目的负责人。物资上与技术上都一穷二白，一群人还是激情饱满地进驻了金家沟——这个名副其实的山沟里。

现任中国科学院院士何国钟，当时还是张存浩项目组里的一名成员。在金家沟，他和张存浩住在一个房间。每天，两个人讨论的话题都与火箭推进剂研究有关。“那时我们每天在一起，就是讨论如何把任务完成好。每天中午吃饭，我们都要留下一个窝窝头，晚上学习加班的时候再吃。”何国钟说。

“那时候真是一穷二白。”至今回忆起来，张存浩和何国钟两人都还会默契地用相同的一句话描述当时的境况。2014 年，获得国家最高科学技术奖的张存浩，借着采访的机会带着记者们重回了一次金家沟，在风雪中重走了一遍当年满是泥泞的小路。几间曾经放置原料与设备的破旧瓦房还是当年的模样，试车台已经拆除，曾放置它的地方如今已满是枯黄的杂草。在张存浩与何国钟的人生中，有七八年的时间就在这里度过。这里的一草一木、一砖一瓦在他们心里总是能还原出当年的样子。

当时，张存浩是室主任，何国钟是组长；何国钟做理论研究，张存浩做应用开拓。条件虽然艰苦，研究也全靠摸索，但当时的研究与讨论氛围却很好。在研究中，作为室主任的张存浩常常冲在前面。一次，张存浩和一位复员转业军人在火箭试车台从事高能燃烧试验，意外就在此时发生了：打开阀门的一瞬间，一团巨大的火焰冲了出来，将二人各自包围。近在咫尺的两个人，彼此却看不见对方。张存浩说，当时他慌了，好在这位复员转业军人十分勇敢镇定，迅速将阀门反向关上，避免了一场灾难。此后，有类似风险的工作，张存浩却越发冲在前面。

张存浩知道从事这项研究会有多危险，但是越危险，他越觉得自己应该冲在最前面："从事火箭推进剂研究是很危险的，燃料也有很大毒性，想完全不出事故，除非你不干。我是专业人员都会出这样的事故，如果让别人去做就会更危险。"

经过多年的努力，张存浩与他的团队首次提出了固体推进剂燃速的多层火焰理论，比较全面完整地解释了固体推进剂的侵蚀燃烧和临界流速现象。后获国家自然科学奖三等奖。

"张着急"

1973 年，根据国家任务的需要，张存浩第三次转行。这一次转行与前面两次一样，仍然是跨专业、跨学科的跳跃，他发起组建了我国首个化学激光实验室，领导我国高能化学激光研究。

20 世纪 60 年代初，化学激光诞生，因亮度高、不需要庞大电能，有着重要战略应用前景。张存浩组建激光化学研究室时，国外的高能激光研究已经开展了十多年，而我国的研究进展却止步不前。1972 年以前，我国也曾有人研究高能激光，且涉及气动激光、化学激光等研究方向，但做出的最高功率也不足 100 瓦。功率和光束质量的提高成为中国发展高能激光亟待解决的问题。

时隔多年，张存浩带领何国钟等人又回到金家沟。和上次来这里时一样，他们依旧是一无所有，在零的基础上摸索未来。正值"文化大革命"，研究内容又涉及敏感领域，张存浩等人不可能有来自外部的关键技术数据可以借鉴。每当忆此，张存浩便说："搞激光比搞火箭推进剂还难，主要是一无所有。"在这种仪器设备皆无、理论借鉴为零的境况下，45 岁的张存浩再次做了那名开拓者。

这一次，在"文化大革命"期间科研工作几乎停滞的张存浩真的有些着急了。作为化学激光实验室第一批成员，现任中国科学院院士沙国河回忆道："在他手下干事是非常有压力的，因为他非常着急，想尽快把化学激光搞上去。他也不说什么，但就是每天都来检查工作，问你有什么进展。要是总没有进展的话，你自己也会不好意思。"因为这一特点，张存浩因此得了个"张着急"

的绰号。

被问起“张着急”这个绰号时，张存浩不好意思地笑着说：“我知道这个绰号，当时的确是有点着急，有些惭愧。”但在当时的情况下，张存浩的着急不无道理。半年内，这个刚刚成立的实验室便将激光的功率从 0.3 瓦提升至 100 瓦，实验室上下十分振奋，大家越来越有信心。但如何早日回报国家给予的厚望，这个问题整天在他脑海中盘旋着。

为了以最快的速度攻克各个难题，张存浩经常带着大家开会，会上每个人各抒己见，自由讨论，为的都是能够更好更快地完成任务。张存浩总是很虚心地听取大家的意见，同时用笔飞快地记录每个人的想法。激光燃烧试验中会溢出毒性很大的氟气，这一点每个人都清楚，但没有人退缩过。在这样的环境下，张存浩率领团队研制出我国第一台氟化氘 / 氢化学激光器，整体性能指标达到当时世界先进水平。

高能激光项目下有很多研究方向，当时，国内有自由电子激光、准分子激光、X 激光、化学激光等多个方向。在我国规划高能激光的发展之初，化学激光却不在规划之列。张存浩坐不住了，多年研究成果不能就这样被束之高阁。他在规划会议上向参会专家和领导深入阐述了化学激光不依赖外部能源、功率易放大、光束质量好等独特优越性，并据此力争，赢得了决策层的支持，他还与参会的资深科学家打赌，只用其他项目 1/10 的经费，就能在更短的时间内做出功率更高的激光。他为化学激光在国家高能激光规划中争得了一席之地，为我国高能化学激光的发展争取到必要支持和发展空间发挥了决定性作用。今天，化学激光已经成为我国重要高能激光装置的首选光源，他所开创的氟化氘 / 氢和氧碘化学激光如今都取得了令人瞩目的成就，充分验证了张存浩等人当年决策的前瞻性和科学性。

20 世纪 80 年代，已近花甲之年的张存浩又在我国化学激光领域内开辟了新的研究方向。1979 年，张存浩提出，要发展波长更短的氧碘化学激光，在当时，这是国际上最前沿的尖端课题。面对经费短缺、队伍薄弱的状况，为了发展氧碘化学激光这一新体系，他和他的团队只能暂时停止氟化氢 / 氘激光器的研究（此项后转入其他单位继续研究，也取得了一系列重要成果），集中全部力量投入氧碘化学激光研究之中。1985 年，他带领团队在国际上首次研制出放电引发脉冲氧碘化学激光器，效率及性能处于世界领先地位。1992 年，他们研制出我国第一台连续波氧碘化学激光器，整体性能处于国际先进水平。

此后，氧碘化学激光的研究成果层出不穷，取得了一系列重要成果，成为我国重要的高技术之一。

在关注化学激光应用研究的同时，张存浩还十分注重机理和基础理论研究。20 世纪 80 年代，他领导的团队率先开展了化学激光新体系和新“泵浦”反应的研究；开展了以双共振多光子电离光谱技术研究分子激发态光谱和分子碰撞传能动力学。他们在国际上首创了研究极短寿命分子激发态的“离子凹陷光谱”方法，并用该方法首次测定了氨分子预解离激发态的寿命为 100 飞秒量级。这一成果被《Science》主编列为亚洲代表性科研成果之一。其在国际上首次观测到混合电子态下的分子碰撞传能过程中的量子干涉效应，并明确此量子干涉效应本质上是一种物质波的干涉。此成果被评为 2000 年中国十大科技进展新闻。

如今，作为中国化学激光的开创者，张存浩还在为这项事业努力着。他经常到实验室去看看，听取大家的困难和意见，一如当年在金家沟时一样，只是那些老面孔如今已经换成了稚嫩的新面孔，映射着这份事业的延续。

晚年新起点

1991 年，63 岁的张存浩出任国家自然科学基金委员会主任。暮年壮志，开启晚年事业的新征程。

20 世纪 80 年代初，为推动我国科技体制改革，变革科研经费拨款方式，中国科学院 89 位院士（学部委员）致函党中央、国务院，建议设立面向全国的自然科学基金，得到党中央、国务院的首肯。随后，在邓小平的关心下，国务院于 1986 年 2 月 14 日批准成立国家自然科学基金委员会（以下简称“自然科学基金会”）。

如今，自然科学基金会已经成为中国基础科学发展的一大重要支柱。而自然科学基金会之所以能够蓬勃发展至今，不仅得益于国家大幅度增加经费投入，与历届基金会主任的科学决策和高屋建瓴的战略部署也是分不开的。张存浩担任第二届、第三届自然科学基金会主任，承担起了自然科学基金会开拓发展的历史责任。

在张存浩出任基金会主任期间，营造环境、调整结构成为基金会发展的主题。他针对不同时期科学基金工作的特点，适时提出了“控制规模、提高强度、拉开档次、鼓励创新”及“加强基础、突出创新、调整结构、提高绩效”等一系列的资助政策。

张存浩等的举措是颇为大胆的。在他担任基金会主任的8年多时间里，自然科学基金总经费增加了近8倍。在他的领导下，科学基金积极开展国际合作与交流，先后与35个国家和地区的科技界建立了合作关系；增设了管理科学学部；新增了13个资助类别，科学基金日渐形成了比较完善的资助格局。同时，张存浩还高瞻远瞩地在我国科技管理部门中第一个设立了专门从事学风管理的机构——国家自然科学基金委员会监督委员会，为基金会工作的健康有序开展，以及维系其公平公正公开的社会声誉提供了极大帮助。

8年多的国家自然科学基金会主任工作让张存浩分外忙碌。思考、讨论、记录成为他每天不断重复的事。他的工作簿上，典型的一天写满了19件当天需要完成的事。他整天思考如何才能追上世界先进水平，中国科学家如何才能攀上世界科学讲台的巅峰。在这些日复一日、年复一年的求索下，中国的基础科学环境逐渐好了起来，张存浩开始看到一些变化与收获。

2010年，中国数学家彭实戈登上国际数学家大会的讲台，受邀做1小时报告。这是一次从未有过的殊荣，唯有该领域的领袖级数学家才能够受邀做大会报告。彭实戈因倒向随机微积分方程研究受邀做报告，这一研究为世界金融界带来了巨大的改变。而这一研究之所以能够诞生，源自于17年前彭实戈与张存浩的一次对话。

当时，彭实戈已经在这一领域的研究中取得了不错的成绩，基金会邀请他做工作汇报，张存浩听过之后礼貌地询问彭实戈：“彭教授，请问这项工作有什么应用？”埋首于研究的彭实戈诚实地回答：“不知道，只是听说可能会在金融里有一些应用。”听到这里，张存浩很兴奋，进一步询问这一研究在金融中的应用，但彭实戈的回答依旧是“不知道”。于是，张存浩真诚地建议他要多关注应用，“因为这是大事情”。

1994年，彭实戈的这一研究被列为自然科学基金会优先资助项目，十几年后，这一研究成为金融数学的理论基石。

有眼光发现有潜质的科学家与项目，有胆魄放手支持科学家的事业，这是张存浩8年基金会主任任期内，给人的一贯印象。

1994年，基金会设立国家杰出青年科学基金。这项基金是张存浩为了应

对人才断层和流失发起设立的。其实，早在 1992 年，在张存浩的倡导下，基金会便在国内率先设立了“优秀中青年人才专项基金”，主要用于资助 45 岁以下的优秀中青年科技人才。2 年后，张存浩两次致函时任国务院总理李鹏，建议设立国家杰出青年科学基金，并得到国务院批准。在这支基金的影响下，一批海外优秀青年学者回国，国内高层次青年科技人才队伍也得到稳定，科技人才的接续呈现出新的生机。

现任上海交通大学校长张杰是被张存浩亲自引进回国的青年人才中的一位代表。1997 年，张杰正在英国卢瑟福实验室担任高级科学家和实验室主任，年纪尚轻的他已经是强激光领域的世界知名学者。这一年，张存浩访问英国期间，考察了卢瑟福实验室，在听取英方介绍时，他知道了这位年轻有为的中国科学家，于是便提出想见一见张杰。很不凑巧，张杰当时正在其他国家开会，第二天才能回到实验室，张存浩马上回答：“我等他，我明天再来。”

一天后，张存浩再次来到卢瑟福实验室，仔细了解了张杰在英国 10 年的科研工作，以及他对未来的规划。两个小时的谈话中，张存浩向张杰提到了国家的可持续发展。一直怀有报国之情的张杰被感染了。

然而，要放弃在国外 10 年的科研基础，回到祖国从零开始，不是一件容易的事。张存浩深知能够在最短的时间内为张杰争取到最有效的支持是让张杰回国的关键，为此，张存浩想到了主任基金。但是，主任基金的额度也仅有二三十万元，他提出，要将基金会主任、副主任的基金都拿出来，共同资助一个人。在张存浩的努力下，基金会在最短的时间内给予张杰200万元的科研启动经费。张杰也以最快的速度回国，迅速成为中国科技界的一颗新星。

与人为善的“活菩萨”

现如今，由于“文化大革命”期间落下的腰疾病根，张存浩出行已十分不便，但他关心的工作却不能放。许多从事化学激光的年轻科研人员都见过张存浩，并曾得益于他的帮助与指导。他每个月都会抽出一两天来实验室检查工作，听大家汇报工作，并一起解决问题。

大连化学物理所里的人，乃至所外的许多人，仍然时常找张存浩帮自己改论文，张存浩都是有求必应。“由于张先生曾在国外留学，能说一口地道纯正的英语，所以我们都很喜欢找他改论文。”化学物理所年轻科研人员邓列征曾经请张存浩帮自己修改一篇论文，3个小时后他便收到了回复，不定冠词和定冠词、单数和复数、同义词和近义词、名词和动名词、句法和句式……张存浩几乎一个词一个词地修改。“无论是谁的论文，他都会仔细到这种程度。”邓列征说。

请张存浩修改或指导论文的人多了，也有许多人在发表时要加上他的署名，而他从来都是婉拒。曾有这样一件事在化学物理所为人称道。中国科学院院士朱清时、清华大学教授李丽等人，从20世纪80年代初期到90年代都在大连化学物理

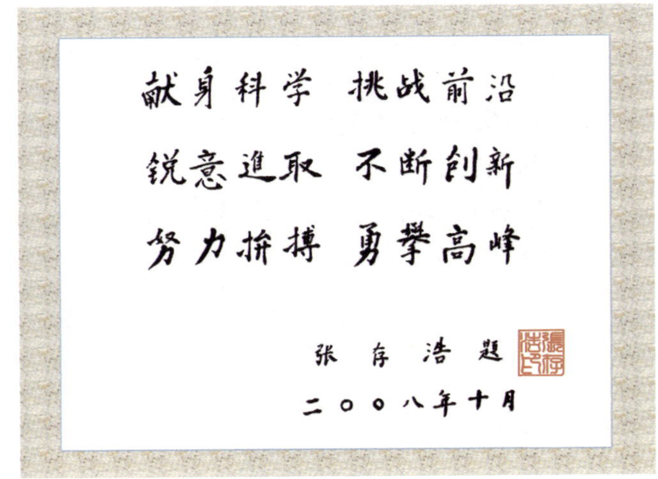

所工作，那时作为室主任的张存浩为他们争取到了傅立叶变换光谱仪和染料激光器等关键仪器，后来又和他们都做激光光谱学方面的研究，算是同行。但当两位科学家都要将论文署上张存浩的名字时，他谢绝了。他总是尽可能地把机会留给年轻人，并谦虚地说："我的贡献不如年轻人大。"

因为与人为善，在化学物理所，从学生到领导，从司机到门房，大家都认识并敬重张存浩。一位常常接送张存浩的司机曾说："开车这么多年，接触过这么多人，张先生是一位真正的'活菩萨'。"

张存浩不愿拒绝的习惯在生活中随处可见。一次，他接到诈骗电话，只见他拿着电话，对方问一句，他便认真地答一句，当对方索要个人信息时，他便礼貌地说："不用了，谢谢。"之后才挂断电话。身旁的人费解地问他："知道这是诈骗电话吗？"他说一接电话就知道，但是出于礼貌，还是要好好地回答完人家的问题。

1993 年，张存浩与沙国河院士联合培养的博士研究生徐速，快毕业时需要在国外期刊发表一篇论文，时间很紧，当时张存浩恰好因腰椎间盘突出住院，行动不便，他硬是躺在床上给学生改完了论文。

在许多人印象中，耄耋之年的张存浩总是随身斜背着一个硕大的电脑包，里面沉甸甸地装满了可能需要的材料，别人要帮他背，他从来不让。有事约他，他一定是最先到的那个人；有事求助，他一定是最快回复的那个人。正如为祖国需求默默奉献了几十年一样，在生命的夕阳中，张存浩依旧在为一切需要他的人奉献着自己。

参考文献

[1] 张存浩 . 1947 级姑父傅鹰教授百年祭 [M]// 王豪杰 . 南强记忆：老厦大的故事 . 厦门：厦门大学出版社，2009.

[2] 白春礼，裘新 . 科学家 · 陈嘉庚科学奖获得者的故事 [Z]. 陈嘉庚科学奖基金会 . 上海广播电视台，2013.

（撰稿　李白薇）

2013 年度国家最高科学技术奖获奖者

以身许国铸核盾

——著名物理学家、“两弹一星”勋章获得者**程开甲**

人物简介

程开甲，男，1918 年 8 月出生，江苏省吴江市人。中国人民解放军总装备部科技委顾问、中国科学院院士。曾任浙江大学、南京大学教授，第二机械工业部核武器研究所副所长，国防科工委核试验基地研究所副所长、所长及基地副司令员，国防科工委（总装备部）科技委常委、顾问等职。

贡　献

程开甲是中国核武器研究的开创者之一，是中国核试验科学技术体系的创建者和领路人。他扎根戈壁滩 20 多年，参与主持了包括我国第一颗原子弹、氢弹、增强型原子弹、两弹结合以及地面、首次空投、首次地下平洞和首次竖井试验在内的 30 多次核试验任务。他建立发展了我国核爆炸理论，系统地阐明了大气层核爆炸和地下核爆炸过程的物理现象及其产生、发展的规律，并在历次核试验中不断地验证完善，成为中国核试验总体设计、安全论证、测试诊断和效应研究的重要依据。他开创了我国抗辐射加固技术研究，为提升我国战略武器的生存与突防能力提供了技术支撑。

荣 誉

1978 年　全国科学大会重大贡献先进工作者

1985 年　国家科学技术进步奖特等奖

1999 年　“两弹一星”功勋奖章

2013 年　国家最高科学技术奖

2014 年 1 月 10 日，著名物理学家、中国核武器事业的开拓者之一、我国核试验科学技术体系的创建者之一、“两弹一星”功勋奖章获得者程开甲院士，在北京人民大会堂，从习近平总书记手中接过 2013 年度国家最高科学技术奖证书。

2015 年，已是 97 岁高龄的程开甲院士仍在科学研究的道路上耕耘不辍，为我国国防现代化事业贡献着自己的智慧和力量……

幸运恩师，夯实基础

1918 年 8 月 3 日，程开甲出生在江苏吴江盛泽镇一个经营纸张生意的“徽商”家庭。受吴文化崇教尚文的影响，祖父程敬斋最大的愿望就是家里能出一个读书、做官的人。在程开甲还没有出世的时候，祖父就早早地为程家未来的长孙，取了一个“开甲”的名字，意即“登科及第”。

1931 年，程开甲考入浙江嘉兴一所著名的教会学校——秀州中学，在那里接受了 6 年具有“中西合璧”的特色基础教育和创新思维训练。受科学家传记的影响，他萌发了长大后要当科学家的想法。初中二年级时，他曾画了张自己构想的一艘大船的模型图。虽然想法很幼稚，但数学老师姚广钧还是与他进行了很长时间的探讨，使那颗敢于想象、敢于“发明”的童心受到了精心呵护。

1937 年，程开甲以优异的成绩考取浙江大学物理系的“公费生”。在这所被英国著名学者李约瑟博士誉为“东方剑桥”的大学里，程开甲接受了束星北、王淦昌、陈建功和苏步青 4 位教授严格的数理学习训练和科学精神的训练。好几次，王淦昌讲述了中子的发现过程：本来约里奥 - 居里观察到一个实验现象，但他粗心地臆断是射线碰撞粒子的径迹。后来，查德威克对这一现象认真地研究了好几个月，发现了中子，获得诺贝尔物理奖。通过这一例子，王淦昌告诫他们，科学研究最重要的就是要紧跟前沿、抓住问题、扭住不放。还在大三时，程开甲听陈建功教授的复变数函数论课后，就敢于挑战难题，撰写了《根据黎曼基本定理推导保角变换面积的极小值》的论文，得到陈建功和苏步青的赏识，并推荐给英国数学家 Tischmash 教授发表，之后文章被苏联斯米尔诺夫的《高等数学教程》全文引用。

1941 年，程开甲大学毕业后留校任助教。他边教学，边从事科学研

1948年与玻恩在一起(前排右为玻恩，后排左一为程开甲、左二为杨立铭)

究。先后发表了《用等价原理计算水量近日点移动》《对自由粒子的狄拉克方程推导》，以及与王淦昌教授合作进行的有关五维场的理论研究等方面的学术论文。其中，在《剑桥哲学杂志》发表的《对自由粒子的狄拉克方程推导》一文，程开甲用量子力学证明了狄拉克方程在自由粒子条件下的正确性。此前，即使是狄拉克本人也未曾证明过。1944年，程开甲完成了论文《弱相互作用需要205个质子质量的介子》，该论文提出了一种新介子的存在，并计算给出了新介子的质量为205个质子的质量。王淦昌对此十分支持，并推荐给当时在湄潭访问的李约瑟博士，李约瑟看了很高兴，亲自对文稿进行修改润色后转交给狄拉克教授。狄拉克回信说："目前基本粒子已太多了，不需要更多的新粒子，更不需要重介子。"因此，文章未能发表。因为相信权威，程开甲也就放弃了对这个问题的进一步研究。后来，这方面的实验成果于1979年获得了诺贝尔奖，他当年粒子质量的计算值与实验所测基本一致，他对自己没有扭住不放感到深深的遗憾。但与李约瑟的交往，开启了程开甲与国际物理巨匠面对面对话的大门。

1946年，经李约瑟推荐，在获得英国文化委员会的奖学金后，程开甲来到爱丁堡大学，成为被称为“物理学家中的物理学家”马克思·玻恩教授的中国学生。一见面，玻恩就要求他每天必须去他的办公室交流 20 分钟。玻恩还常让他一同参加各种国际学术会议。在玻恩身边的 4 年里，程开甲学到了许多先进知识，特别是不同学派、不同观点的分歧，还结识了狄拉克、海特勒、薛定谔、谬勒、鲍威尔等科学巨匠。

1948 年，在苏黎世召开的一次国际学术会议上，程开甲与师兄海森伯就学术观点展开针锋相对的激烈争论，连大会主持人泡利都无法裁判。当玻恩听到此事后，非常高兴，跟他讲起了自己与爱因斯坦长时间针锋相对的争论。玻恩说，爱因斯坦是一个“离经叛道”者，因而能对经典常规实施超越。这次谈话，让他终身受益。在玻恩那里，他选择超导理论研究作为主攻方向，在导师的指导下，先后在英国的《自然》、法国的《物理与镭》和苏联的学术杂志上发表了 5 篇有分量的超导论文，并于 1948 年与导师玻恩共同提出超导的“双带模型”。这一理论的核心是：“超导电性来源于导带之上的空带中，布里渊区角上出现电子不对称的奇异分布。”

1948 年，程开甲获得爱丁堡大学的博士学位，由玻恩推荐，任英国皇家化学工业研究所研究员。从秀州中学到浙江大学，再到爱丁堡大学，程开甲一直沉浸在开明开放、中西融合的教育环境中，在名师名校的教育熏陶下，夯实了他日后成为一名科学大家的深厚底蕴。

十年教授，开拓前沿

1950 年，沐浴着新中国旭日东升的阳光和对海外学子的强烈召唤，程开甲谢绝了玻恩的挽留，回到了阔别已久的祖国，开启了他实现科学报国之志的人生旅途。

回国前的一天晚上，玻恩和他长谈了一次，知道他决心已定，便叮嘱他：中国现在很苦，到了埃及，自己多买些吃的带回去。他感激导师的关心，但在他的行李里，什么吃的也没有，全是他购买的建设新中国急需的固体物理、金属物理方面的书籍和资料。

回国后，程开甲先在母校浙江大学任教，担任物理系副教授。1952 年院校调整，他从浙江大学调到南京大学。当时，中国学习苏联的建国经验，优先发展重工业。物理系确定开展金属物理研究和筹建专门化，任务交给了施

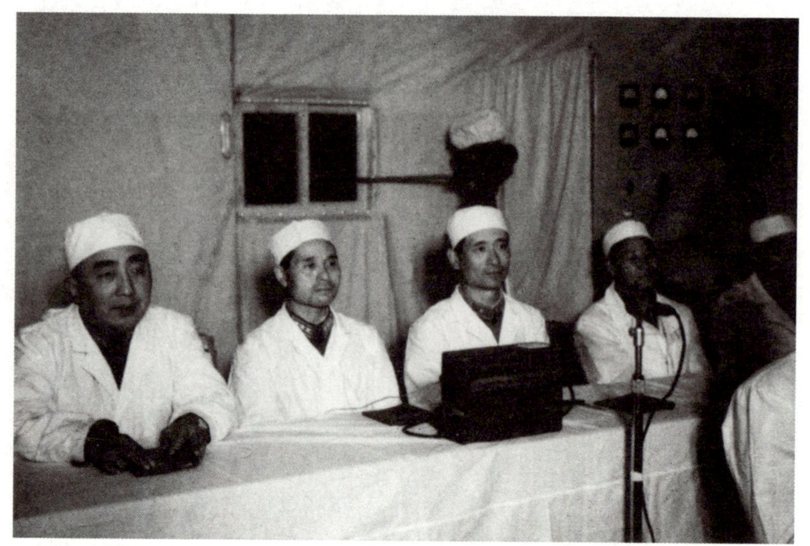

1964 年 10 月 16 日在第一颗原子弹爆炸主控站（右二为程开甲）

士元和程开甲两人。

为了适应国家大搞经济建设的需要，程开甲主动把自己的研究重心由理论转向理论与应用相结合。他放下架子，主动向青年教师学习、向工人师傅学习，还专门到中科院沈阳金属研究所向著名物理学家葛庭燧先生学习内耗理论与实验。1950—1960 年间，他先后发表了《内耗热力学研究》等 10 多篇内耗研究方面的论文，开创了国内系统的热力学内耗理论研究。他提出了普适线型内耗理论，对内耗研究具有普遍的指导意义。他与同事共同研究了二元代位合金体系、面心立方金属间隙原子的内耗理论。同时，对 Tomas-Fermi 统计、正则系综分布函数、弛豫过程普遍理论、辐射理论、布朗运动、电子集体振动、极化子、细晶粒再结晶等进行了理论研究，出版了我国第一部《固体物理学》教科书。

1952 年，程开甲提出了入党申请。1956 年 7 月，南京大学党委贯彻落实党的知识分子政策，批准了他的入党申请，他成为南京大学的第一个“高知”党员。

1956 年 3 月，程开甲作为国内固体物理和金属物理方面的专家，参与了国家“十二年科学规划”的研究制定；10月，他又作为中国高等教育代表团成员之一，参与高教部组织的赴苏考察。

1958年至1960年，程开甲根据组织的安排，再次和施士元教授一起创建南京大学核物理专业。同时，参与江苏省原子能研究所的筹建。他们自己动手，研制成功了一台双聚焦 β 谱仪，测得了元素的衰变曲线，这是南京大学第一台核物理实验仪器。不久，他们又完成了南京大学第一台直线加速器，为南京大学核物理发展打下了基础。

扎根戈壁，隐身为国

1960年，一纸命令将程开甲调入北京，加入我国核武器研究的队伍。从此，他隐姓埋名，在学术界销声匿迹20多年。

原子弹研制初期，程开甲被任命为核武器研究所副所长，分管材料状态方程的理论研究和爆轰物理研究，为原子弹的研制做出了贡献。他第一个采用合理的TFD模型估算出原子弹爆炸时弹心的压力和温度，为原子弹的总体力学计算提供了依据。负责原子弹结构设计的郭永怀拿到结果，高兴地说：“老程，你的高压状态方程可帮我们解决了一个大难题。”

1962年上半年，我国原子弹的研制工作闯过无数技术难关，露出了希望的曙光。中央适时做出争取在1964年、最迟在1965年上半年爆炸我国第一颗原子弹的“两年规划”。为了加快进程，钱三强等二机部领导决定，另外组织队伍，进行核试验准备和技术攻关，组建核武器试验研究所。经钱三强推荐，程开甲成为我国核试验技术的总负责

1976年与家人在新疆研究所

人，担任核武器试验研究所副所长。44 岁的程开甲穿上军装，成为一名军人。从此，他将全部精力投入到中国核武器试验事业。

从 1963 年第一次踏入号称“死亡之海”的罗布泊，到最后回到北京定居，程开甲在茫茫戈壁工作、生活了 20 多年，历任核武器试验研究所副所长、所长，核试验基地副司令，并兼任核武器研究所副所长。后来，核武器研究所改为研究院，他又担任副院长，一直到 1977 年。20 多年里，作为我国核试验技术的总负责人，他成功地参与、主持、决策了包括我国第一颗原子弹、氢弹、增强型原子弹、两弹结合及地面、首次空投、首次地下平洞和首次竖井试验等多种试验方式在内的 30 多次核试验任务，而且带领科技人员建立发展了我国的核爆炸理论，系统阐明了大气层核爆炸和地下核爆炸过程的物理现象及其产生、发展规律，并在历次核试验中不断地验证完善，成为我国核试验总体设计、安全论证、测试诊断和效应研究的重要依据。程开甲还以该理论为指导，创立了核爆炸效应的研究领域，建立、完善了不同方式核试验的技术路线、安全规范和技术措施；领导并推进了我国核试验体系的建立和科学发展，指导建立核试验测试诊断的基本框架，研究解决核试验的关键技术难题，满足了不断提高的核试验需求，支持了我国核武器设计的改进和运用。

生命不息，创新不已

1984 年，程开甲离开核武器试验基地，担任国防科工委（现总装备部）科技委委员。由于工作职责和科研环境的变化，他的科研工作转入国防科技发展战略研究，开启了他学术研究的新时期。

一方面，他围绕“假如打一场高技术战争，我们怎么办”进行战略层面的思考谋划。20 世纪 80 年代，程开甲提出必须提高我国战略武器抗辐射能力的思想，并亲自担任该研究方向的专业组组长，开创了抗辐射加固技术研究的新领域。在他的领导下，我国系统地开展了核爆辐射环境、电子元器件与系统的抗辐射加固原理、方法和技术研究，利用核试验提供的辐射场进行辐射效应和加固方法的研究；指导建设先进的实验模拟条件，推动我国自行设计、建造核辐射模拟设施，开展基础理论和实验研究，促进了我国抗辐射加固技术的持续发展；他还倡导开展了高功率微波研究新方向，为国防科技和武器装备发展做出了重要贡献。

另一方面，他重新开始基础研究课题，取得了成果。他进一步发展、完善了“程 - 玻恩”超导电性双带理论。20 世纪 50 年代 BCS 理论的提出，80 年代中期高温超导体的发现，使人们看到了 BCS 理论的局限性。程开甲分析了国际上超导理论的研究现状，进一步发展、完善了高温超导和低温超导普遍适用的双带理论。出版了《Study of Mechanism of Superconductivity》(1991) 和《超导机理》(1993) 两部专著。

他提出并建立了系统的“TFDC”(托马斯 - 费米 - 狄拉克 - 程开甲) 电子理论。为材料科学的发展提出了新的研究思想与方法，并在国家自然科学基金会的支持下将该理论应用于金刚石触媒、纳米管生成、薄膜大电容等方面的研究，取得了有价值的成果。

努力不懈，不老常青

真正的科学家是不求名利的。但真正为祖国做出了重大贡献的科学家，祖国和人民是不会忘记他们的。

程开甲是全国人民代表大会第三、第四、第五届代表，中国人民政治协

2004 年 10 月在试验场区进行交流

商会议第六、第七届委员，中国科学院院士和资深院士。他的研究成果，荣获了国家科技进步奖特等奖、一等奖，国家发明奖二等奖和全国科学大会奖、何梁何利科技进步奖等多项奖励。1999 年，被党中央、国务院、中央军委授予“两弹一星”功勋奖章。2014 年初，党中央、国务院为他颁发了 2013 年度国家最高科学技术奖。

对于这些崇高的荣誉，程开甲有他自己的诠释。他说：“我只是代表，功劳是大家的。功勋奖章是对‘两弹一星’精神的肯定，最高科学技术奖是对整个核武器事业和从事核武器事业团队的肯定。我们的核试验是研究所、基地所有参加者，有名的、无名的英雄们在弯弯曲曲的道路上一步一个脚印去完成的。”

现在，程开甲院士虽然已进入耄耋之年，仍然在科学研究的道路上耕耘不辍，仍然心系国防科技发展，仍然在为我国国防现代化事业贡献着自己的智慧和力量。最近，他又利用“程 - 玻恩”超导电性双带理论，对赵忠贤院士和美国卡内基研究院毛和光发现的“压力诱发超导再进入”的新的重要现象进行研究；他还对“哥德巴赫猜想”这一世界难题，提出了一个命题，开始了自己独特的思考。“我还要努力不懈，不老常青。”这是他感言中的一句。

（撰稿　熊杏林，湄　玉，张方方）

2014 年度国家最高科学技术奖获奖者

"隐身"的国士

——著名核物理学家、"两弹一星"勋章获得者于敏

人物简介

于敏，男，1926 年 8 月出生于天津市宁河县。中国工程物理研究院高级科学顾问。历任二机部九院理论部副主任，九所副所长、所长，九院副院长、科技委副主任，核工业部、核工业总公司科技委副主任等职。

贡　献

于敏是我国著名的核物理学家，是我国核武器研究和国防高技术发展的杰出领军人物之一。

20 世纪 50 年代，于敏在国内率先开展原子核物理理论研究，与杨立铭编辑出版了我国第一部原子核理论专著《原子核理论讲义》。60 年代，投身于我国核武器事业，长期领导并参加核武器的理论研究和设计。在氢弹研制中，找到了突破氢弹的技术途径，形

成了从原理、材料到构型完整的氢弹物理设计方案。在核武器小型化研制中，领导突破了气态引爆弹（初级）原理和高比威力次级原理。气态引爆弹的研制成功，为我国第二代核武器的研制奠定了可靠基础。在中子弹原理突破中，他是主要领导人和技术核心，在核武器基础理论发展中，揭示了武器核反应内爆过程的运动规律，解决了辐射与物质的相互作用及弛豫过程、辐射波与冲击波的传播规律等一系列基础问题。在核武器发展战略中，与邓稼先共同提出了“加快核试验进程”建议。同时，提出了以精密实验室实验等几方面支撑禁核试后武器研究的设想，该建议被采纳并演化为我国核武器事业发展的四大支柱。

20 世纪 70 年代，在倡导、推动国防高科技项目，尤其是我国惯性约束核聚变研究中，发挥了重要作用，是我国惯性约束聚变和 X 光激光领域理论研究的开拓者。

荣 誉

1982 年　国家自然科学奖一等奖

1985 年　国家科学技术进步奖特等奖

1987 年　全国劳动模范

国家科学技术进步奖特等奖、一等奖

1990 年　国家科学技术进步奖特等奖

1992 年　光华科技基金特等奖

1994 年　国家科学技术进步奖一等奖

求是科学基金会杰出科学家奖

1999 年　“两弹一星”功勋奖章

2014 年　国家最高科学技术奖

“两弹一星”功勋奖章

邓稼先、周光召、彭桓武、钱学森……他们是同一时代、同一个伟业中传奇式的人物，在那个物质条件极为匮乏的年代，做出了举世震惊的壮举。他们有一个共同的荣誉：“两弹一星”元勋。

与这些如雷贯耳的人物相比，有一个人却显得有些陌生：他曾“隐身”数十年，直到1988年，他的名字才解禁。1999年，他曾在研制“两弹一星”做出突出贡献的科技专家表彰大会上代表23名“两弹一星”元勋发言。从20世纪60年代起，他投身我国核武器事业，长期领导并参加核武器的理论研究和设计，在氢弹、核武器小型化、中子弹等突破中，均发挥了不可替代的作用，为我国核武器事业做出了不可磨灭的历史性贡献。他还在核武器基础理论发展、核武器发展战略、倡导和推动国防高科技项目等领域贡献卓越。仅在1980—1990年间，他就获得国家科技进步奖特等奖3次、一等奖1次，国家自然科学奖一等奖1次。

他就是2014年度国家最高科学技术奖获得者、著名的核物理学家、核武器研究和国防高技术发展的杰出领军人物之一——于敏。

一场改变命运的谈话

第二次世界大战后，美国一直对中国进行核威胁，甚至把核武器摆到中国的大门口，配备着核武器的美国第七舰队在中国沿海晃来晃去，在中国周围建立了一个又一个核基地，其军政头目更是多次扬言要向中国扔核弹。

为打破核垄断、核讹诈，20世纪50年代末60年代初，在极端困难的条件下，我国在“独立自主，自力更生”的方针指引下，决定勒紧裤腰带，坚定不移地研制原子弹和氢弹。

1956年，中央成立了第三机械工业部（1958年改为第二机械工业部，即著名的“二机部”），1958年成立核武器研究机构——九局（后来改为北京第九研究所、第九研究院，系中国工程物理研究院的前身），秘密地调兵遣将，召集了邓稼先、王淦昌、彭桓武、郭永怀、周光召、程开甲等一大批科学家，紧张地开展原子弹的研制工作。

氢弹是公认的在原理和结构上都十分复杂的系统，其理论涉及理论物理、原子物理、核物理、中子物理、辐射输运、辐射流体力学、等离子体物理、凝聚态物理、爆轰物理、应用数学和计算数学等多个学科，核大国对氢弹技术严格保密。考虑到氢弹无论在理论还是制造技术上都比原子弹复杂得多、困难得多，为了在突破原子弹后，能尽快地突破氢弹，时任二机部部长刘杰与副部长钱三强以战略家的眼光进行部署：在研制原子弹的同时，展开氢弹的理论探索工作，增设“轻核反应装置理论探索组”（简称“轻核理论组”，代号“乙项任务”）。

于敏，1926年8月16日生于河北省宁河县芦台镇(今属天津市)。18岁，考入北京大学工学院。20岁，转入理学院，并将专业方向定为理论物理后在张宗燧、胡宁两位先生的指导下完成研究生论文。1950年，钱三强、王淦昌、彭桓武等高瞻远瞩地创建了新中国第一个核科学技术研究基地——中科院近代物理研究所。后来，于敏被彭桓武调到了该所，从事原子核理论物理研究。由于在原子核理论物理研究方面取得的进展，1955年，于敏被授予“全国青年社会主义建设积极分子”称号，次年晋升为副研究员。

1961年1月12日，一场谈话改变了35岁于敏的命运。钱三强把他叫到办公室，非常严肃地对他说：“组织上要安排你参加热核武器原理的研究，你看怎样？”

彼时，于敏已经是原子核理论研究领域的一名新秀，他与合作者提出的原子核相干结构模型，填补了我国原子核理论的空白，并与杨立铭编辑出版了我国第一部原子核理论专著《原子核理论讲义》，钱三强、彭桓武对其研究工作赞誉有加。当时，他正带领原子核理论研究小组处在继续攻关取得更大成果的关键时刻，他的研究方向再次面临转变。第一次是受彭桓武影响，从自己的兴趣点基础理论转向国家战略需要的原子核理论。

“我毫不犹豫地表示服从分配。决心停下手头的研究，全力以赴转而摸索氢弹原理研究。钱先生的这次谈话，改变了我从事基础研究的夙愿，成为我一生从事核武器研制的开始。”于敏回忆道。他的同事告诉笔者，于敏应该知道，一旦参与这项高度机密的事业中，他就必须放弃一切在学术上成名的机会，无疑意味着个人的重大牺牲。国家民族的需要当前，于敏下定决心，欣然接受了时代赋予的使命。

百日会战，突破氢弹原理

1964 年 10 月 16 日，我国第一颗原子弹成功爆炸，举国欢腾，举世震惊。毛泽东、周恩来明确指示要加快氢弹的研制速度。

从 1963 年起，核武器研究院理论部交出第一个原子弹物理设计方案以后，在彭桓武、邓稼先、周光召的领导下也开始了氢弹原理的探索，并在原子弹爆炸成功后，将大部分力量转到氢弹原理的理论研究上。1965 年 1 月，应二机部党组要求，于敏带领小组携带所有资料和科研成果与氢弹攻关主战场会合，并被任命为副主任，与邓稼先、周光召、周毓麟、黄祖洽、秦元勋、江泽培、何桂莲等并称为理论部“八大主任”。

为了突破氢弹，理论部不分昼夜，经常通宵达旦。那时，既没有奖金，也不能发表论文，大家甘当无名英雄。为了保证大家的身体健康，当时的所党委书记、各科室的支部书记等只好到办公室一个一个地动员大家回去休息。那时，理论部学术思想非常活跃，经常开学术讨论和鸣放会，不论资格，人人都可以登台畅所欲言，百花齐放，百家争鸣。理论部上下关系非常融洽，从不叫部、室主任的官衔，而是叫“老邓”“老于”，这种称呼一直延续到现在。

20 世纪 60 年代初参加氢弹原理研究的于敏

作为学科带头人，于敏深感责任重大，经常深入研究室，或指导研究、传授知识，或埋首看纸带，分析计算结果，掌握研究进展和科研方向。他的脑子里每天都装着一系列技术问题：计算的物理模型对吗？物理参数对不对？计算程序是否修改？应该选择什么技术途径？突破氢弹原理的关键是什么？为此，他常常寝食不安，夜不能寐。

为了尽快设计出百万吨 TNT 当量的核弹，理论部决定让主要力量留守北京，利用中国科学院计算机所研制的 119 计算机继续探索突破氢弹的途径，由于敏率领一支队伍前往上海，利用华东计算技术研究所国庆节假日期间空闲出来的 J501 计算机，完成百万吨 TNT 当量加强型核弹优化设计的任务。

1965 年 9 月 28 日，一行人带着行李抵达上海，他们不顾条件的简陋立即投入紧张的研究。于敏在计算机房和宿舍里，埋头纸带卷中仔细分析计算过程和计算结果。最终，他从众多的计算模型中挑出 3 个用不同核材料设计的模型，进行了深入细致的系统分析。

“这不是个量变到质变可以解决的问题，因为技术途径不对。这是个大科学工程，必须要凝聚大家的共识，依靠大家群策群力，共同完成。我就想着把在原子能研究所探索氢弹机理时积累下来的氢弹物理知识，结合眼前加强弹优化设计的实践给大家做系列报告。”于敏回忆道。于是，他开始经常给这支上海小分队做报告，他从炸药起爆讲起，将加强弹的全过程分为原子阶段、热核爆震阶段和尾燃阶段，并对其中每一阶段进行分析。通过这样的学术报告，大家对加强弹的物理过程有了进一步的认识。至今，他们还清晰地记得于敏深入浅出、引人入胜的讲课情景。

终于，经过 100 多个日夜的奋战和不断地改进、反思，于敏把各方面的研究成果归纳整理成氢弹物理方案，又一次向大家做了学术报告。于敏逐一分析了氢弹反应各个过程的现象、规律和物理因素，描绘出一幅比较完整的氢弹反应过程物理图像。做完报告后，会场上一片欢欣，大家兴奋的心情再也无法按捺，立即有人嚷着提议：“老于请客！”有人也跟着喊：“老于请客！老于请客！”于敏高兴地马上答应：“我请客！我请客！”

他当即给北京的邓稼先打了一个电话。为了保密，于敏使用的是只有他们才能听懂的隐语，暗指氢弹理论研究有了突破。“我们几个人去打了一次猎，打上了一只松鼠。”邓稼先听出是好消息：“你们美美地吃了一餐野味？”“不，现在还不能把它煮熟，要留作标本。但我们有新奇的发现，它身体结构特别，需要做进一步的解剖研究，可是我们人手不够。”“好，我立即赶到你那里去。”

第二天，邓稼先就赶到了上海，经过长时间的深入讨论和推敲，将整个理论设计得更加完善。

高兴之余，于敏还"撺掇"大家："有言在先，谁工资高谁请客。以前是我请客，现在'财神爷'驾到，咱们该改善改善生活了。"于是，老邓做了东道主，一顿螃蟹宴给中国核武器研究史上著名的"百日会战"画上了一个完美的句号。

经过100个昼夜的奋战，终于形成了一套从原理到结构基本完整的氢弹理论方案，彪炳中国核武器研究史册。时至今日，当时参加会战的年轻人早已两鬓霜白，可他们依然清晰地记得那100个如牛负重、如履薄冰的日日夜夜：记得于敏埋首堆积如山的纸带专心致志地分析计算结果；记得工作之余他与大家拉家常，谈"红楼"，聊"水浒"；记得他与大家一起吃一角钱一碗的"澄桥豆腐"和他最爱的"肥羊大面"。

氢弹原理突破后，在各方的努力下，1967年6月17日，氢弹爆炸成功，爆炸当量达到330万吨。试验场上顿时爆发出热烈的欢呼声，参试人员个个激动万分。从原子弹试验成功到第一颗氢弹爆炸成功，中国人只用了两年零八个月的时间，创造了研制氢弹的世界纪录！

随后，于敏又投入紧张的核弹武器化设计和探索工作。为了完成我国第一代核武器的研制任务，于敏多次奔赴西北试验场。长时间的过度劳累和心力交瘁，他的身体亮起了红灯。1971年10月的一个深夜，他气喘心急，突然休克过去。如果不是妻子孙玉芹被调回京，在旁照顾，后果不堪设想。尽管如此，他还是拼命地工作，带领科研人员通过突击运算，终于在规定的时间内交出消除隐患的理论设计方案，确保了热试验的圆满成功，为第一代核武器的研制立下了汗马功劳。

从受命参加氢弹原理预研时起，于敏就深知责任重大，神经时时刻刻处于高度紧张的状态，生怕哪个地方出现一点点纰漏，导致前功尽弃，损失掉好不容易腾挪出来的人力、财力。近2500个日日夜夜的辛劳，终于得酬——氢弹成功爆炸，我国从有核国家跃入核大国行列，在世界格局中的地位越来越重要。

原中顾委常委、国务委员张劲夫在《请历史记住他们——关于中国科学院与"两弹一星"的回忆》中提到，"研制氢弹工作主要是于敏做的，方案是于敏提的"。在《中国军事百科全书》核武器分册中，"于敏"的条目下赫然写着："在氢弹原理突破中起了关键作用。"很多人开始称呼于敏为"中国氢弹之父"。

对于这样的称呼，于敏极力反对，他常常对身边工作的人说："核武器是成千上万人的事业。一个人的力量是有限的。你少不了我，我缺不了你。必须精诚团结，密切合作。""在氢弹的理论设计中，我是学术领导人之一。"

独挑大梁，研制第二代核武器

由于"文化大革命"十年动乱，核武器研究院曾一度被打乱，周光召、黄祖洽等先后被调走，如果在"文化大革命"期间于敏不是负责抓业务，"早就当'运动员'了"。

早在第一代核武器的研制过程中，国防科工委和二机部就提出了研制第二代核武器的任务，并指示要采用先进技术，以高比当量、小型化作为第二代战略核武器发展的核心，同时研制中子弹。虽然钱三强复出后，曾几次邀请于敏回科学院工作，于敏也本可以离开核武器研究院，一走了之。但当时，核武器研究院在理论方面能够把关、拍板的领导只剩他一人了。虽然他对基础研究情有独钟，但核武器的进一步小型化和中子弹的突破，关系到我国第二代核武器的研制，意义重大。为此，他婉言谢绝了钱三强的邀请，留了下来，挑起了研制第二代核武器的大梁。

从 20 世纪 70 年代中期接受第二代核武器预研任务起到 80 年代中后期，于敏一直是我国核武器物理设计的主要业务领导和把关人。

高比当量、小型化核武器和中子弹的研制，无论在原理、材料还是构型上都要有新的发展和突破，任务艰巨。第二代核武器研制之难，就难在研究者要对核爆的每一个过程都有深入的认识，要尽量减少设计裕量。于敏将其称为"逼近悬崖"，因为裕量太大，核武器不可能小型化；裕量太小，又可能掉入"悬崖"，核爆过程不能正常。

如何掌握好这个度？该选择怎样的技术路线？怎样才能攻克第二代核武器？于敏日思夜想，寝不安席。

核武器小型化包括初级和次级的小型化。早在 20 世纪 70 年代初，于敏就意识到初级小型化的重要性。他选定小型化初级的类型，提出主攻方向，对小型化的可能性和小型化的尺寸等都做了分析和粗估，并组织科研人员深入研究理论设计，最终实现了我国核武器小型化的第一次突破。

与此同时，于敏结合之前的经验，深刻意识到要突破第二代核武器，就必须加强核武器物理基础研究，加强理论与冷、热试验的结合。核武器的大部分物理过程都是在高温、高密度的等离子体状态下产生和发展的。这种等离子体状态下的物理现象、物理规律和物理机制，目前在地球上只有在核武器里才能够真实、完整地产生和出现。因此，必须加强热核试验的测试及诊断理论研究。热试验的测试数据只有通过与诊断理论相结合，才能推断核武器内部的物理现象、物理规律和各个过程的特征物理量，加深对核武器物理的认识。

从突破原子弹开始，理论部就非常重视核武器诊断理论，有一个小组专门研究诊断理论，遗憾的是，“文化大革命”期间被冲散了。第二代核武器预研开始后，于敏与周光召商量，下决心成立了中子物理研究室，并成立一个小组，专门研究核武器诊断理论，与西南和西北两个热测试研究所配合，研究测试项目和测试数据。在于敏的关心和指导下，通过多年的努力，我国的核武器诊断理论取得了长足发展。目前，我国的热测试已经系统化，形成了一套基本完整的体系，并已经为我国成功地研制第二代核武器发挥了关键作用。

1989 年 4 月，于敏在科研室讨论工作

用“如临深渊，如履薄冰”来形容于敏从事核武器设计工作时的精神状态一点儿也不为过。他深知“智者千虑，必有一失”的道理，所以经常深入群众，深入第一线，与大家一起讨论，共商业务大计。他经常告诫自己的同事：“确认一个技术途径是否可行，必须慎之又慎，高度重视，仔细论证。否则，出了问题，无法向人民交代！”

有一次，远在西北的热试验装置已经下到井口 4m 处，试验前的准备工作正在有条不紊地进行。身在北京的于敏，心系戈壁，仍在苦苦地思索着这次试验的理论设计方案有无考虑不周的地方，他逐一地考虑每个物理因素，突然发现一个物理因素在过去历次热试验中虽然都不起作用，但现在情况变了，应该考虑它的作用，否则，万一这个因素起作用，导致试验失败，岂不会造成巨大损失？他立即从床上爬起来，伏案进行粗估。第二天又把有关人员叫来，一边进一步粗估、讨论，一边向上级领导汇报，请求试验场地马上暂停作业。有关人员按照他的部署，兵分四路，紧张地进行计算，所有机房彻夜通明，人歇机不停。

各级领导一直打电话催促，身处试验现场的邓稼先也担心天气有变，心急如焚，一会儿一个电话：“老于，还要多长时间才能出结果？如果再迟，雷雨来了可不得了啊！”于敏依然镇定自若。晚上，于敏守在电话机旁，等着听计算结果；白天，他早早地到办公室，查看送来的纸带，分析最新的计算结果。经过两天一夜的连续作战，终于得出了结果：那个物理因素虽有一些影响，但无关大局。他几天绷紧的心终于放松下来，把眼光从纸带上移到围在身旁的同事脸上，露出笑容，站起来对大家说：“事大

于敏在平洞试验场地

如天，罪也休。只好如此了！"他立即向各级领导汇报，请试验场地马上恢复作业。在后来的一个新型号核武器的研制中，那个因素果然不能忽略。

经过几年的努力，我国的核武器不仅在初级小型化原理试验和中子弹原理试验中取得了圆满成功，小型化核武器初级的研制也取得了重大的决定性的进展。中子弹的设计、研制工作也取得了重要结果，为中子弹研制奠定了基础。

但是，于敏没有盲目乐观。他深知，当时美国虽然仍在不断地做地下核试验，但已接近理论极限，假如美国从政治需要出发，提出全面禁试，而我们必须做的热试验还没有做，该拿到的数据没拿到，正处于爬坡阶段的核武器研制岂不功亏一篑？

他心急如焚，立即与在医院治疗的邓稼先商量，联合给中央打报告，希望加快核试验。中央很快批准了他们的报告。从此，国家进一步加大了投入和研究力度，终于争取了宝贵的10年热核试时间，赶在全面禁试条约签订之前全部做完了必须做的热试验，使我国的核武器又获得一次重大的突破。

2002年重访核试验场地时合影（左起：胡仁宇、于敏、胡思得、范如玉）

20世纪80年代后期，于敏已退出领导岗位，但仍担任高级顾问，为我国核武器事业继续发光发热。全面禁核试后，各个有核国家都加大了惯性约束聚变研究的力度，我国也不例外。但是，当时我国的惯性约束聚变研究还处于初级阶段，尚未列入国家的重点研究项目。他与王淦昌、王大珩共同署名给当时的中央军委主席邓小平等中央领导请示，建议将惯性约束聚变列入"863"计划。终于，1993年年初，"惯性约束聚变"作为一个独立的主题列入"863"计划。经过深思熟虑，他提出了我国惯性约束聚变研究的“目标明确、规模经济、技术先进、物理精密、道路创新”的20字方针，提出了“性质相同、量上逼近”的技术思路，编写了《等离子体动力学理论讲义》《等离子体粒子云方法讲义》等，引领、组织并培养研究队伍，推动了这些领域的发展。

针对禁核试后如何保持我国核武器可持续发展的能力问题，于敏提出一定要把以往的经验上升到科学的高度、以精密实验室的实验等几方面，支撑禁核试后的武器研究的设想，该建议被采纳并演化为禁核试对策工程，至今仍然是我国核武器事业发展的指导思想。

在推动核武器相关基础理论的发展方面，于敏也做出了杰出贡献。在内爆动力学方面，他揭示了武器核反应内爆过程的运动规律；在辐射输运及辐射流体力学方面，对辐射与物质的相互作用、辐射与物质之间的弛豫过程、辐射波与冲击波的传播规律等问题进行了深入研究；在数值计算方法及数理方程方面，他建立了反映武器中极其复杂的运动规律的偏微分方程组及其近似计算方法。这些核武器理论科学研究，从多个角度揭示了核武器动作过程的内在规律，为我国第一代核武器的设计定型、第二代核武器的研究奠定了理论基础。

“我是地道的国产”

从来没有出国深造过的于敏，曾有“我是地道的国产”之语。然而，就是这位国产的科学家，在我国核武器发展史上写下了光辉灿烂的一页。问及科研的动力，于敏感慨地说：“童年亡国奴的屈辱生活给我留下惨痛的记忆，中华民族不欺负旁人，也不能受旁人欺负，核武器是一种保障手段，这种民族情感是我的精神动力。”

爱国是很多人对于敏深刻的印象。他的儿子于辛介绍，父亲特别欣赏岳飞、诸葛亮，教会孙子的第一首诗就是《满江红》。虽然偶尔会遗憾自己是个“土专家”，在建议自己的学生多与国际同行交流时，于敏总是不忘强调要在学成之后回国，“为国家做点事”。诸葛亮的《出师表》是于敏最喜欢的文章，倒背如流。在一次会议中，他感慨万分，忧虑之情倾泻而出：“臣受命之日，寝不安席，食不甘味……”“臣鞠躬尽瘁，死而后已。”是他对国家、对人民的重托做出的承诺。

尽管成就卓越，于敏却非常平易近人，从不摆架子，非常大度，从不吝啬将知识传授给他人。于敏经常会将自己揣摩透彻的想法讲给大家，做学术报告。据他的老同事蔡少辉介绍，在理论部，只要听说是于敏讲课或做报告，头一天就有许多人搬椅子去占位子，当天整个报告厅都挤满了人，甚至连过道和门口都会挤得水泄不通。严密的逻辑推理、清晰的物理概念、独到的见解、透过现象抓住本质的功底、惊人的记忆力、生动的表达能力让于敏的课独具魅力，引人入胜。很多人回忆起这段往事，还会露出一脸享受的表情。现在很多从事核武器工作的人，都称自己“是于先生的学生”。

难道他就不怕别人超过自己吗？“天下之大，真理之多，每个人都有他的用武之地。天生我材必有用。更何况我们所从事的工作是多学科的系统工程，必须大力、通力合作才能取得成功。我的想法告诉别人以后，别人的想法会反过来启发我，我也受益。如果过分计较一时一事，自己把自己封住了，反而迈不开步子。我们应该算大账，算总账，这样水涨船高，问题解决了大家都有好处。”于敏这样说。

1992 年 11 月在中物院发展战略研讨会上（左起：王淦昌、彭桓武、朱光亚、于敏）

紧张的工作之余，于敏喜爱看京剧和读唐诗宋词排遣压力。他时常拉着邓稼先等人一起去看京剧。由于白天太忙没有时间买票，就只好晚上在剧院门口等退票。一人说："这等退票关键要脸皮厚，嘴上要不停地问：'有退票吗？'"邓稼先说："算了吧，等退票关键在于选择有利地形，守在剧院门口脸皮再厚也等不着票，得站在车站附近争取主动。"于敏说："依我看，重要的是会察言观色，来退票的人表情和别人不一样。"几个人你一言他一语，在剧场外交流起了等退票的"经验"，认真程度不亚于讨论科研问题。

生活中的于敏非常幽默。他的学生蓝可回忆，与于敏聊天、谈科研，总会被他的奇思妙想逗得哈哈大笑。一次，一位日本科学家访华时，听了于敏关于核物理方面的报告，立即竖起大拇指称赞："于先生一定是国外哪所名校毕业的吧？"于敏却风趣地说："在我这里，除了ABC，其他的都是国产的！"近年来岁数渐长，曾有"电子计算机"之称的于敏有时也会感叹自己老了，当学生安慰他时，他马上幽默地说："我是'硬件'老了，'软件'不老。"确实，已近九旬高龄的于敏依然思维敏捷，依然十分关心我国的核武器战略，关心国家未来的发展。

由于保密的需要，于敏的很多著述没有公开发表，业外知名度也不高，连他的妻子都说："没想到老于是搞这么高级的秘密工作。""非淡泊无以明志，非宁静无以致远"是于敏喜爱的格言。"一个现代国家没有自己的核力量，就不能有真正的独立。一个人的名字，早晚是要没有的，能把微薄的力量融进祖国的强盛之中，便聊以自慰了。"于敏说。

参考文献

[1] 中国工程物理研究院党委宣传部 . 于敏宣传材料汇编 [G]. 绵阳：中国工程物理研究院，2014.

[2] 玖政 . 当代中国杰出科学家——于敏 [J]. 军工文化，2014（9）：42-49.

[3] 陈四益 . 设计中国氢弹的人 [J]. 瞭望周刊，1988（29）：4-7.

（撰稿　宋春悦）

后 记

中华民族是一个伟大民族，上至远古，下到近代，中国人民在探知自然奥秘，促进科技进步的长河中群星璀璨，为华夏文明发展，为人类社会进步，做出了彪炳史册的重大贡献。新中国成立后，特别是改革开放以来，我国逐步建立起较为系统的科学技术奖励制度，在鼓励创新、激励人才方面，发挥了制度优势，取得了卓有成效的业绩。1999年国务院对科学技术奖励制度进行重大改革调整，制定颁布了《国家科学技术奖励条例》，设立了国家最高科学技术奖。自2000年实施15年来，国家最高科学技术奖共评选奖励了25位著名科学家，他们都是科学技术界的大师。热爱祖国、赤胆忠心，热爱科学、执着追求，热爱人民、尽心尽职，是他们的品格。治学严谨、作风民主、生活朴素、待人和蔼，是他们的风范。这些大师是我国科技工作者优秀群体中的精英，民族脊梁，国之瑰宝，世人楷模。每位大师的人生精彩纷呈、感人至深。值此《国家科学技术奖励条例》实施15周年、国家科学技术奖励工作办公室成立30周年之际，我们或采访或整理大师的事迹，编辑出版《信念 创新 奉献——国家最高科学技术奖获奖者风采》一书，旨在不忘前师、启迪后人，让大师们的忠诚、精神、风范像明灯一样，为在科学技术道路上攀登的人照亮前程，为“大众创业、万众创新”推波助力，为中华民族复兴强盛注入新的能量。

《信念 创新 奉献——国家最高科学技术奖获奖者风采》一书的如期

出版，得到了科技部领导的大力支持，得到了各个方面的尽心配合，我参与了本书的策划和组织实施，并对全书认真审阅修改。值此付梓之际，对各位领导、各个单位的支持，对各位撰稿人和编审人员的辛勤劳动，一并表示衷心感谢。

祝愿中华民族薪火相传、人才辈出！

祝愿伟大祖国科学技术兴旺发达！

邹大挺

2015年10月